メディア・リテラシー教育における「批判的」な思考力の育成

森本洋介

How Students Can Acquire "Critical" Thinking through Media Literacy Education?

Yosuke Morimoto

はじめに

　本書は京都大学大学院教育学研究科に提出され、2012年3月に博士(教育学)を授与された論文「メディア・リテラシー教育における「批判的」な思考力の育成に関する研究:カナダ・オンタリオ州の中等学校を事例にして」に、加筆・修正を加えたものである。刊行にあたっては日本学術振興会平成25年度科学研究費助成事業(科学研究費補助金(研究成果公開促進費))〈学術図書〉の交付を受けている。

　本書の基となった博士論文を書き始めた頃(2008年くらい)から、本書を執筆している2013年6月現在まで、およそ5年しか経っていない。しかしながら、この数年の間にメディアをめぐる情勢、そしてメディア・リテラシー教育をめぐる情勢は目まぐるしく変化している。例えば、メディアに関して言えば、当時流行していたソーシャル・ネットワーキング・サービス(SNS)の代表格はmixiだった。しかし近頃はめっきりその名前を聞かなくなり、代わりにFacebookやTwitter、そしてスマートフォンの普及に伴ってLINEといったSNSが主流になっている。また、ネットの普及に伴ってアメリカでは大手新聞社が廃刊となり、大手雑誌社もオンライン版しか発行しなくなるなど、従来の活字メディアがネットメディアに取って代わられる動きが顕著になっている。

　一方、メディア・リテラシー教育に関わる動きも、世間にとってはマイナーな出来事にすぎないだろうが、いくらかの変化を見せ始めている。日本では、2000年前後に一度、メディア・リテラシーやメディア・リテラシー教育が一種の流行になったことがあるが、教育界における大きなムーブメントをもたらすことなく、いつの間にかフェードアウトしていった。しかし世

界的には、2007年6月にパリにおいてメディア・リテラシー教育の国際会議が開催され、1982年のグリュンバルト宣言から四半世紀も経っているのに、世界中でメディア・リテラシー教育がいまだマイノリティであるのはなぜか、という問題提起に対する議論が行われた。また2012年8月には、中国の内陸部にある甘粛省蘭州において、ユネスコと、国連の「文明の同盟(Alliance of Civilization)」が近年推進しているメディア・情報リテラシーに関する国際会議が開催された。そして2013年4月には、エジプトのカイロにおいて、同じくメディア・情報リテラシー教育推進に関する国際会議が開催された。

　これらはすべて筆者が実際に参加し、発表等も行った会議にすぎない、実際にはメディア・リテラシーをテーマとするもっと多くの国際会議が世界で開催されている。また2012年3月には、「文明の同盟」のプロジェクト・マネージャーであるジョルディ・トレント(Jordi Torrent)氏を招き、メディア・情報リテラシーに関する会議を東京で開催した(元々2011年3月に開催する予定だったが、東日本大震災の発生によって延期された)。しかしながら、これらの会議のいずれにも、日本のマスコミは一社も取材に来ることがなく、一方で同じユネスコが開催する教育関連の国際会議でも、「持続可能な開発のための教育(Education for Sustainable Development)」は文部科学省が大々的に支援し、マスコミもこぞって取材に繰り出している状況である。

　日本は教育政策として、各学校に最新のICT機器(電子黒板の設置やタブレット端末を用いた授業研究、校内LANの設置など)の普及に文部科学省と総務省が取り組んでいる。しかしこういった施策はインフラ整備に留まっている状況にあると言わざるを得ず、これらICT機器をどのように利用し、何を考えさせる教育を行うのか、といったことはまだこれからであるように思われる。

　本書、特に第5章のカナダにおけるメディア・リテラシー教育の実践を読めば、なんとなくイメージしていただけると思っているが、本書が研究対象にしているカナダのトロント地区の学校では、インフラがある程度そろっているのに加え、何よりも「何を児童生徒に考えてほしいのか」を最大の目標に据えている。そのうえで「どのようなメディアを利用すればそれを効率的に実行できるか」を考えている。つまり、何も最新のICT機器がなければメディア・リテラシー教育ができないというわけではない(いろいろと利用できるほう

が望ましいのだが)。例えば、フリーペーパーや街中の広告を写真撮影したもの、CMなど、昔から存在し、誰でも入手／視聴できるものを利用して授業を行っていることが多い。

　繰り返すが、本書を貫く問題は、「何を使って授業をするか」ではなく、「何を児童生徒に考えてほしいのか」である。ものを考えるために知識／情報が必要なのであり、知識／情報を入手する手段としてメディアが存在する。ものを考える際には、入手した知識／情報がどのように使えるのか、そもそもそれら知識／情報をどのように評価できるのか、なぜそれら知識／情報でなければならないのか、などを考察する必要がある。大まかに言ってしまえば、この思考の過程こそが、本書で取り上げる「批判的」思考力であると考えていただいてもよい。

　ネット等を利用して誰もが簡単に膨大な知識／情報を入手・発信できるようになったため、このような思考力がますます重要になっている。経済協力開発機構(OECD)による国際学力調査であるPISAが測ろうとしている「リテラシー」も、似たような能力である。あまり知られてはいないが、PISAで毎回上位に位置しているフィンランドやオーストラリア、そしてカナダは、メディア・リテラシー教育をカリキュラムに導入している国である(ただしオーストラリアやカナダは州によって多少異なる)。メディア・リテラシー教育を実施しているとPISAで上位になる、という根拠は今のところ明らかにできていないが、何らかの関係は指摘できそうである。

　筆者が言いたいのは、メディア・リテラシーという能力が、世の中のあらゆる能力から切り離された能力なのではなく、これからの情報社会、知識基盤社会を生きる子どもたちにとって必要だとされている諸処の能力(例えば「問題解決能力」)と密接な関係を持っているということである。本書は博士論文をベースとした内容であるため、特に第一部の理論的な枠組みについては難解であると感じられる読者もおられるだろう。しかし、第二部の事例研究をよりよく理解するためにも、第一部にも目を通していただきたいと願っている。

　メディア・リテラシーおよびメディア・リテラシー教育を研究している方々はもちろん、メディア・リテラシー教育に興味のある現職の教師の方々、そ

して将来的にメディア・リテラシー教育に何らかの形で携わりたいと考えている学生の方々にも本書を読んでいただければと筆者は考えている。本書が日本および世界のメディア・リテラシー教育の推進に少しでも寄与することを願っている。

　2013年6月末日

著　者

目次／メディア・リテラシー教育における「批判的」な思考力の育成

はじめに ……………………………………………………………… i

序章　本研究の目的 ……………………………………………… 3

第1節　課題設定 …………………………………………………… 4
第2節　本研究の手続き ………………………………………… 13
　(1)研究方法　(13)
　(2)データ分析のプロセス　(15)
　(3)本研究の限界　(16)
第3節　本書の構成 ……………………………………………… 18
第4節　本書におけるキーワード ……………………………… 21
　［註］　(23)

第Ⅰ部　理論　　　　　　　　　　　　　　　　　　　25

第1章　メディア・リテラシー教育とは何か …………… 27

第1節　メディア・リテラシー教育の成立に関する先行研究 ……… 28
第2節　社会学におけるメディア・リテラシーの歴史的展開 ……… 32
　(1)フランクフルト学派　(32)
　(2)カルチュラル・スタディーズ　(36)
　(3)文化的再生産理論　(39)
第3節　メディア・リテラシー教育の理論的背景 ……………… 43
　(1)マスターマンとバッキンガム　(44)
　(2)フレイレの教育理論　(48)
　(3)批判的教育学　(51)
　(4)「リテラシー」の捉え方　(53)
　(5)マスターマンおよびバッキンガムと批判的教育学　(55)
　(6)「制作」の意味　(57)

小　括 ·· 60
　［註］（64）

第2章　「批判（的）」（クリティカル）とは何か ················ 67

第1節　「批判」の語源 ·· 68
第2節　フランクフルト学派の批判理論 ·· 70
第3節　批判的教育学における「批判」 ·· 72
第4節　クリティカルリテラシー議論における「批判」 ·· 76
第5節　メディア・リテラシー教育における「批判」 ··· 80
　(1)ウィリアムズの批判理論　(80)
　(2)マスターマンの考える「批判」　(82)
　(3)バッキンガムの考える「批判」　(83)
　(4)その他の「批判」　(87)
小　括 ·· 92
　［註］（95）

第3章　メディア・リテラシー教育における 学習者の評価方法 ················ 97

第1節　マスターマンおよびバッキンガムの考える 学習者の評価 ····························· 98
　(1)マスターマンの考える学習者の評価　(98)
　(2)バッキンガムの考える学習者の評価　(100)
第2節　マスターマンとバッキンガム以外の先行研究 ·· 103
　(1)イギリス、アメリカ、オーストラリア　(103)
　(2)カナダ　(107)
第3節　真正の評価とは何か ··· 113
　(1)真正の評価の成立　(113)
　(2)パフォーマンス評価およびポートフォリオ評価　(115)
　(3)真正の評価におけるルーブリック　(117)
　(4)真正の評価に基づく評価モデル　(119)
　(5)メディア・リテラシー教育における真正の評価モデル　(123)

小　括 ……………………………………………………………………… 125
　［註］（127）

第Ⅱ部　事例研究　　131

第4章　オンタリオ州におけるメディア・リテラシー教育の導入と展開 …………… 133

第1節　カナダにおけるメディア・リテラシー教育の概要 ……… 135
　(1)カナダおよびオンタリオ州の教育制度　(135)
　(2)カナダ国内におけるオンタリオ州のメディア・リテラシー教育の先進性　(136)

第2節　メディア・リテラシー教育導入の背景 …………………… 140
　(1)マクルーハンの影響　(142)
　(2)対アメリカ文化　(144)
　(3)オンタリオ州政治　(147)
　(4)多文化社会および多文化主義の影響　(149)

第3節　ハリス政権下のメディア・リテラシー教育 ……………… 153

第4節　「英語」カリキュラム改革とメディア・リテラシー教育の位置づけ ………………………………………………… 158
　(1)オンタリオ州における現行カリキュラム　(158)
　(2)1999・2000年版と2007年版「英語」　(160)
　(3)「メディア・スタディーズ」の新旧比較　(162)
　(4)「メディア科」の新旧比較　(165)
　(5)2007年版「英語」カリキュラムの孕む課題　(170)

第5節　オンタリオ州における教育評価 …………………………… 171
　(1)1990年代以降のオンタリオ州における教育評価の動向　(171)
　(2)オンタリオ州のメディア・リテラシー教育における学習者の評価　(178)

小　括 ……………………………………………………………………… 182
　［註］（184）

第5章　トロント地区の中等学校における事例研究 ……191

第1節　リサーチ・デザイン ……………………………………… 192
　(1)分析の枠組み　(192)
　(2)調査校の選定　(197)
　(3)観察調査　(199)
　(4)インタビュー　(199)

第2節　授業観察の内容 …………………………………………… 200
　(1)X校の特徴　(200)
　(2)X校の授業内容　(201)
　(3)Y校の特徴　(202)
　(4)Y校の授業内容　(203)

第3節　授業における教師と生徒、および生徒同士での
　　　　やりとり ……………………………………………………… 206
　(1)授業序盤(9月〜10月中旬)　(206)
　(2)授業中盤(10月下旬〜11月中旬)　(207)
　(3)授業終盤(11月下旬〜12月)　(209)
　(4)考察　(211)

第4節　授業実施者(担当教員)による評価 …………………… 212
　(1)具体的な評価　(212)
　(2)考察　(221)

第5節　生徒のパフォーマンス …………………………………… 222
　(1)授業序盤(9月〜10月中旬)　(222)
　(2)授業中盤(10月下旬〜11月中旬)　(224)
　(3)授業終盤(11月下旬〜12月)　(228)
　(4)考察　(233)

小　括 ………………………………………………………………… 235
　［註］　(240)

終章 「批判的」な思考力を獲得するメディア・リテラシー教育実現に向けて……245

第1節 メディア・リテラシー教育の目的および成立の過程 …… 246
第2節 メディア・リテラシー教育における「批判」……………… 249
第3節 メディア・リテラシー教育における評価のあり方 ……… 251
第4節 オンタリオ州におけるメディア・リテラシー
　　　 教育の展開………………………………………………………… 252
第5節 学習者に「批判的」な思考力は獲得されるのか
　　　 —実践事例の分析から ……………………………………… 256
第6節 「批判的」なメディア・リテラシー教育を
　　　 可能にする要因 ……………………………………………… 259
　(1)本研究が示唆するもの　(259)
　(2)今後の課題　(260)
　［註］　(268)

あとがき ………………………………………………………………………… 269
参考・引用文献 ………………………………………………………………… 273
巻末資料………………………………………………………………………… 293
　1　インタビュー項目　(295)
　2-1　X校 University の授業内容の解説　(296)
　2-2　X校 Open の授業内容　(299)
　3　映像および編集に関する技法　(300)
　4　メディア・リテラシー教育用ルーブリックの例　(302)
　　1　メディア・テクストの理解／創造のための一般的なルーブリック
　　　（幼稚園〜第3学年）　(303)
　　2　メディア・テクストの理解／創造のための一般的なルーブリック
　　　（第4〜8学年）　(304)
　　3　口頭での発表と作品の提出　(305)
　　4　メディア・テクストを評価するルーブリック　(307)
　　5　2つのメディアにおけるニュース報道を評価するルーブリック　(309)

索引 …………………………………………………………………………… 311

メディア・リテラシー教育における
「批判的」な思考力の育成

序　章

本研究の目的

トロントの高校のメディア教師をゲストに迎えて、日本で行った教師向けメディア・リテラシー教育セミナーの様子

第1節　課題設定

　メディア・リテラシー教育とは、世界的には1930年代のイギリスにおいてその萌芽がみられ(上杉、2008)、1960年代ごろから本格的な教育プログラムの開発がなされてきている(Piette & Giroux, 2001)。メディア・リテラシーについて、大まかな定義をしておけば、メディア・テクストにおいてリプレゼンテーション(representation)がなされる価値観やイデオロギーなどを、メディア制作や話し合いを通じて、多面的な視点から、記号論を用いた批判的(critical)分析を行うことのできる能力である。そしてメディア・リテラシー教育は、簡単に定義するのであれば、「メディアについて学ぶこと」(Buckingham, 2003, p.4)であり、「個人をメディア・リテレートする過程」(Media Awareness Network, 2006, p.3)、すなわちメディア・リテラシーを獲得させることであると言える。

　先進的な国や地域で行われている取り組みは、その先進性ゆえに、内容の豊富さとともに様々な課題も抱えており、直面するそれらの課題を解決する方法を率先して模索しているということでもある。特にメディア・リテラシー教育においては、カリキュラム検討や、授業を通じて学習者が何を学んでいるのかを検討することが重要な課題として考えられる。しかし、メディア・リテラシー教育における学習者の学びについて検証するという作業は、教育プログラムの修正・改善のために必要であるにもかかわらず、あまり先行研究がみられない。基本的にメディア・リテラシー教育のプログラムや授業内容は紹介に留まり、実施者の評価も簡単な振り返りで終えていることが多い[1]。カナダ国内の先行研究として挙げられるのは、恐らくキスト(Kist, W.)が行った、マニトバ州における事例研究(Kist, 2003)くらいであろう。

　他方、イギリスの場合はバッキンガム(Buckingham, D)の先行研究などがある。バッキンガムは、自身が指導する大学院生の博士論文[2]で、メディア・リテラシー教育の授業を通じて学習者(ロンドンの16-17歳の生徒)が「女性のイメージ」に関する固定観念をどのように変容させていったのかについて論じている(Buckingham, 2003)。さらにバッキンガムは自身の研究においても、セフトン・グリーン(Sefton-Green, J.)と協同して、アクション・リサーチの手法

を使って、GCSE（General Certificate of Secondary Education）の「英語」と、アドバンスト・コースの「メディア・スタディーズ」を受講した第10学年から第13学年の生徒数名を対象にして、生徒がいかに「批判的」になっていったのかを考察した（Buckingham and Sefton-Green, 1994）。

　これはバッキンガムが当時20年近くメディアについて教えていた教員経歴を活かし、1980年代後半から1993年にかけて、特定の生徒に焦点を絞って生徒の制作物とその作品に対する生徒の説明を分析した研究である。バッキンガムとセフトン・グリーンが意識していたのは、「この研究はカルチュラル・スタディーズにおける厳密で学術的な作業の持つ目的とは異なる」（Buckingham & Sefton-Green, 1994, p.11）と述べているように、当時イギリスで盛んだったカルチュラル・スタディーズを実証的に研究することである。当時、社会学の理論を用いて社会現象を分析することが一種の流行であり、学校教育とメディアに関係する研究もそのように行われることが一般的だった。そのためバッキンガムとセフトン・グリーンは、アクション・リサーチの手法を用いて、理論を尊重しつつもより実践から得られる知見に意味を見出そうとする態度を採ったのである。

　結果としてバッキンガムとセフトン・グリーンは、結果的に授業を担当する教員の考える「正解」に学習者が誘導されてしまい、真に「批判的」な思考を学習者が身につけたわけではないという結論を導き出した。このような結論は、イギリスの社会経済的な文脈、中でも階級社会やイギリスのジェンダー意識が生徒のなかに形成され、その固定観念を乗り越えていく葛藤の様子を分析する過程で導き出されたものであり、イギリス社会の文脈が大きく影響している。特に「英語」と「メディア・スタディーズ」では、ナショナル・カリキュラムで求められている内容が異なるため、レポートや制作課題の評価の質が異なると述べている。しかし、目的が異なっても、育成されるべき「批判的」思考力は共通しているとバッキンガムは主張する。バッキンガムは両科目の目的の違いを克服し、両科目で生徒に「批判的」思考力を育成するため、アクション・リサーチの手法を用いた。

　バッキンガムやキストのような質的な先行研究は少数である。量的研究の場合、子どものメディア利用状況を調査した研究がほとんどである。例えば

Bevort & Verniers(2008)は、2005年1月から2006年6月にかけて、12歳から18歳までのヨーロッパ9カ国の若者7400人と、ケベック州の同年齢の1350人の若者を対象に、どのようなメディアを日常的に使うのかをアンケート調査した。そして10代の若者のメディア利用がインターネット中心になっていること、メディアを扱うスキルは利用する中で身につけているが、利用する行為に対して無意識、無批判になっていることを調査結果から指摘している。これら量的な先行研究が示しているのは、「現代の子どもたちの生活におけるメディアの統計上の優位を示す」(Buckingham, 2003, p.5)という、メディア・リテラシー教育実施のための前提となる議論なのである。いかに取り組みが進んでいると言われようとも、その取り組みの効果を検証するという作業がなされなければ、メディア・リテラシー教育の効果を測ることはできない。オンタリオ州では、先進的にメディア・リテラシー教育が行われてきたとされるゆえに、その内容についての検証作業が必要であり、本書で考察対象とする理由なのである。

　一方上杉は、メディア・リテラシー教育を「マスメディアが私たち個人と社会に対して持つ意味を批判的に検討し、その公正なあり方を模索する契機を得る学習活動」(上杉、2008、4頁)と定義し、メディア・リテラシー教育を日本でも普及させるため、そのモデルケースとしてカナダの状況を明らかにしようとした。上杉はまず、メディア・リテラシーという能力の起源について、イギリスで展開された批判理論やカルチュラル・スタディーズを手掛かりに説明を行った。次に、カナダのメディア・リテラシー教育の見本とされるイギリスのメディア教育について、教育政策における位置付けや、バッキンガムへのインタビューなどを通して考察している。カナダでは、影響力を持つメディア・リテラシー理論の研究者が、イギリスのメディア教育が発展した1970年代から80年代前半にかけてほとんどいなかった。そのためカナダは理論的根拠をイギリスに求め、実践を発展させることを目指したのだという。

　そして上杉は、カナダの政治状況を踏まえつつ、カナダでのメディア・リテラシー教育の展開が、その基盤となった映画教育の展開を含めて説明した。最後に、カナダで使用されているメディア・リテラシー用の教科書分析を具

体的に行っている。教科書分析を通じて、カナダで1987年以降展開されてきたメディア・リテラシー教育が、商業主義と高度に結びついたメディアのあり方を批判的に子どもに理解させることを目的にしてきたことを明らかにしている。ただし、上杉が分析対象としたのは主にカナダにおいてなぜメディア・リテラシー教育が発展したのかということであり、教育実践は紹介程度に留めている。

　上記の先行研究以外にも、教育実践を通じて学習者がどのようにメディア・リテラシーを身につけたのかという研究はなされているが、その多くは「メディア制作スキル」をどのように身につけたか、というものである。すなわち先行研究の問題は、メディア・リテラシーが要請する「批判的」という言葉の意味が理論的に定義されずに、実践が先行していることである。そして、学習者のどのようなパフォーマンスをどのような指標で評価するのかが設定されていないため、学習者がどのような経過を経て、どのように変化したのかを論じることができていないのである。また、実践を担当する人間のメディア・リテラシー教育に対する理解が保障されていないことも問題であろう。

　他方、メディア・リテラシーにおける「批判」の意味を社会学や言語学、哲学などを根拠に定義した上で研究を行っている、バッキンガムやシンカー (Sinker, R.)、セフトン・グリーンといった研究者は、メディア・リテラシー教育において学習者を「どのように」評価するのかという方法論について言及する傾向にある。いわゆる批判的思考力を学習者に獲得させる取り組みは、既に様々な形態でなされているが、活字メディア、映像メディアなど多様なメディアを「批判的」に読み解くメディア・リテラシーは、21世紀の情報化社会において独自の文脈で発展している。しかしメディア・リテラシー教育において、「批判的」な思考が育まれているのかを検証した研究は、上述したようにほとんどない。特にオンタリオ州は、メディア・リテラシー教育を専門的に行える教員の養成と、それら教員によるメディア・リテラシー教育を、1980年代後半から2010年現在まで実施してきている先進的な地域であるにもかかわらず、その授業を通じて「批判的」な思考力が養成されているのかを論じた研究はなされていないのである。

　以上の先行研究で対象とされたのは、初等教育段階後期から、中等教育段

階の生徒である。これは10代の生徒を対象にメディア・リテラシー教育を行うことが必要であると考えられていることを示している。オンタリオ州でも、中等教育段階においてメディア・リテラシー教育の実践が進められている。オンタリオ州の英語カリキュラムには初等教育から中等教育まで、すべての学年にメディア・リテラシー教育が導入されている。しかし、オンタリオ州のカリキュラムには、日本の学習指導要領のように、法的拘束力がない。よって、ある英語教員が授業でメディア・リテラシー教育を行わなかったとしても、法的に問題とされることはない。このため、オンタリオ州でメディア・リテラシー教育に関わってきた教育委員会関係者や、テレビ局のスタッフは、メディア・リテラシー教育が導入される1987年以前から英語を教えてきた教員の一部には、授業でメディア・リテラシーを取り上げない教員もいると述べている[3]。

　必修教科の「英語」、「言語」では上述のような状況にある。しかし一方で中等教育段階では、第11学年の英語科選択科目において「メディア科(Media Studies)」が設置されている。この科目は、1987年時点では、中等教育段階英語科の選択必修科目「メディア・リテラシー」として設置されていた。それが、1999年および2000年の中等教育カリキュラム改訂時に、同内容のメディア・リテラシー教育専門の科目として設置し直した科目である(上杉、2008)。2007年に再度カリキュラムが改訂されたが、「メディア科」は、そのまま継続している。この「メディア科」は、英語の教員免許を持っていれば担当できるわけではなく、専門の資格が必要である。その追加資格認定(Additional Qualification: AQ)コースは、通常、毎年8月から翌年2月まで、およそ半年をかけたコースを1つのパートとして、パート3まで開催される。一概に追加資格認定コースといっても、基礎／パート1、パート2、パート3(スペシャリストとも呼ばれる)の3段階がある(坂本、2003)。追加資格認定コースは大学とメディア・リテラシー教育推進NPO、そして教育委員会の担当者によって担われる[4]。このように3年間相当の時間をかけて、大学、教育行政、NPOが企画する教員追加資格認定コースを通過した教員が「メディア科」を教えるため、「メディア科」におけるメディア・リテラシー教育の質が保証されているのである。本書第5章で分析対象としているのは、この「メディア科」に相当

する授業である。「メディア科」は、メディア教員資格を持つ教員にしか担当できない。専門資格を持った教員が担当する授業を分析対象とすることで、本書の第1章から第3章までの理論的視座が担保されるのである[5]。

　上述してきた先行研究から明らかになる課題を整理し、今後解決すべき課題への提言を提起するためにユネスコは、2007年6月22日に、パリで「メディア教育者[6]の国際会議(L'EDUCATION AUX MEDIA)」を開催した。この会議において、メディア教育の世界的な課題4つと、さらにそれぞれの課題についていくつかの細分化された項目を、全部で12の提言として採択した(UNESCO, 2008, pp.49-55)。それらの提言は以下の通りである。

---

①すべての教育段階における総合的なメディア教育プログラムの構築
　(A)メディア教育の包括的な定義の採択
　(B)メディア教育と文化の多様性、人権の結びつきを強めること
　(C)基本的なスキルと評価システムの構築
②社会における他のステークホルダー（利害関係者）を交えた教員養成と教員の意識化
　(D)初期の教員養成においてメディア教育を含めること
　(E)適切で可能な教育方法を考えること
　(F)すべてのステークホルダーを教育システムに組み込むこと
　(G)社会におけるメディア教育以外のステークホルダーも動員すること
　(H)生涯学習の枠組みにメディア教育を位置付けること
③研究とそれを知らせるネットワークの構築
　(I)高等教育におけるメディア教育実践と研究を進めること
　(J)意見交換のネットワークを構築すること
④活動段階における国際的な協調体制
　(K)国際交流の場を組織し、目に見えるものにすること
　(L)政策の意思決定者にメディア教育の必要性を認識してもらい、参加を促すこと

　世界のメディア・リテラシー教育をめぐる状況は以上のユネスコの議論に代表されている。上記のメディア・リテラシー教育の課題のうち、重要な課題は学習者の評価であろう。なぜかと言えば、まずユネスコも(C)で挙げて

いるように、メディア・リテラシー教育では学習者をいかに評価するかというシステムが定まっていないからである。さらに、メディア・リテラシー教育が要請する「批判的」な思考力が何かという理解が得られていないと考えられる。評価とは、ウィギンズ(Wiggins, G.)とマクタイ(McTighe, J.)が主張する「逆向き設計」論によれば、カリキュラム編成論とも一体化する(西岡、2005)。よってカリキュラム編成を考えることは、単元や教材開発にもつながる。カリキュラム編成や教材開発ができれば、教員向けの研修や市民講座を通じた地道な普及活動によって、メディア・リテラシー教育がある程度体系的に、1つの学習形態として広がりをみせると思われる。また、同じくユネスコの報告書で指摘されているように、教育政策や教員養成課程改革といった大きな変革をすぐに期待することはできない(Jacquinot-Delaunay., Carlsson., Tayie and Tornero, 2008)ことも、メディア・リテラシー教育が普及しない一因である。

　以上のように、メディア・リテラシー教育のあり方について、世界的にもまだ認識は一致しておらず、その普及についても教育政策的な問題や教員養成の問題など、複雑に絡み合うステークホルダーの利害関係もあって、大きな広がりをみせてはいない。つまり、世界全体を見渡すと、メディア・リテラシー教育はごく一部の取り組みにすぎないのである。しかしカナダでは、1980年代後半以降、全国的にメディア・リテラシー教育を普及させる取り組みを行ってきた。1987年のオンタリオ州を皮切りに、1999年までにはカナダ全土でメディア・リテラシー教育が行われている。オンタリオ州は世界で最も早く、メディア・リテラシー教育の体系化を行い、1987年にカリキュラムに導入した州である。その前段階として、カリキュラム導入以前の1960年代半ばから、メディア・リテラシー教育は映画教育などの別の形で取り組みが進み、インフォーマルに実施されていた(上杉、2008)。そういったことを考えても、少なくとも40年以上にわたって体系的な取り組みを行ってきたのである。特に中等教育段階という、保護者の目の届かないところで、メディアへのアクセス機会が多くなる年齢を主な対象として、オンタリオ州の教員は力を注いできた。その中で培われてきた教育方法や教材、評価のあり方について考察することには意義がある。

　いわゆる批判的思考力を学習者に獲得させる取り組みは、メディア・リテ

ラシー教育以外にもなされている。しかし第2章で明らかにするように、活字メディア、映像メディアなど多様なメディアを「批判的」に読み解くのがメディア・リテラシーの特徴である。このような教育が育む能力は21世紀の情報化社会において重要な能力の1つであろう。よって本書において、メディア・リテラシー教育によって、学習者が「批判的」な思考力を身につけることができたのかどうかを検証することには意義があると考えられる。学習者が「批判的」な思考力を獲得したかどうかを明らかにするためには、まず学習者が授業を通じてどのような内容を学んでいるのかを検討する必要がある。さらに、学習者の学びだけでなく、メディア教員資格を持つ教員の意図や授業計画も検討する必要がある。そして本書の最大の意義は、学習者の学びの過程について、メディア・リテラシー教育の理論的視座に基づいて、実践の検証を試みたことにあると言えよう。

　また本研究は、体系的な取り組みのみられない日本への示唆も含んでいる。従来、日本におけるメディア・リテラシー研究は主に社会学的な見地からなされてきた。例えば鈴木みどりは解釈学的研究、社会科学研究、映画・テレビ制作研究の3つの視点からメディア・リテラシーの成立過程を述べている(鈴木、1997)。また水越も基本的にはカルチュラル・スタディーズを中心に据えたメディア・リテラシーの展開を説明している(水越、2003)。しかしながら、教育学の領域では、メディア・リテラシー教育の成立については暗黙の前提としてある程度不問にしながら、また海外のメディア・リテラシー教育研究者の解釈に基づきながら持論(主に教育実践)を展開するという方針で研究がなされており、メディア・リテラシー教育の理念自体を問題にするということはほとんどなかった。

　教育工学の立場からは視聴覚教育や放送教育のような、視聴覚メディアを学校教育に持ち込むというスタンスでメディア・リテラシー教育へのアプローチが行われてきた。ゆえに教育工学は視聴覚・放送教育のようなメディアの送り手側の研究蓄積を基盤にしており、メディア・リテラシー教育の概念を根本的に問い直す作業はあまり行われていないように見える。教育工学者の木原俊之は、欧米のメディア・リテラシーについて、テレビの暴力・性表現がもたらす社会的悪影響への不安を背景に、テレビを読み解くためのリ

テラシーとして発展してきたと述べており(木原、1996)、インターネットが発達して誰もが情報の送り手になれる現代において、情報の受容よりも発信が重要だと主張する。つまり教育工学における主な主張は、メディアを理解するためにはメディア制作の現場やその裏側を知ることが必要であることから、制作技術を学習することに重点が置かれ、メディア自体やテクストの批判的分析はあまり問題にされない傾向にある。

　これらの研究が生んだ結果として、メディア・リテラシー教育が視聴覚教育や放送教育、調べ学習、情報モラル教育などと混同された状況が生まれた[7]。具体的には、メディアの悪影響を子どもに教える教育や、メディア制作や表現活動を行うこと、もしくはメディア情報の真偽を判断する方法を教える教育がメディア・リテラシー教育であるという認識が生まれた。本書はそのような議論を整理し、メディアに表現されるあらゆる形態の言語を「リテラシー」として考え、系統だった議論を提供するという意味でも意義のあるものと考える。

　以上から、本書の目的は、メディア・リテラシー教育を通して、学習者(本書の場合は中等教育段階の生徒を想定)が、「批判的」な思考力をどのように獲得しているのかを明らかにすることである。考察の対象はメディア・リテラシー教育先進国と評されるカナダ、中でも取り組みの進んでいるオンタリオ州の中等教育段階である。この目的を明らかにするため、本書では以下の5点の課題を明らかにする。まず1点目は、メディア・リテラシー教育の目的および成立の過程である。メディア・リテラシー教育は、多様な学問の成果を礎にして成立したものであるため、その内容も多様である。そこで、本書が定義するメディア・リテラシー教育について検討する。2点目は、メディア・リテラシー教育における「批判」についてである。「批判」も多義的な言葉であるため、本書における「批判」の意味を、学問的根拠から定義することを目指す。3点目は、メディア・リテラシー教育における評価のあり方である。メディア・リテラシー教育で育成される「批判」能力は、いわゆる学力テストのような量的指標で、その成果を測ることは不適当であると考えられる。そこで「真正の評価(Authentic Evaluation)」の評価の立場について検討する。4点目はオンタリオ州におけるメディア・リテラシー教育の展開である。世界で初め

て公的なカリキュラムにメディア・リテラシー教育が導入された背景や、カリキュラム自体について明らかにする。最後の5点目は、メディア・リテラシー教育によって、学習者に「批判的」な思考力が獲得されるのか、獲得されるのであれば、どのような過程を経て獲得されるのかを、トロント地区における2校の中等教育学校の事例の分析から検討する。

第2節 本研究の手続き

(1) 研究方法

　本研究は、文献研究と事例研究の2つの手続きから構成される。先行研究においてどのような類似した研究・調査が行われ、それらに何らかの課題があったり、もしくは修正してより適切な知見を提供したりするためには、文献研究は必須となるからである。そして何よりも、分析の枠組みを提示するためには、先行研究を把握しておくことが欠かせない。特にメディア・リテラシー教育という、社会学(マス・コミュニケーション理論やカルチュラル・スタディーズなど)や教育学、言語学など、幅広い知見を要求するテーマにおいては、各学問分野の文献を読みこむ必要がある。1920年代にその萌芽が見られたメディア・リテラシーは、イギリスを中心としたヨーロッパで理論と実践の併究が進み、その後形を変えながら北米など世界中に広まった[8]。特に1990年代以降の日本においては、メディア・リテラシー教育がアカデミックな場で議論されることも少なくなくなってきた[9]。学問領域的に、メディア・リテラシー教育は教育学や社会学といった様々な学問的知見を基にして現在に至っている。その理論的基盤を考察するには、各学問領域を丁寧にレビューする作業は欠かせないのである。

　そして、本研究の目的、つまり設定された課題に対する答えを探究・提示するために事例研究を行う。学習者がメディア・リテラシー教育の「批判的」な思考力を身につけたかどうかを評価するためには、実際の授業を参与観察し、そこでやり取りされる議論、学習者が行うパフォーマンス、そして学習者がつくった制作物などを個別具体的に検討することが必要である。参与観察とは、以下のようなものである。

「状況に参加しつつ、そこで生じる出来事を観察・記録する」という、フィールドにおける調査者の基本的スタンスに言及するものである。(中略)授業をするのは担任教員の役目であり、彼／彼女は、基本的には観察者である。しかしながら同時に、彼／彼女は、純粋な観察者ではありえない。そもそも教員以外のおとなの存在が、教室の状況を普段とは異なるものにするだろうし、また必然的に、時間の経過とともに、彼／彼女と教員や子どもたちの間に相互作用が生まれ、そこから新たな関係が立ち上がってくるからである。(志水、1998、8頁)

　ここが、バッキンガムが行ったアクション・リサーチとは大きく異なる部分である。アクション・リサーチは複雑な関係性や予測不確実な活動を含みこんだ教育実践の文脈における協同的な問題解決の過程であり、これまでの教育実践研究が技術的合理性と客観性を追究する中で捨象してきた意味を捉えようとする方法論でもある(島田、2006)。つまり研究者のコミュニティが学界のなかに閉じ込められるのではなく、実践現場において実践者とともに課題を共同で探究し、研究成果を共有することを通じて、研究者もまた問題の解決に向けて実践の担い手となり、現場との関係性を発展させていくという双方向のプロセスを伴った研究方法なのである(佐藤他、2004)。アクション・リサーチとは人々の日常生活に根ざした生活の知恵や実践的な知を重視し、実践的な解決に向けた「参加」「共同」の過程を通じて「行為の中の知」を産出する、あるいは意義付けるプロセスだと言えよう(佐藤他、2004)。すなわち、アクション・リサーチは、調査者が直接学習者の学習過程に積極的に介入する手法である。一方で参与観察は、調査者ができる限り学習過程への影響を排除しようとするが、不可避的に生じてしまう観察者と教員および生徒(観察対象)との相互作用を自覚しつつ、観察を行う手法なのである。

　そして、本研究は参与観察、公文書の分析、インタビューなどを組み合わせて行う。これはすなわちトライアンギュレーション(ある対象に対して、複数の技法を組み合わせて、より多面的に捉えること)を行うためである。参与観察を行うことにより、研究対象の状況の直接的な解釈を目指し、インタビューや公文書の分析と組み合わせることで、研究対象の全体論的な解釈も可能になる。

また、観察内容(記述・直接引用・観察者のコメント)をできる限り詳しくフィールドノートに記録することで、分析のためのデータベースを作成する。フィールドノートの作成方法については、一般的に日記的方法、テーマ別分類法、網羅的方法の3つがある(藤田、1998)が、本研究では日記的方法を用いた。日記的方法とは、「その日その日に観察したことをフィールドジョッティング等に基づき、基本的には時間軸にそって〈日記風〉に記録していく方法」(藤田、1998、57頁)である。この方法では、「観察者の関心や仮説にしたがって、観察された諸事項が選択され相互に関連付けられ、解釈とともに記録される」(藤田、1998、57頁)が、その分ミクロ・レベル(個々の行為や事象のレベル)で生成されるストーリーが削ぎ落とされる傾向にあるため、注意が必要である。本研究では、あらかじめ「批判的」な要素を仮説的に設定し、その要素に基づいて事象を明らかにしようとしているので、この日記的方法を採用した。

(2)データ分析のプロセス

　本研究は、参与観察やインタビューという、エスノグラフィックな手法を用いている。したがって、データ分析においてもエスノグラフィックに行う必要がある。これが教育の文脈で行われる場合は教育的エスノグラフィと呼ばれ、研究対象としては、学校社会の文化に関することや、教育的な共同体内のある集団の文化といったことが挙げられる(メリアム、2004)。エスノグラフィにおけるデータ収集方法は、具体的に「インタビューや文献の分析、生活史の検証、調査日誌の作成、参与観察など」(メリアム、2004、19頁)や「さまざまな場における観察や活動への参加、当事者たちとの日常的な会話、彼らに対するフォーマルあるいはインフォーマルなインタビュー、調査対象に関する文書資料や統計資料の収集、質問紙調査の実施など」(志水、1998、8頁)が挙げられる。

　本研究はこれまで述べてきたように、インタビュー、文献分析、参与観察、ポートフォリオの検証によって研究目的を明らかにしようとしている。その点で明らかにエスノグラフィックな方法を採っている。しかしメリアム(Merriam, S.B.)によれば、この方法を使っただけではエスノグラフィによる研究にはならないという。エスノグラフィは、「データの社会文化的解釈」(メ

リアム、2004、20頁)であり、「研究対象となる集合体の社会文化的分析を行う」
(メリアム、2004、20頁)必要がある。「日常生活はさまざまの行為・活動の集合
として展開している。その多様な行為・活動がつくりあげている意味空間は
多元的であり、行為者(生活者)は、そこに存在し展開している事物や行為・
活動に対して、さまざまの意味を付与し、具体的な行為・活動を行っている。
しかも、その行為・活動は、さまざまの役割関係や制度的・組織的枠組のな
かで展開している」(藤田、1998、55頁)、そして「中学校におけるエスノグラフィ
の研究は、たとえば、その地域社会全体とその学校の文化的文脈を考慮に入
れるであろう」(メリアム、2004、20-21頁)というように、観察内容だけを記述
するのではなく、対象となる学校がどのような文脈に位置しているのかも記
述する必要がある。本研究の場合、カナダやオンタリオ州といった大きな枠
組みでの社会文化的文脈については既に述べてきた。よって、調査対象であ
るX校とY校の地域的文脈についても述べる必要があろう。これについては
第5章において述べることにする。

(3)本研究の限界

　本研究のみならず、様々な同様の教育研究におけるエスノグラフィやケー
ス・スタディでは、調査結果をどの程度一般化させることができるかという
問題が1つの限界として挙げられる。社会科学研究は自然科学研究とは違っ
て反証可能性が低く、科学的、普遍的な理論を構築することが困難だと思わ
れる領域である。学校教育における授業を事例研究として扱う際には、どの
ような研究であっても一回性は避けられず、それが1つの限界として挙げら
れよう。森田は、「解釈的分析は主観的バイアスの排除が難しく、『科学的客
観性』に欠けるという批判」(森田、2005、89頁)があると指摘している。そもそも、
「一般化可能な知識の産出は、解釈的調査法にとっては不適切な目標である
と考える」(メリアム、2004、306頁)という意見もある。また、志水は「肝心なのは、
どのような理論的視座からそ(れら)の事例が選定されるのかを位置づけるこ
とである。そうすることによって、その事例研究の意義が正当化されうる」(志
水、2005、159頁)と述べる。つまり、取り扱った事例について、分析した後で
その事例の意義と一般化の関係を問うのではなく、事例分析を行うにあたっ

ていかに分析枠組みを設定するかが重要である。本研究ではデータを分析する前に、分析の枠組みを理論的に確立させておくこと、そして分析の枠組みを基にデータを詳細に検討することにより、このような限界を乗り越えることに努めた。

さらにエスノグラフィ研究においてたびたび指摘される(志水、2005や古賀、1998など)のは、調査者と被調査者の信頼関係(ラポール)である。参与観察についての説明でも述べたとおり、調査者は被調査者に対してできる限り影響を排除する必要があるが、なんらかの影響を与えることは不可避的である。影響を与えることが不可避的である以上、なんらかの人間関係が構築されることになるが、その際に人間関係が馴れ合いになってしまうと、調査自体が成り立たなくなる可能性がある。この点については、森田も「参与観察者がリサーチ現場に存在することで、調査対象者の態度に影響を及ぼし、作為的な行動によってデータを歪める可能性がある」(森田、2005、88-89頁)、そして「参与観察者として『不適切な』行為が対象集団に敬遠されると、日常的な参加や対話を拒まれ、限られた入手データに基づいて、偏向した解釈に陥る危険性がある」(森田、2005、89頁)という問題点を指摘している。そこで本研究では、調査校の選定にあたって、これまで筆者が何度か観察を行った学校に焦点を絞り、ある程度学校側や教員と通常授業に支障を与えない信頼関係ができている調査対象を候補とすることで、この限界を克服するように努めた。

そしてもう1つの限界は、調査対象となる授業を担当する教員の経歴である。言い換えると、メディア教員として「有名」か、否かということである。これまでに市販書や雑誌記事等で日本に紹介されてきたカナダのメディア・リテラシー教育の事例は、トロント地区教育委員会(Toronto District School Board: TDSB)のメディア教育コンサルタント(Media Consultant)と呼ばれる代表的なメディア教員としての立場にいる人間や、メディア・リテラシー協会(Association for Media Literacy: AML　第4章で詳述)のようなメディア・リテラシー教育を推進する非営利法人の幹部などが直接教壇に立って生徒に授業を行う事例だった[10]。「ややもすると調査対象の革新的な側面を取り上げる傾向が強かった」(上杉、2002、188頁)と評されているように、日本にはオンタリオ州の先進的な事例が一般的であるかのように紹介されてきた。このような特

殊な事例を取り上げることは、事例研究としては望ましくないだろう。本研究は、トロント地区の特別なメディア・リテラシー教育を分析するのではなく、第1章から第3章までで設定する分析の枠組みに沿ったメディア・リテラシー教育の事例を検討する必要がある。よってメディア教育コンサルタントや非営利法人の幹部という立場の人間が実施する授業で特別な意味が付与されてしまうと、一般的にトロント地区で実施するメディア・リテラシー教育とは言い難い。そのような影響を排除するため、本研究で調査対象としたメディア教員は、メディア教員としての資格を有しながらも、特別な立場には就いていない一教員である。調査対象については第5章第1節で説明するが、トロント地区における標準的なメディア教員による授業を検討することで、事例の特殊性に対する限界はある程度乗り越えられていると考えられる。

第3節　本書の構成

　本書は2部構成となっており、全部で5つの章から構成される。まず第Ⅰ部では本研究の分析の視点を提示し、さらにそれを基に分析のための概念枠組みをつくる。第1章ではメディア・リテラシー教育とは何かということを、社会学、特にカルチュラル・スタディーズと批判的教育学に関する検討から導く。本章第1節で述べたように、そもそもメディア・リテラシー教育がどのような経緯で今に至り、どのような経緯をたどってきたからこそどのような要素をメディア・リテラシー教育が含むべきなのか、ということに関してはほとんど明らかになっていない。そこで、従来はあまり議論されてこなかった批判的教育学からの議論と、実際に行われた教育プログラムについても検討しながら、本書で議論するメディア・リテラシー教育とは何かについて定義することを目的とする。

　続く第2章では、第1章で明らかにしたメディア・リテラシー教育の定義を基に、その中で学ばれるべき「批判的」な思考とは何を意味するのかについて明らかにする。今日、様々な場面で用いられる「批判」および批判的思考力という言葉は、建設的な意見を意味する場合から、否定的な意味まで、使われる場面や使う人間によって、意味するところが多様である。よって、メディ

ア・リテラシー教育で固有に用いられ、獲得が目指される「批判的」な思考が、果たしてどのような要素をもちうるのかを検討する。さらに、従来取り組まれてきた批判的思考力の育成が、どのようなアプローチによってなされてきたのかも考察する。

　第3章では、メディア・リテラシー教育の評価について検討する。まず、メディア・リテラシー教育における評価が、これまでどのようになされてきたのかを述べることから始める。そして、それら先行研究で有用だと結論づけられた、「真正の評価」という評価方法の立場について考察する。つまり、「批判的」に読み取るという、量的な指標で測ることのできない能力を、いかにして測ることが適切なのかを検討する。さらに、真正の評価モデルを、メディア・リテラシー教育で採用している例として、トロント地区教育委員会のティーチングガイドを検討した。以上のような作業から、最終的に、メディア・リテラシー教育における学習者を、どのように評価するかという視点を得ることが第3章の目的である。

　第Ⅱ部である第4章、第5章では、本書で事例研究の対象とするカナダ・オンタリオ州のメディア・リテラシー教育をめぐる状況について述べ、事例研究を行う。第4章では、オンタリオ州におけるメディア・リテラシー教育について、全体的に把握することを目的とする。具体的には、まずなぜオンタリオ州でメディア・リテラシー教育がカリキュラムに導入されたのかを考察する。カナダがメディア・リテラシー教育先進国として扱われる理由は、メディア・リテラシーをカリキュラムに導入し、初等教育から中等教育まで一貫してメディア・リテラシーを体系的に学ぶシステムを構築し、それを教えられる教員を養成し、授業を有効なものにする教材を教員や教育行政、マスコミなどが一体となって開発したという一連の経緯に他ならない。なぜカナダ、特にオンタリオ州という地域で可能だったのか、まずそれを明らかにする。

　同じく第4章では、次に、本書の事例研究を行う時点でどのようにメディア・リテラシー教育が運用されているのかを考察する。メディア・リテラシー教育が、オンタリオ州で正式に学校教育のカリキュラムに導入されてから20年以上経っているが、その間、同じような取り組みが続けられてきた

わけではない。オンタリオ州では、メディア・リテラシー教育の内容が政治によって左右された歴史がある。メディアを「批判的」に読み解く能力を養成するメディア・リテラシー教育を、好意的に思わない個人と集団も存在する。そのような個人や集団が教育政策を左右する権力を持ちえたとき、メディア・リテラシー教育のような教育は排除ないし弱体化させられる可能性が高いのである。

　第4章の最後では、オンタリオ州における教育評価の指針についても検討する。1980年代後半に北米で起こった成果主義的な教育評価の流れは、オンタリオ州にも及んだ。オンタリオ州は、カナダの中でも長期に渡って成果主義的な教育評価、すなわち標準テストによる成績評価を避けてきた。ではどのようなかたちで従来の評価方法と、成果主義的な評価方法が組み合わさったのかを、1990年前後に実施された「学習に関する王立委員会(Royal Commission on Learning)」による調査報告から検討する。そして、オンタリオ州の全体的な教育評価が、メディア・リテラシー教育においてどのように運用されているのかを考察する。本書が考察対象とする時点で、どのようなメディア・リテラシー教育がオンタリオ州で目指されているのか、カリキュラム自体や、カリキュラムに関する諸議論、そして教育評価を検討することで明らかにしていくのが第4章である。

　第5章では、本書の目的である、メディア・リテラシー教育における「批判的」な思考力を、学習者が身につけることができるようになったのか、もしそうであれば、授業におけるどのような要因が関係しているのかを、トロント地区での中等学校における事例研究を基に検討する。オンタリオ州トロント地区にある中等学校を事例に、実際にどのようなメディア・リテラシー教育が実施され、その中で生徒が何を学び、獲得しているのかを、参与観察や生徒の制作活動、パフォーマンスから検討していく。その際、トロント地区におけるX校、Y校の2校を分析対象とし、それぞれ「英語―メディア科」と、「映画科」というメディア・リテラシー教育を観察している。

第4節　本書におけるキーワード

　本書においては、いくらかの用語について特別な意味を付与している。また通常、和訳できる外国語を、あえてカタカナ表記にしている用語もある。ここでは、特に本文中で解説をせずに表記している用語について説明を行う。序章において既に登場した箇所も含め、本文ではここで説明している用語の理解に基づいて、これらの用語を用いているものとする。

●「メディア教育」と「メディア・リテラシー教育」

　メディア・リテラシー教育は、欧米では一般に media education、すなわちそのまま邦訳すれば「メディア教育」となる。また、教科・科目の名称としては media studies という名称が、少なくともイギリス、カナダ、オーストラリアではみられる。しかしながら、日本で「メディア教育」と言った場合、視聴覚教育や放送教育、すなわち ICTs (Information and Communication Technologies: 情報通信およびコミュニケーション技術)を使いこなすスキルの習得を目指す教育や、クリエイターなどとしてメディア産業に関わる人材を育成する教育を指す場合が多い。しかし、欧米の media education は、ICTs を使いこなすスキルを含みつつ、メディア・テクストを分析する能力をも求めている。どちらかと言えば、分析能力のほうが重視されている。欧米でも、視聴覚教育や放送教育のような media education と、メディア・リテラシー教育の混同を避けるため、media literacy education と記述している場合がある(Vesterinen, et al., 2008など)。バッキンガムの *media education: literacy, learning and contemporary culture* の邦訳である『メディア・リテラシー教育：学びと現代文化』でも、日本で伝統的な視聴覚教育との混同を防ぐため、「メディア教育」ではなく、「メディア・リテラシー教育」で訳語を統一したとされている(バッキンガム、2006、261頁)。これに倣い、本書でも、media education を、メディア・リテラシー教育と訳している。

●「批判的」な思考力

　「批判的思考力」とは一般的に「狭量で決まりきった一つの解釈や知識に対

して、独自の解釈や異なった理解の可能性を開こうとする態度」および「情報や知識を複数の視点から注意深く、かつ論理的に分析する能力」を指す(鈴木、2006、7-8頁)とされる。しかし、本書第2章で説明するが、一般的な定義といっても、多様な言説があるため、確固とした定義を述べることは難しい。本書では一般的な批判的思考について深く説明することはしない。とはいえ、メディア・リテラシー教育が要請する「批判」と、一般論としての批判的思考力とを区別する必要がある。そこで「批判」もしくは「批判的」な思考力、という表記をすることで、一般的に言われる批判的思考力と区別する。

● メディア・テクスト

　本書におけるメディア・テクストとは個々のメディアの制作物を指す。例えば1つひとつのテレビ番組(ビデオやDVDで観る番組も含む)、新聞記事、ラジオ番組、ウェブサイト、音楽(ラップやクラシック、ポップミュージックなどはジャンルとして位置付ける)、絵画、イラスト(CDのジャケットなど商品に描かれるものも含む)、写真、ビデオカメラなどで撮影した動画、雑誌、本、マンガ、絵本、テレビゲーム(携帯型ゲーム機やインターネットゲームを含む)などをメディア・テクスト(本文中ではテクストと表記することもある)として想定する。なお、携帯電話については電話機能やインターネット機能、ゲーム機能など複数のメディア・テクストの複合体として考えることができるため、あえて本書では1つのメディア・テクストとして設定しないことにする。

● リプレゼンテーション

　リプレゼンテーションとは、本書では「実社会の人々、場所、出来事、考え方などを通して再構成し、再提示すること、および再提示された表現」を指す。社会学関連の日本の文献では「表象」と訳されることが多い。しかし心理学用語などでは、「表象」が心的「イメージ」と同義に使われる場合がある。本書のリプレゼンテーションは、心的なイメージ(空想や、ふと思いついたことなど)を指しているわけではない。よってその混同を避けるため、リプレゼンテーションという用語を用いる。

●真正の評価

　「真正の評価」とは、1980年代後半、アメリカ合衆国(以下、アメリカと略す)において、各州政府が推進した「標準テスト(standardized testing)」による画一的な評価に反発して起こった評価のあり方、立場である。ウィギンズ(Wiggins, G.)によれば、「(真正の評価とは)大人が仕事場や市民生活、個人的な生活の場で試されている、その文脈を模写すること」(田中、2005、34頁)とされる。また、「『リアルな課題』にとりくませるプロセスのなかで子どもたちを評価すること」(田中、2005、34頁)という定義もある。いずれにせよ、選択式や一問一答形式のような筆記テストで診断される「学力」のみを評価するのではなく、子どもの授業中の取り組みやそれに伴ってつくられた多様な作品を、評価の中心に据えようとする評価のあり方や立場のことを言う。

【註】
1　メディア・リテラシー教育プログラムや授業内容を紹介しているものとしてはPiette and Giroux (2001) や、市川(1999)、Buckingham (2003)などがある。
2　Jeong, H.S. (2001). *Theory, Practice and "Empowerment" in Media Education: A Case Study of Critical Pedagogy*, Ph.D. thesis, Institute of Education, University of London.
3　筆者が2005年10月13日から同年10月31日まで行った調査の中で実施した、関係者へのインタビューに基づいて記述しているが、プライバシー保護のため、具体的な氏名や役職は伏せておく。
4　オンタリオ州の場合、トロント大学とヨーク大学が追加資格認定コースの提供に協力している(Association for Media Literacy, "about us", http://www.aml.ca/aboutus/　2009年5月22日確認)。
5　メディア・リテラシー教育が中等教育段階で普及した理由として、子どもの認知的な側面も考えられる。メディア・リテラシー教育が求める「批判的」な思考は、初等教育段階の生徒に要求すること自体、困難であることが考えられる。トロント地域教育委員会は、学校において繊細な事項を取り扱うときの教員の注意点について書かれたガイドブックを発行している。ガイドブックでは、年齢別の子どもの認知機能、すなわち、何歳からどのようなことを認識し始めるのかについて、専門書を引用しつつ述べている。その中で、「家族意識や民族文化、教室、宗教、都市や国家に生きる市民というものを理解することができるのは、9歳ごろからである」(Toronto District School Board, 2003, p.14)とされている。メディアによって構成される「現実」を意識化し、自分と社会、メディアを相対化するという認知能力は、少なくとも9歳以上でなければ難しいと考えられる。当然ながら個人差があるので、すべての子どもの発達段階を考慮するのであれば、中等教育段階(オンタリオ州の場合、インターミディエイトと呼ばれる第7・8学年も含む)で実施するのが確実だと考えられる。

6 ユネスコの報告書をそのまま翻訳し、ここでは「メディア教育」としている。しかし報告書では、「メディアは社会的、文化的資源として、今日では価値を認められている。この複雑な社会・文化的文脈に我々が生きているからこそ、メディア・リテラシーの重要性を認識しなければならない」(UNESCO, 2008, p.11)と述べられていることから、ユネスコが主張している内容は「メディア・リテラシー教育」なのである。

7 国語科におけるメディア・リテラシー教育実践については、砂川(2009)が2000年1月から2009年4月までに報告された実践を整理している。またMorimoto(2008)も、国語科以外の教科・科目も含めて1998年から2005年までの実践について言及している。

8 ERICで「media studies」で1966年以降の文献を検索したところ、8666件がヒットした。また、「media education」と「practice」で検索したところ、1853件がヒットした。(2009年2月28日時点)

9 なお、2009年2月28日時点で、国立国会図書館の雑誌記事データベースを使い、1984年以降の「メディア・リテラシー教育」で検索したところ、130件がヒットした。また、「メディア・リテラシー教育」と「実践」の両方のキーワードで検索した場合は28件だった。

10 市川(1999)や菅谷(2000)、静岡県教育委員会(2003)などで紹介されている。なお、メディア教育コンサルタントや非営利法人の幹部は中等学校教員経験者が多い。

第Ⅰ部
理　　論

トロントのメディア・リテラシー教育者が使用していた絵本やマンガ

第1章

メディア・リテラシー教育とは何か

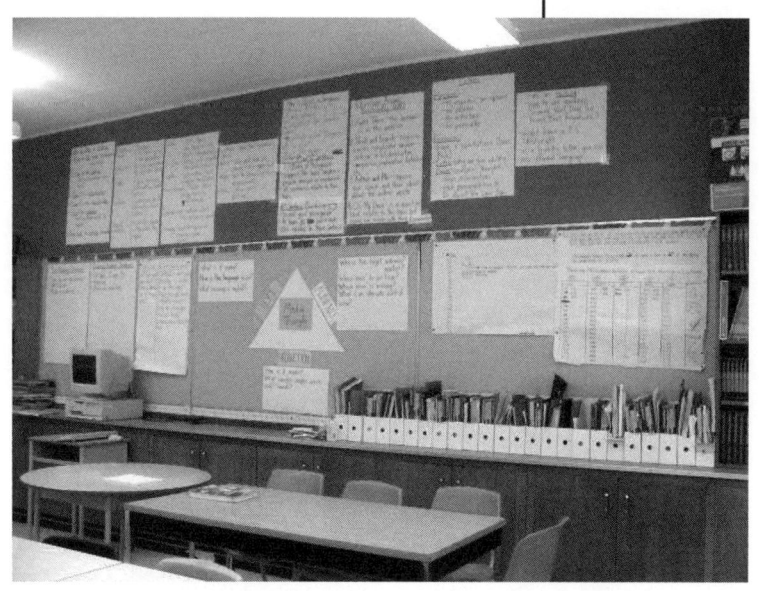

トロント市内のある初等学校のメディア・リテラシー教師の教室①

第1節　メディア・リテラシー教育の成立に関する先行研究

　本章では、社会学におけるメディア・リテラシー概念を整理しながら、それがどのようにメディア・リテラシー教育に関与するのかを明らかにする。そこで、まずメディア・リテラシー教育の理論の前提となっている、メディア・リテラシー概念についての先行研究を整理したい。

　従来メディア・リテラシーと言えば、社会学の見地から研究がなされてきた。一方でメディア・リテラシー教育と言えば、教育工学ないし視聴覚教育の立場などから述べられてきた。社会学の代表的な論者としては、水越伸や鈴木みどりが挙げられる。水越をはじめとする東京大学情報学環が、民放連やNTTドコモなどと産学連携することによって、「メルプラッツ（メルプロジェクト）[1]」や「modeプロジェクト」などのプロジェクトを推進し、産業界におけるメディア・リテラシーの推進活動、またメディア産業と研究機関が学校に入り込む形でメディア・リテラシー教育を実践するという活動などを行ってきた(水越、2003)。また中西満貴典は、カルチュラル・スタディーズの流れをくむ研究領域である批判的言説分析と[2]フレーム分析[3]から、メディア・リテラシーの成立について批判的に分析している(中西、2004)。

　鈴木(1997)は、メディア・リテラシーという概念に関する研究は解釈学的研究、社会科学研究、映画・テレビ制作研究の3つの流れがあると指摘する。解釈学的研究は、ホール(Hall, S.)らのカルチュラル・スタディーズの研究の流れ、主にメディアが媒介する情報を受け手はどのように解釈しているのかといったことを対象とする、一連の研究である。社会科学研究は、メディア・コミュニケーションの文脈を分析対象とするメディア研究である。テクストの生産や消費、オーディエンス研究が対象とされ、テクストの価値自体はほとんど問題にされない。社会科学研究は、アルチュセール(Althusser, L.)に代表される構造主義、アドルノ(Adorno, T. W.)らフランクフルト学派、またカルチュラル・スタディーズも含んだ多様なメディア研究の流れである。映画・テレビ制作研究はメディアの創造という実践的な職業訓練を中心とする芸術・映画教育の流れであり、他の2つとは異なる。1980年代になって安価で高品質なビデオ機材が普及するにつれ、批判的なメディア研究が行われる

ようになり、解釈学的研究と社会科学研究に接近していくことになる。この3つの流れの接近と交差が顕著になる1980年代初頭にメディア・リテラシーという新たな研究領域が形成された、というのがメディア・リテラシー概念に関する簡単な形成過程であるとされる(鈴木、1997)。

また、バランとデイビス(Baran, S. J. & Davis, D. K.)は、社会学における諸理論をレビューした結果、コミュニケーション学者たちが唱えるメディア・リテラシーを、「メディアを確実に、機能的に利用する最上の方法は、各個人がメディア利用スキルを向上させることにある」(バラン・デイビス、2007、542頁)と考えた。そしてその内容と、根拠となる理論を、「オーディエンスは確かに能動的であるが、必ずしも傲慢ではない(利用と満足)」、「オーディエンスのニーズ、機会、選択は何らかのかたちで制約されている(批判的カルチュラル・スタディーズ)」、「内容によって行動が方向づけられうる(社会認知理論、社会記号論)」、「人それぞれがおかれた環境において、人とメディア・テクストとの相互作用の機能は、さまざまである。その機能が、メディア・テクストとの相互作用を通じてどのように決定されているかを現実的に見きわめなければならない(文化理論)」、「人がもっている認知処理能力は、それぞれ異なる(認知科学、生物化学)」(バラン・デイビス、2007、542頁)という5分類に整理した。

このような社会学の見地からのメディア・リテラシーの形成過程の議論は、マルティネス・デ・トダ(Martinez-de-Toda, J)などによってなされている。しかしメディア・リテラシー教育の形成過程となると、メディア・リテラシーの知見と教育学分野の知見がどのように融合して現在に至っているのかが定かではない。この点について浪田(2006)は、リテラシー論がメディア・リテラシーに深い理論的影響を及ぼしていると述べる。浪田はリテラシー論を、①読み書きの基本的な技能を個人が修得することに焦点を当てる「機能的リテラシー(functional literacy)」、②社会的な文脈のもとにリテラシーを解釈しようとする「解釈的リテラシー(interpretivist literacy)」、③読み書きを学ぶ過程において、社会における権力関係や利害対立などを総合的に理解しようとする「クリティカルリテラシー(critical literacy)」、の3つに集約し、それらがメディア・リテラシーと関連するとしている(浪田、2006)。そして、これらのリテラシー論がそのままメディア・リテラシーの形成に影響したとして、代表的な3つ

のメディア・リテラシー教育のアプローチを述べている。その3つのアプローチとは、①メディアはオーディエンス、とりわけ子どもに悪影響を及ぼすので、子どもにメディアの善悪を見分ける能力を身につけさせることが重要だとする「保護的アプローチ(protectionist approach もしくは inoculative approach)」、②メディアを情報伝達媒体としてのみならず、社会に直接的に影響を与える意識産業であると理解し、メディアのメッセージを批判する能力を身につけることを目標とする「イデオロギー・アプローチ(ideological approach)」、③メディアのテクスト分析などの機能的な学習にとどまらず、メディアの背景にある社会的文脈を理解することに重点を置き、究極的には社会変革をもたらす手段としてメディア・リテラシーを学ぶとする「クリティカル・メディア・リテラシーアプローチ(critical media literacy approach)」、の3つである(浪田、2006)。

　バッキンガムは、このようなアプローチのうち、メディア・リテラシーの起源は大体の場合「保護的アプローチ」であると述べる(Buckingham, 2003)。しかし「保護的アプローチ」は、あくまでメディア・リテラシーの必要性を認識するためのきっかけにすぎないとする。そこで、「イデオロギー・アプローチ」や「クリティカル・メディア・リテラシーアプローチ」が登場することになる。「イデオロギー・アプローチ」の立場でメディア・リテラシー教育の方法を考案したマスターマン(Masterman, L.)は、記号論の分析手法を用いて、メディアにリプレゼンテーションされるイデオロギーを小集団活動で読み解くというアプローチを用いた。その上でマスターマンは、理念的にはこのような教育方法がフレイレ(Freire, P.)の「被抑圧者の教育学(education for the oppressed)」に通じるものがあると述べている(Masterman, 1985)。この点については、イスラエルのメディア・リテラシー教育学者であるレミッシュ (Lemish, D.)も、「フレイレの主張のうち、意識化、エンパワーメント、モラルの判断、社会への参加という4つの視点はメディア・リテラシー教育にも応用できる」(Lemish, 2003, pp.177-178)という記述をしているが、フレイレの教育理論がそのままメディア・リテラシー教育に発展したわけではない。バッキンガムは記号論のみならず、コープ(Cope, B.)とカランツィス(Kalantzis, M.)のマルチリテラシー理論、ヴィゴツキー(Vygotsky, L.)の発達心理学の知見、ウィトゲンシュタイン(Wittgenstein, L.)の「言語ゲーム」など、教育学のみならず言語学、社

会学などの各学問分野からメディア・リテラシー教育理論を説明している(Buckingham, 2003)。

　メディア・リテラシー教育の理論的考察は、主にイギリスを中心としたヨーロッパにおけるメディア・リテラシー教育の展開を中心として行われている。メディア・リテラシー教育の基礎を築いたとされるマスターマンと、マスターマンを批判することで自らのメディア・リテラシー教育理論を構築してきたバッキンガムは、自らが主張するメディア・リテラシー教育概念の根拠に教育学、心理学、社会学など多分野からの知見を引用している。彼らが参考にしている学問分野を探っていけば、メディア・リテラシー教育が根拠とする知見はわかるが、マスターマンもバッキンガムも歴史的にはイングランドの文脈に限った説明をしているにすぎず、世界的な潮流にはあまり言及していない。クマル(Kumal, K.J.)が述べるように、1970年代末から21世紀初頭までのメディア・リテラシー教育研究について、世界中で実践研究などがなされたが、数も少なく、体系的でなく、基本的には個人的な研究にすぎないため、教員がメディアについてどのように考えているかは個人的な見解に委ねられており、アカデミックに研究がなされているわけではないのである(Kumal, 2003)。

　よって、そもそもメディア・リテラシー教育がどのような教育研究の流れから起こってきたものであるのかを明らかにしない限り、本書全体を通して、「メディア・リテラシー教育」を定義することが困難であると考えられる。よって本章では、メディア・リテラシー教育の源流を考察することにより、メディア・リテラシー教育がどのような学問的知見を基に誕生してきたのかを探り、教育学的見地から現代のメディア・リテラシー教育に含まれるべき要素を明らかにすることを目的とする。以下では、まず従来説明されてきた社会学からのメディア・リテラシーの歴史的展開を整理する。次に、マスターマンとバッキンガムの論争を参考に、教育学的観点からメディア・リテラシー教育にアプローチする。そして両者の論争から浮かび上がる批判的教育学およびその出発点であるフレイレの思想が、メディア・リテラシー教育にどのように関わるかを考察する。最後に、現代におけるメディア・リテラシー教育とは何なのか、含まれるべき要素を明らかにしたい。

第2節　社会学におけるメディア・リテラシーの歴史的展開

　メディア・リテラシー教育の原点は、マスターマンによればリーヴィス(Leavis, F. R.)とトンプソン(Thompson, D.)が1933年に出版した『文化と環境』(*Culture and Environment*)であったとされる(Masterman, 1985)。『文化と環境』は、当時流行していた大衆向けの雑誌が、一般市民の教養を貶めるものだということを主張しており、マスメディアの影響に対していかに抵抗するかを訴えているという意味で、メディア・リテラシーの起源であるとマスターマンは位置付けている。『文化と環境』が出版された同年に、英国映画協会(British Film Institute: BFI)が設立された。BFIの目的としては、映画に関する情報の提供や映画に関する各種調査の実施など、映画一般に関することに加え、映画の教育的な利用を促進するねらいもあった。芸術的に「優れた」とされる映画を学校教育に取り入れることで、低俗文化の子どもへの浸透を防ごうとする意図もあったのである(上杉、2008)。そして第二次世界大戦が起こり、戦争が終結して社会が安定するようになってから、メディア・リテラシーへと通じる諸学問における研究がなされていくことになる。イギリスの学者であるマスターマンは、同じくイギリスが中心であったカルチュラル・スタディーズの観点からメディア・リテラシーの起源を説明してきた。しかしバッキンガムが*media education*(2003)で論じているように、メディア・リテラシーはカルチュラル・スタディーズの影響だけを受けているわけではない。同じ社会学でもフランクフルト学派が提唱してきた批判理論、ブルデュー(Bourdieu, P.)が論じてきた文化的再生産論なども関係する、多様な議論の集積がメディア・リテラシーという概念を育んできたのである。本節では、フランクフルト学派、カルチュラル・スタディーズ、ブルデューの3者の議論のうち、メディア・リテラシーに関わると考えられる議論を整理する。

(1)フランクフルト学派

　「フランクフルト『学派』として現在知られているのは、もともと第二次世界大戦の前後の時期に、フランクフルトに民間資本に基づいて創設された〈社会研究所〉で働いていた哲学者と社会学者と社会心理学者と文化批評家の

グループであった」(フィンリースン、2007、11-12頁)と言われるように、フランクフルト学派とは、1930年代に生まれた民間の研究グループを指している。第二次世界大戦中、その研究所員のほとんどがユダヤ系であったフランクフルト学派の研究者たちは、ナチズムから逃れるためフランクフルトを離れ、まず一時的にジュネーブに、そしてアメリカへと移転した。そのアメリカにおいて研究者たちは「フォード主義的な産業資本書と大量生産とに身売りした消費社会という現象を目の当たりにする」(フィンリースン、2007、14頁)ことになる。

アメリカに渡った研究者たちに強い印象を与えたのは、ハリウッド映画会社、放送メディア、出版社によって文化が産業化されるやり方である。これらの巨大な独占企業は「操作と統制の巧妙な技術を駆使しており、その技術のせいで人びとは、自分たちの背後にあって自分たちの基本的な関心事を挫折させ、抑圧するような社会システムを受け容れ、支持さえしてしまう」(フィンリースン、2007、15頁)ことになる。例えば、ハリウッド映画に決まってみられるようなハッピーエンドは観客を満足させる。その満足感が、幸福を見出すことを妨げているような社会的状況に批判的になるどころか、スクリーン上のアイドルの虚構の幸福を自分のことのように経験させる。知らず知らずのうちに文化は、現状肯定の宣伝役を演じてしまっているのである。

フランクフルト学派の代表的な論者であるアドルノは、文化が現状を肯定するメッセージとなる現象を「文化産業」と呼んだ。これら「文化産業」の現象の分析は、どのようにして主観の意識が広告やそのほかの手段によって操作され、虚偽の和解や幸福とみなすものを創り出し得るかを、フランクフルト学派の理論家たちが考えていたかについての認識を与えてくれる。大衆は虚偽の和解や幸福とみなすものを自らのうちに創り出すことにより、実際は非合理的に動いている社会や、人間の自由と幸福にとって障害となっているものを、現状肯定するというのである。また、フランクフルト学派の批判理論に影響を与えたとされるベンヤミン(Benjamin, W.)は、映画に代表される当時のメディア変容について、「アドルノらと同じように資本主義的な生産システムが文化や芸術表現の領域へも拡大していった現れとして捉えながらも、なおそのなかに独占資本による大衆操作という一面的な把握には還元できな

いような多元的な可能性」(吉見、2004、30頁)を見出していったとされる。

　フランクフルト学派の学者自身が経験していた社会状況を基に、彼らが研究したのが批判理論である。「初期のネオマルクス主義の理論で傑出した学派の1つが1930年代にフランクフルト大学で発展し、フランクフルト学派として知られるようになった」(バラン・デイビス、2007、334頁)と言われるように、フランクフルト学派の批判理論は、マルクス主義を受け継いでいる。しかし、「後のネオマルクス主義のいくつかの形態とは対照的に、フランクフルト学派はマルクス主義の批判理論と解釈学を結合させている」(バラン・デイビス、2007、334頁)点に特徴がある。フランクフルト学派の批判理論は、自身が生きている社会の文脈や、その社会における自身の役割、その社会に生きる人々の目的や関心などを考察するというものである(フィンリースン、2007)。その考察から生まれる批判理論の構築こそが、フランクフルト学派の主要な研究になっていった。批判理論が生まれた問題関心からも、マスメディアの創り出すイメージをオーディエンスがどのように受容していたかにフランクフルト学派が興味を持っていたことがわかる。しかしフランクフルト学派がメディア論と結び付く形で議論されるようになったのは、「1990年代半ば以降のメディア論は、ユルゲン・ハーバーマスらの公共性をめぐる議論、(中略)などと相関しつつ、勢いを持って拡がりはじめた」(水越、2003、23頁)と言われるように、アドルノやホルクハイマー(Horkheimer, M.)の批判理論を乗り越える形で登場したハーバーマス(Habermas, J.)の公共圏に関する議論が出現してからである。

　ハーバーマスは最初の主著である *Structural Transformation of the Public Sphere: An Inquiry into a Category of Bourgeois Society*(『公共性の構造転換』)(1962)において、公共圏という概念について、自由、連帯、平等という啓蒙主義の思想を含み、万人に開放され、平等で透明な社会であると説明している(Habermas, 1962)。

　『公共性の構造転換』では、18世紀初頭、個人の結社と表現の自由を保障する市民的権利が確立し、自由な出版が登場することによって、市民が自由で公共的な議論に参加できるような、コーヒーハウスやサロンといった物理的空間や文芸雑誌が生まれることになったことが記述されている。それは、

人びとが自発的に集まり、平等なメンバーとして公共的な討論に参加する広場であった(フィンリースン、2007)。吉見は、イギリスやフランスに存在していたコーヒーハウスやサロンという空間は、少なくとも「社会的地位の平等を前提とし、地位の差を度外視するような行動様式が要求されていた」、「これらの場での討論は、それまで自明とされていた通念や制度を問題にした」、「これらの場は、討論を通じて情報や文化を商品に転化させ、そのことで公衆を形成していく契機も内包していた」(吉見、2004、115頁)という、3つの共通の特徴を備えていたと述べる。コーヒーハウスやサロンという「公共圏」での討論を通じて、最初は雑誌という教養層のための政治の場で語られていた議論が、次第に新聞という大衆の場で議論されるようになったのである(吉見、2004)。つまり、公権力の領域としてみなされていた公共性が、「市民階級の側に奪取された」(吉見、2004、116頁)のである。このことは、コーヒーハウスやサロンという空間が、新聞や雑誌と同様に一種のメディアとして機能していたことを示している。

　しかしながら、新聞と雑誌がしだいに大量の発行部数を誇るようになると、少数の有力な個人の私的利害のもとに動く資本主義的な巨大企業に吸収されるようになり、公共圏の崩壊と衰退が起こったとされている(フィンリースン、2007)。公共的な討論を通じて鍛え上げられた健全な世論よりも、追従的で、無批判的で、経済依存的な消費者たちの私的な意見が勝ったことが原因であると考えられる(フィンリースン、2007)。つまり、コーヒーハウスやサロンは健全な民主主義を支えるメディアとして機能していたが、新聞や雑誌といったマスメディアはビジネスとしての側面を持つため、偏った世論を誘導する恐れがあったのである。このように、ハーバーマスの公共圏の議論は、社会的地位や教養の差などを乗り越える討論の場を創り出し、それが(産業的側面を内包しつつも)新聞という公衆に向けたメディアによって広く社会に浸透していくことに希望を見出すことにあった。この点が批判理論とメディア論の接点であり、特にメディア・リテラシーとの関連においては市民と民主主義の育成という部分で結びついている。

(2) カルチュラル・スタディーズ

「イギリスのカルチュラル・スタディーズの理論のほとんどは、ネオマルクス主義である」(バラン・デイビス、2007、332頁)と言われ、先述のように、フランクフルト学派もネオマルクス主義を基にして発展した。つまり、カルチュラル・スタディーズの基本的な理論は、フランクフルト学派の批判理論に近いものがある。第二次世界大戦が終わり、社会が安定してくるとともに、マスメディアが労働者階級にもますます普及するようになった。そして1930年代に起こった、いわゆる「低俗なマスメディア批判」を再検討する動きが、1950年代から1960年代にかけて出てきた。例えばホールの理論や、1959年と1960年にイギリス教育省の中央教育審議会(Central Advisory Council for Education)答申として発表された『15歳から18歳の教育(*Ministry of Education, 15 to 18, Report of the Central Advisory Council for Education*)』(通称『クラウザー報告書』)第1巻と第2巻が代表的である。

ハーバーマスとウィリアムズ(Williams, R.)によって展開された考えを基盤にして、ホールは、イデオロギーを「イメージであり、概念であり、前提であって、その枠組みをとおしてわれわれは社会的存在のある側面を表現し、解釈し、理解し、意味を得る」(バラン・デイビス、2007、337頁)と理解した。ホールは、自由民主主義社会におけるマスメディアとは、多元的市民フォーラム[4]であると理解するのが最も妥当であると考えた(バラン・デイビス、2007)。つまり、政治家や官僚などの一部の権力者を監視する機能が存在する空間のことである。ホールは、多元的市民フォーラムという場では、多くの人々の支持を集める社会的意義を作り上げようとする様々な力がせめぎあうと考えた(バラン・デイビス、2007)。こういったホールの理論や報告書は、メディア全般が悪いのではなく、メディアには「良質」なものと「低俗」なものの2種類があり、それらを区別できる能力の育成が必要だと主張したのである(上杉、2008)。この点でホールは、フランクフルト学派の問題関心とは異なる出発点から問題提起を始めている。フランクフルト学派は、メディアの影響力については考えていたが、それが「良質」か「低俗」か、ということは含んでいなかった。1960年代末になって、テレビの普及とともに、映画と異なる「美的基準」を持つテレビ独自の分析手法が必要とされた(上杉、2008)。これら1930

年代から1960年代にかけての映画やテレビといった映像メディアと、大衆向け雑誌に関する批判の論点は、基本的にはそのメディア・テクストが「良質」か「低俗」か、というもので、往々にして商業主義が絡むと「低俗」になりがちだということだった[5]。

しかし、この時代にホールら「カルチュラル・スタディーズセンター（Center for Contemporary Cultural Studies: CCCS）」の研究員が行ったカルチュラル・スタディーズ研究は、その後のメディア・リテラシー概念の成立と関係してくる。マスターマンは、アルチュセールなどのイデオロギー理論を応用させ、エンコーディング／デコーディング理論や3つの「読み」（「優先（支配）的読み」、「交渉（折衝）的読み」、「対抗的読み」）[6]理論を構築したホールが、この時代のメディア教育の発展を支え、社会学から教育学へという流れをつくったとしている（Masterman, 1997）。なぜならば、マスメディアの影響力というものを明らかにしてきた1930年代のフランクフルト学派の研究は、いわば情報の送り手の論理であるが、ホールらのように情報の読み手に関する研究の方が、より教育の可能性を引き出すからである。そして1980年代初頭、1960・70年代のCCCSのカルチュラル・スタディーズ研究に基づき、メディア・テクストの持つ支配者層のイデオロギーについて明らかにするという内容からオーディエンス分析へと研究内容がシフトしていった（Luke, 2003）。

しかしながら、ホールらCCCSのオーディエンス研究は、人種やジェンダーといった集団を研究対象としており、同じ属性の人間であっても皆同じような読み方をしないのではない、という疑問・批判が出てきた（Martinez-de-Toda, 2003）。1970年代から80年代のカルチュラル・スタディーズは、構造主義や記号論に基づきつつ、テクストが権威主義を内包し、オーディエンスの主体性や考え方を構築していく力を持つと考えた。しかし、記号論的な分析では能動的な主体が考慮されていない。異なる仕方で社会に位置付けられたオーディエンスは異なる文脈でテクストを解釈するため、テクストの構造がそのままイデオロギーを形成するわけではないのである（吉見、2004）。そこでモーレイ（Morley, D.）によって、オーディエンス個人の読み方に関する研究がなされることになる。モーレイは、①デコーディング（解釈）を類型化する、②どのように、なぜ類型が異なるのかを分析する、「③異なる解釈がどのように

発生するのかを証明する、④他の文化的要因(階級、社会経済、教育)がそれら異なる解釈に影響するのか、適切に分析できる要因は何なのか、というリサーチ・クエスチョンを、個人と集団に対するインタビューの分析を通して明らかにしようとした。その結果、集団の属性が解釈を決定付けるのではなく、個人が置かれている文脈が解釈を決定すると主張したのである(Morley, 1992)。

　しかし、個人が多様な読み方をすることが明らかになったとはいえ、自然と人間が能動的に情報を読み解くようになるわけではない。オーディエンス側の立場に立つ研究者は、往々にしてマスメディアの影響を悪として捉え、能動的に情報を読み解く個人を想定してメディア批判をする傾向があった。中でもフィスク(Fiske, J.)は、記号論によってマスメディアのもたらす効果(コード)を主張し、その効果を自然に読み解くことのできる能動的なオーディエンスを想定していた(フィスク、1987)[7]。フィスクが主張した記号論においては、コード、すなわち規則だった記号のシステムがキーワードとされる。コードは、その規則や規約性が文化を構成している構成員に共有され、ある文化の中で、ある文化に対して、常に意味作用を生成し循環させている。コードは制作者とテクストと受け手を結び付け、我々の文化的世界を構成している意味のネットワークの中で、様々なテクストを相互に関連付ける(フィスク、1987)。例えば、テレビのコードは3段階に分割される。レベル1は画面において登場人物がある行動や身振り、発話をすることである。レベル2は、テレビというメディアにおいて、レベル1のコードが映像編集やカメラワーク、照明の当て方によって電子技術的にコード化されることである。レベル3では、それらの電子技術的にコード化された社会的コードが、慣習的な表現的コードをオーディエンスに伝え、価値観やイデオロギーを形成するのである(フィスク、1987)。このコードという記号論の考え方はマスターマンにも影響し、イデオロギーを可視化する手段として利用されることになる。実際にオンタリオ州のメディア・リテラシー教育においても、記号論を「主として映画、テレビ、その他の芸術作品でどのようにして意味がつくりだされるのかを研究する記号の科学」(オンタリオ州教育省編、1992、17頁)と理解し、記号論を基にした授業を展開している。

　水越が「カルチュラル・スタディーズはアトム化した近代的な個人という

人間のとらえ方を批判し、その人々が男性か女性か、何歳なのか、どの国の何人であり、いかなる階級に属しているかといった社会文化的な要因の重要性を浮き彫りにした」(水越、2003、31頁)と言うように、1960年代から1980年代にかけてのカルチュラル・スタディーズの研究は、オーディエンスを「メディアの受動的な消費者」から「選択的・批判的な視聴者」(能動的な主体: active audience)へ位置付けるというパラダイムシフトを起こした。能動的な主体へのオーディエンスの教育可能性、すなわちメディア・リテラシー教育を根拠付けるための基盤的な研究がなされた時期なのである(Luke, 2003; Martinez-de-Toda, 2003)。

(3) 文化的再生産理論

　ブルデューは、学校教育制度が各社会階級を再生産させる機関・装置として機能することを、フランスという階級社会に注目して実証した社会学者である。1960年代の学校という組織は、経済的不平等の角度からしか分析されていなかった。そこでブルデューは、教育を受けようとする全ての人間に奨学金を与えることで不平等の問題が解決し、万人を共和制教育の恩恵に授からせることができると考えていた。そこでブルデューとパスロン(Passeron, J. C.)は、文化と教育的不平等の間にある関係を証明した。つまり、学校は実際には家庭の領域で獲得される能力を前提としてしまっているということである。ブルデューとパスロンは教育に関して、不平等の恒常性と、教育システム内の、改革が非常に困難な構造的効果の数々を証明した(ボードロ、2000)。その証明のためにブルデューがキーワードとして用いたのが「ディスタンクシオン」[8]、文化資本(cultural capital)[9]、「ハビトゥス(habitus)・象徴暴力」[10]である。上流階級の人間が立場を維持するために機能しているのが学校制度であり、学校では「教育的はたらきかけ」、「教育的権威」[11]、「教育的労働」[12]、「いっさいの制度化された教育システム」[13]というシステムが働く。

　ブルデューとパスロンは、「文化的恣意を押し付ける『教育的はたらきかけ』の恣意的な力は、究極的には、それが行使される社会組織を構成している集団間または階級間の力関係にもとづいているのであるが、この『教育的はたらきかけ』は自らの教えこんだ文化的地位を再生産することで、その恣

意的押し付けの力を基礎づけている力関係を再生産するのに寄与している」(ブルデュー&パスロン、1991、25頁)と言う。そして社会の中で階級・文化を再生産する機能として、最初に行使されるのが「教育的はたらきかけ」であると述べる。彼らの見解によれば、古典的諸理論は伝統的に、「教育システム」を、過去から受け継がれた文化(蓄積された情報)の世代間伝達を確保する制度的または慣習的メカニズムの総体として定義してきた。

　ブルデューとパスロンは、アルチュセールが学校をイデオロギー機関として扱っていたのと少し異なり、学校という場よりもむしろハビトゥスという慣習行動、もしくは一般的な教育制度(=「教育システム」)に着目し、学校はその一部であるという認識をしていると考えられる。ブルデューとパスロンの学校という制度に対する認識は、「いっさいの制度化された教育システム」というキーワードにみることができる。「いっさいの制度化された教育システム」がその代行者(教員など)たちに使わせるもろもろの教育手段(例えば教科書、注釈書、指導要領、授業計画、教授法の知識など)は、単に教育の補助薬ではなく、個人的異端に対し「学校的労働」の正統を保障する傾向を持つ統制手段としても見られなければならない(ブルデュー&パスロン、1991)。つまり、学校という制度は、ある「いっさいの制度化された教育システム」内において、正統ではない「教育的労働」を行おうとしている教員などがいた場合、教科書などという正統な教育手段を押し付けることによって、同質性を保とうとするのである。

　社会言語学的には、社会階級に相当する文化的集団がそれぞれの社会言語学的習慣を持っているとされる。一般的には、より低い階級の言語習慣の方が、その社会的評価が低いと言えよう(菊池、2004)。そしてブルデューの文化的再生産論で言われる「文化」には、「言葉づかい」も含まれている。例えば、大学の講義で用いられる言葉と、低い社会階級が日常で用いる言葉には明らかな違いがある(ブルデュー&パスロン、1991)。文化的再生産を通じて、言葉づかい、すなわちリテラシーの格差は階級格差となって広がり、固定化されていくのである(菊池、2004)。

　以上のように、文化および社会構造がいかにして教育という行為の中で再生産されていくかを論じたブルデューであるが、1980年代の初めになって、

メディアとジャーナリズムが文化的財の価値の社会的生産にどのように影響するかという研究をテーマとして扱うようになった。知識人界に固有の「聖別化」のメカニズムにおけるメディア・リソースへのアクセスが果たす役割の分析、文化的ヒエラルキーの再生産にメディアが利用される方法が、その研究内容にあたる(ルミュー、2000)。

ブルデューは、「個人や集団がその慣習行動や諸特性を通して避けがたく露呈するリプレゼンテーションは、その個人や集団の現実の構成要素をなしている。(中略)また生産関係におけるその位置によって定義されると同時に、その消費行動によっても定義される」(ブルデュー、1990b、364頁)と述べるように、各階級における文化が消費行動と結びついていると考えている。よって、メディアによって伝達される情報が、各階級における消費行動と関係していることにつながってくる。ブルデューは、メディアの中でもテレビとジャーナリズムに着目した。ここで、ブルデューとメディアとの間に接点が生まれるのである。

ブルデューが提唱しているのは、活字メディアに「界(シャン)」の概念を適用することである。界というのは、相対的に自律した場である。メディアを、個人の態度と戦略が個人それぞれの占める異なった位置間の客観的な関係として考えられるような、界として捉えるのである(ルミュー、2000)。具体的にブルデューは、以下の3つのことを社会学的に明らかにした。まず、ジャーナリズムの空間には固有の争点、内的な支配関係、競争者間の基本的な連帯があり、実際に1つの「界」としてみなすことができる、ということである。次に、ジャーナリズムの界には自律性の弱さという特質がある。最も商業主義的なメディアであるテレビの優位性がその特質を露呈している、ということである。最後に、ジャーナリズムの界の資本主義的論理への従属が他の界に影響している。「構造的検閲」を課されることで、メディアに登場しうる言説が非政治化・画一化される。また、メディアが他の界(科学や芸術など)の統治原則を変えてしまう結果、以後それらの界において真正で自律した作品が生産される可能性が致命的に脅かされている、ということである(ルミュー、2000)。

ブルデューは、テレビに出るように求められたすべての人が、「私の話は、

すべての人々に聞かれるに値するのか」「それは、すべての人々によって聞かれねばならないことなのか」(ブルデュー、2000、19頁)といった問いを自分自身に問うことを願っている。また視聴者も、番組を見るたびに「この人が言うことは、テレビで言われるに値することなのだろうか」、「この人は何をしているのか」(ブルデュー、2000、20頁)などと問うことによって、テレビに出る人々が自らを問わざるをえなくなっていくことを望んでいる(ブルデュー、2000)。

　またブルデューは、テレビに出演する人間のことだけでなく、テレビ局の背景にある存在についても言及する。

　　テレビで発言する際の経済的な検閲を考えるときに、その所有者、広告料を払うスポンサー、補助金を交付する国がテレビで何が行われるのかを決定しているという議論だけでは不十分である。あるテレビ局について、オーナーの名前、スポンサーからの広告料が予算に占める割合、補助金の金額を知るだけではたいしたことはわからない。そこにあるのは、あまりにも低級で卑劣な物事なので、最も初歩的な批判でさえそれらを認識することはできる。しかし、そこには匿名の見えない仕組みがある。そのメカニズムを通じてあらゆる次元の検閲が作用し、テレビを象徴秩序の維持のための道具にしているのである。(ブルデュー、2000、21-22頁)

　カルチュラル・スタディーズと同様に、ブルデューも基本的にはオーディエンスに着目している。特に社会階級や文化と消費行動が結びついているという点では、オーディエンスの属性と消費行動に着目したカルチュラル・スタディーズと類似している。しかしほとんど語られることがないものの、ブルデューがメディアとその運営についても言及していることは注目すべきだろう。この後の、バッキンガムとマスターマンに関する主張でも触れるが、メディア・リテラシー教育が含む内容には、目の前にある情報の取り扱いだけでなく、その背景にある規律／規制や、運営形態という部分を含むためである。バッキンガムも、ブルデューの文化的再生産論について次のように言

及している。

> 批判的言説は、明瞭な階級用語ではめったに表現されないものの、現代文化に対する軽蔑とそのオーディエンスに対する軽蔑との間には、はっきりしない境界線があることは明らかだ。こうした「批判的言説」の使用は、「文化資本」の重要な形態を表し、かつ、その人を社会的に区別(ディスタンクシオン)する具体的な証明である(Bourdieu, 1984を参照)。批判的になることは、中間階級の子どもたちに、自分たちと「他者」を区別させ、それによって、自分たちの階級の一員になる手立てを提供する。(Buckingham, 2003, p.110)

つまり、階級によって生まれる、リテラシーという文化的差異を克服するために、メディア・リテラシーが有効に機能するという解釈ができる。このような言説からも、ブルデューの文化的再生産論が、メディア・リテラシーの成立と関係していることが窺える。

このように、社会学の知見からのメディア・リテラシーの成立過程においては、オーディエンスという存在の捉え方を主軸に展開され、イデオロギー機関としてのマスメディアに対してオーディエンスがどう対抗しているか、という研究の流れからメディア・リテラシーという概念が生まれてきたと考えられる。しかし、社会学の流れはメディア・リテラシーという概念を説明しているにすぎない。メディア・リテラシー教育が、社会学と教育学の知見を統合して理論的に説明されたのは、1980年代にマスターマンによってなされたのが初めてであるとする説が一般的である。そこで次節では、メディア・リテラシー教育の理論的背景を明らかにしていくため、マスターマンの理論と、マスターマンを批判的に検討したバッキンガムの理論を検討する。

第3節　メディア・リテラシー教育の理論的背景

メディア・リテラシー教育について、理論的、体系的に初めて説明がなされたのは、マスターマンの『メディアを教える(*Teaching the Media*)』(1985)であ

ろう。そして、マスターマンの理論を念頭においてバッキンガムが著したのが『メディア・リテラシー教育(*Media Education*)』(2003)である。実のところ、メディア・リテラシー教育について、一人の研究者が学術書として発行したのは恐らくこの2冊のみである。その他の学術書は、すべて共著によるものである。つまり、一人の研究者が包括的にメディア・リテラシー教育について説明したのは、管見の限りマスターマンとバッキンガムのみである。また、両者は元々学校教員だったこともあり、理論だけでなく実践についても言及しているのが特徴である。

本節では、マスターマンとバッキンガムのメディア・リテラシー教育についての理論的説明を軸に据えて、そこから派生するフレイレの教育理論や批判的教育学、制作活動の位置づけについて検討する。

(1) マスターマンとバッキンガム

マスターマンは、意識産業(consciousness industries)が民主主義的プロセスの中心にまで侵入している状況に対し、批判的な意識の拡大と自律性を促進する教育(＝メディア・リテラシー教育)が必要だと考えた。意識産業とは、メディアを単なる情報提供者と捉えるのではなく、人々の無意識の行動パターンや、考え方、ものの見方を形成する産業であると捉える考え方である(Masterman, 1985)。マスターマンにとってのメディア・リテラシー教育とは、「イデオロギーを可視化する過程」であり、「教員が与えた概念や情報を従順に再生産する能力ではなく、生徒が将来出会うメディア・テクストに対してクリティカルな判断ができる自信と自律性を身に付けさせること」(Masterman, 1985, pp.1-2)を目標とする。一方、バッキンガムの定義するメディア・リテラシー教育とは、「メディアについて教えることと学ぶことのプロセス」であり、メディア・リテラシーはメディア・リテラシー教育の結果として身に付く能力である(Buckingham, 2003)。そのメディアについて教え学ぶことのプロセスの中に、批判的にメディアを読み解き、また創造的にメディアをつくりだす能力を含むのだと説明している。

そして、「イデオロギーを可視化」する方法として両者とも記号論をベースとした分析方法を用いている(Masterman, 1980; Buckingham, 2003)。この記号論を

第1章 メディア・リテラシー教育とは何か 45

ベースとしたテクスト分析を行う際に用いられるのが「メディア言語(media languageもしくはcine language)」と呼ばれるもので、メディアの中にみられるコード(効果音やBGM、カメラワークやテロップ、レイアウト、登場人物やモノ、状況設定といった様々な要素)の総称を意味している。テレビや新聞、ラジオ、広告、雑誌といったメディアは現実を単純に伝達、反映しているのではない。「現実」を構成しコード化する過程に積極的に関与していることを、テクスト分析を通じて理解することは、両者ともに採用している教育方法である。

　バッキンガムとマスターマンのメディア・リテラシー教育の主たる理論的根拠となるのは、カルチュラル・スタディーズと考えて間違いない。特にイギリスでは、イギリス映画協会関係者が映画に特化したメディア教育を第二次世界大戦後に行うようになったが、そこにはカルチュラル・スタディーズとの連動がみられる(上杉、2008)。

　しかしながら、カルチュラル・スタディーズは社会学的なアプローチを主としていたため、統計を用いたデータ分析が一般的だった。そのため、オーディエンスの全体的な傾向を主張することはできるが、より個人に焦点を当てた、質的な研究がほとんどなされていなかった。バッキンガムとセフトン・グリーンは、カルチュラル・スタディーズとメディア・リテラシー教育研究の違いについて、まず「データの整理において、個人と小集団へのインタビューと観察を用いている。もっとも大切なのは、生徒の幅広いメディア作品とその作品に対する制作者自身の注釈を観察に含めていることである。私たちは生徒を単に現代文化の消費者として捉えているのではなく、制作者としても考え」(Buckingham and Sefton-Green, 1994, p.9)ていることを説明した。さらに彼らは「データ分析において、カルチュラル・スタディーズで通常用いられている手法よりも、より内省的なアプローチを発展させた」(Buckingham and Sefton-Green, 1994, p.9)とも述べている。

　このようなバッキンガムの認識は、メディア・リテラシー教育が、社会学研究よりも、むしろ教育学研究の領域として、質的にアプローチすることが重要であることを示唆している。実際にバッキンガムの、*media education*(2003)では、カルチュラル・スタディーズだけでなく、ヴィゴツキーの発達心理学、イリイチ(Illich, I.)の脱学校の教育理論なども用いている。バッキンガムが自

身の研究において焦点を当てていたのは、学校の中と外にかかわらず、子どもが常に現代文化(=メディア)に接触している環境において、いかにして子どもが現代文化に対して「批判的」になれるような教育を提供できるか、ということにある。

　メディア・リテラシー教育が、学校の中と外の文化の差を埋めるものであるという点では、マスターマンも同様である。さらに両者とも認めているのは、例えば映像メディアのみを扱うのではなく、多様なメディアについて学習することにより、メディアがリプレゼンテーションする価値観やイデオロギーを脱構築することである。これは「間テクスト性(intertextuality)」と呼ばれ、「あるテクストは他のテクストと密接不可分に結びついている」(Buckingham, 2003, p.136)ということである。テクスト自体は、メディアが異なれば特性が異なるため、脱構築するためのアプローチは多少異なってくる。しかしそこから読み取れる価値観やイデオロギーは、テクストおよびメディア様式が異なっていても、なんらかの関係性を持って表されるということである。

　また、バッキンガムとセフトン・グリーンは、カルチュラル・スタディーズでは、研究者と研究対象の間に権力関係が生まれており、それが研究結果においてある種の偏りを生んでいることを指摘している(Buckingham and Sefton-Green, 1994)。いくらかのカルチュラル・スタディーズの研究では、そのような研究のあり方を危惧し、エンパワーメントや文化摩擦といったキーワードを用いて、問題を克服しようとしていた。しかし、結局は研究者が何らかの理論を構築しようとして、一方的に研究対象を分析の枠組みに当てはめようとしていたと、バッキンガムらは指摘している(Buckingham and Sefton-Green, 1994)。研究者と研究対象の間の権力関係を無くすことができるとは、バッキンガムらも考えていない。しかし極力権力関係を無くし、学習者が普段のように振舞える環境において教育実践を観察する状況を創り出す必要を、バッキンガムは求めていた。

　とはいえ、もともと中等学校教員だったマスターマンやバッキンガムは、教員という存在が既に生徒にとって権力者となっていることを承知していた(Masterman, 1985; Buckingham, 2003)。教員が権威者として、一方的に子どもに知識や自身の価値観を伝達するのであれば、教員自体がメディアとして機能し

ていることになる。アルチュセールが学校をイデオロギー機関として考えていたことを踏まえ、特にマスターマンは教員が権威的にならないように強調する(Masterman, 1985)。そこで、教員が権威主義的にならず、子どもの自主性を尊重して学びの促進者(facilitator)として振舞い、子どもは小集団で議論しながら学ぶという教育方法を採用した。テクストの意味はテクスト自体が初めから持っているわけではなく、テクストとオーディエンスの相互関係の中で生成されるため、「正解」があってそれを生徒に伝達するという教授方法は否定される(Masterman, 1985)。

そこでマスターマンが採用したのは、「対話→省察(振り返り)→行動(制作)」という、フレイレが用いたアプローチだった。マスターマンは自ら、自身の考えるメディア・リテラシー教育のアプローチがフレイレの実践に依拠していると述べ、どこがフレイレと近似しているかを説明している(Masterman, 1985)。

バッキンガムはフレイレに直接言及せず、ヴィゴツキーの発達心理学に依拠している部分が多い。バッキンガムはヴィゴツキーの「発達の最近接領域」を引用しながら、教員は子どもが手助けしてもらう必要がある部分と、そうでない部分の境界で関わるべきだと述べている(Buckingham, 2003)。そして子どもは、自らを振り返ることのプロセス―子どもが持っているメディアの知識や経験と、教員によって利用可能になった新しい知識との持続的な対話あるいは交渉―の中で、つまり集団での対話を通してメディア・リテラシーを獲得していくことが必要だと述べる(Buckingham, 2003)。

以上、メディア・リテラシー教育の理論的な根拠について、マスターマンとバッキンガムの主張を基に説明してきた。マスターマンとバッキンガムは、基本的な点で共通しているとはいえ、内容面における重点の置き方や、対象の捉え方が異なる。なかでも、「対話→省察(振り返り)→行動(制作)」という学習のサイクルにおける制作活動の位置付けにおいては、両者の見解が大きく異なる。

マスターマンは制作活動の意義について、イデオロギーを可視化する手段の1つとして有効な活動であるとする。しかし制作活動はメディア・リテラシー教育の全体ではないとして、その位置付けは消極的である。一方、バッ

キンガムは、創造的な活動はまず既存のテクストのパロディから始まるものだとして、マスターマンの制作に対する考え方に反論する。バッキンガムが独自に主張しているのは、制作の後の振り返りである。制作活動も批判的分析活動の一手段であると捉え、制作活動を通して、批判的分析のための新たな視点を獲得することが目指されている (Buckingham, 2003)。

　以上のように、マスターマンはメディア・リテラシー教育を教える方法論としてフレイレを根拠にしている。一方でバッキンガムはフレイレについては一切言及していない。その代わりにバッキンガムがメディア・リテラシー教育と競合する教育として、しばしば批判しているのが批判的教育学である。しかし批判的教育学は、フレイレの教育理念やカルチュラル・スタディーズを基にして発生した教育理論である。以後、マスターマンとバッキンガム以外のメディア・リテラシー教育研究者をいくらか取り上げるが、その中にもフレイレや批判的教育学を参考にしている点がみられる。つまり、メディア・リテラシー教育の独自性を述べるためには、フレイレや批判的教育学とメディア・リテラシー教育がどのように関係しているのかを説明する必要があろう。よって次節では、フレイレの教育理論と批判的教育学、そして両者とメディア・リテラシー教育の関係について述べていく。

(2) フレイレの教育理論

　フレイレは1921年にブラジルの比較的裕福な家庭に生まれ、レシフェ大学法学部で哲学と言語心理学を学んだ後、中学校のポルトガル語教員となり、その後はいわゆる「文化サークル」と呼ばれる成人識字教育の実践と、その体系的方法を築き上げながら、社会運動にも参加し、北米と南米を行き来した人物である (フレイレ、1979)。フレイレは自らが過ごした環境と経験から、抑圧されている人々、すなわち労働者階層がどのようにすれば抑圧状況から脱すべく自らをエンパワーしていけるのかを模索し、「文化サークル」のような識字教育を産み出していった。その思想上、マルクス主義に言及している部分はフレイレの著作の至るところにみられる。特にフレイレは、マルクス主義の解釈の中から生まれた、ルカーチ (Lukacs, G.) の「階級意識の哲学」に通じるところがみられる。「階級意識の哲学」とは、簡単に言えば、「労働者たち

が自分をひとつの独自な階級のメンバーであると自覚する、またはそのように自己の存在を認識すること」(今村、2005、35頁)によって、社会変革を実践するための基盤とするための哲学である。またピアジェなど心理学者およびフロムのような哲学者の引用もみられるが、フレイレの場合は理論的根拠に基づく実践というよりも、経験に根ざした理論の構築という側面が強いようである。

フレイレの目指した解放の教育学とは、人間が抑圧状況を乗り越えるためには、まずその原因を批判的に分析する必要があり、批判的な分析の結果、被抑圧者は行動の変革を通して、より豊かな人間性を追求することのできる状況を創造することが可能となるというものである(フレイレ、1979)。つまり、リテラシーも知識もないまま、支配者に従属させられ、その状況を仕方のないもの、つまり運命だと諦める被抑圧者の負の再生産を断ち切るためには、批判的な分析能力を被抑圧者が身に付け、自らを解放するよう行動に移させるという教育が必要だということである。その批判的な分析能力を獲得することを、フレイレは「意識化」と名づけたのである。菊池は意識化を、「文字を学ぶ機会を何らかの理由で奪われてきたという意識をもっている人が、むしろ高度な識字能力をもった人々こそ自分たちを社会的に疎外しているのではないかと考えるとき、ただ文字が読めるかどうかの違いを人間の違いにまで広げてしまうことの横暴さが社会的に保証されているからこそ可能なのだと気付く瞬間を経験する」(菊池、2004、38頁)過程であると説明している。

フレイレは、被抑圧者が自らの抑圧状況に気づき(=意識化し)、自らを解放に導くために、「対話(dialogue)」が必要であると述べる。その「対話」の本質をなすものが「省察(reflection)」と「行動(action)」なのである。批判的に思考し、対話する相手に対して尊敬や思いやりの念を持って接し、「対話」することで「行動」、すなわち解放・革命へと被抑圧者を向かわせる。フレイレの言う批判的思考とは、「世界と人間との不可分の結びつきを認め、その二分化を許さない思考、現実を動かないものとしてではなく、過程や変容としてとらえる思考、行動を伴い、危険を恐れず、絶えず時間性のなかに没頭する思考」(フレイレ、1979、103頁)である。批判的思考を要求する対話だけが、同時に批判的思考を生み出すことができる。行動への出発点としては、知識とリテラシー

を持つ者が被抑圧者に対してそれらを伝え、「対話」の素地をつくることになるが、ある程度定着してからは被抑圧者からボトムアップで行動に移していくことが求められる。

　以上のようなフレイレの教育理論が述べられている、『被抑圧者の教育学 (*pedagogy of the oppressed*)』(1972)や、『形成途上の教育学 (*pedagogy in process*)』(1978) には、今日のメディア・リテラシー教育と一致する概念が多数出てくる。フレイレの主張とメディア・リテラシー教育が共通する部分としては、意識化、エンパワーメント、モラルの判断、社会参加 (social involvement) の4つの概念が挙げられる (Lemish, 2003)。意識化は社会生活を批判的に理解することに通じる。エンパワーメントは社会変革過程において、人々が自分の権利や責任について理解し、能動的な市民として社会参加することに通じる。モラルの判断はモラルの基準に基づいて、社会行動を評価し判断するよう人々に促すことに通じる。社会参加は人々が立場の区別なく社会に参加できるようにすることに通じる。レミッシュはこのようにフレイレの主張とメディア・リテラシー教育の共通点を述べている (Lemish, 2003)。

　レミッシュの主張に加え、フレイレの教育理論には、これら以外にもメディア・リテラシー教育に通じる概念がある。例えば上杉が述べるように、「対話」という概念もマスターマンやバッキンガムの述べる実践方法と通じるものがある (上杉、2008)。また、文化侵略という概念もメディア・リテラシー教育と通じるところがあり、「私が批判するのはメディアそのものではなく、その使われ方である」(フレイレ、1979、185頁)とあるように、フレイレはメディアがプロパガンダに利用されることを批判している。抑圧者が被抑圧者を服従させるためには、様々な「神話」を被抑圧者に内面化させることが不可欠である。そのための手段としてプロパガンダやスローガンが用いられ、メディアはそれらを効率よく広めるために有効な手段たりえる。文化の侵略者は相手集団の文化的文脈に侵入し、自分の世界観を相手に押し付け、相手の文化創造を抑制するというのが、フレイレの言う文化侵略である。メディアが文化侵略装置であるとするならば、その文化侵略を克服するための教育が、フレイレの主張する教育理論と実践なのである。

　以上のようなフレイレの教育理論を考えると、リテラシー教育者たちは、

第1章　メディア・リテラシー教育とは何か　51

それぞれフレイレの提唱した概念の一部の応用を主張している。イギリスでフランクフルト学派やカルチュラル・スタディーズを基にしたメディア・リテラシー教育が構築された一方で、南米では類似したリテラシー教育実践が展開されていたのである。フレイレは教育理論を構築したというよりは、被抑圧者をエンパワーするための教育的アプローチと、そのアプローチが内包する理念を述べていると言える。そして意識化や対話といったフレイレの理念やアプローチを、リテラシー教育者が自分の理論に用いることで、理論にある種の正当性を付与しようとしたと考えることもできよう。メディア・リテラシー教育学者がしばしば批判対象として取り上げる批判的教育学も、そのような理論の1つであろう。そこで、フレイレを根拠にしている批判的教育学と、メディア・リテラシー教育の関係について次節で検討していく。

(3)批判的教育学

批判的教育学[14]は、創始者であるジルー（Giroux, H. A.）などによれば、フレイレの教育学に依拠しつつ、カルチュラル・スタディーズのような社会学理論には欠けていた視点を補い[15]（Giroux, 1989）、マスメディアのような権威を持つ者を支配者として、消費者を被抑圧者として捉え、ある特定の視点ではなく、多様な視点でメディアを読みながら、メディアのような権力機構を批判的に分析する教育学である。批判的教育学の代表的な学者であるジルーなどは、アドルノやベンヤミンら第一世代フランクフルト学派が行っていた研究を参考にしている（Giroux and Freire, 1987）。批判的教育学理論は、まず共同体が実質的に多様であるにもかかわらず、その多様性が認められず、授業や社会関係を通してマジョリティに同化させられていくような場所で必要とされる。そのような共同体において、子どもはまず言葉のエンパワーメントについて認識し、自分の共同体がどのように構成されるのが望ましいかを考える必要がある。次に、子どもに異なる方法でテクストを読む方法を考えさせ、子ども自身の理論的・政治的な立場を調べるという課題に取り組ませる必要がある。批判的教育学は「『批判』とともに、『人間の能力と社会的可能性の拡大』という視角から『教育学』の独自性を唱える」（谷川、2005、18-19頁）、「教育というものを考察する際、その対象を学校に限定せずに、大衆文化や子育

て・建築・社会事業などの文化労働にも目を向け」(谷川、2005、19頁)るという、カルチュラル・スタディーズの知見を応用した教育学であると言える。

　批判的教育学は、フレイレを基にしているという点、そしてカルチュラル・スタディーズへの接近という点で、メディア・リテラシー教育とも類似点がみられる。例えば、保守主義が往々にして目指す基礎的な読み書き算の習得と、実利的な職業教育としてのメディア利用へのアンチテーゼであることは、メディア・リテラシー教育でも同様である。また、現代文化を学校の伝統文化と同等に扱い、学校生活と学校の外の生活の関係をできる限りなくしていくことで、子どもが文化や生活を批判的に考えられるようにすることも、メディア・リテラシー教育と類似している。

　批判的教育学の論者は、その理論の根拠としてもアルチュセールやウィリアムズを引用している。タクセル(Taxel, J.)はウィリアムズの「選択的伝承(selective tradition)」[16]を取り上げる。タクセルは、アメリカの学校で扱われるテクストは、このような「選択的伝承」に基づいて選ばれており、マジョリティの考え方しかできないような子どもを育てるシステムができあがっていると指摘する。そしてそれを打破するためには、マイノリティの側が書いた文学も読み、マジョリティの文学を相対化する必要があるのである(Taxel, 1989)。この点で批判的教育学はブルデューの再生産理論とも通じている。ケルナー(Kellner, D.)も、批判的教育学は現代文化が「マス」を浸透させ、マジョリティが自らの地位を確立するための思想的な道具とみなした、フランクフルト学派のアプローチに修正を加えたものだと指摘している(Kellner, 1995)[17]。その一方でケルナーは、イギリスにおけるカルチュラル・スタディーズについては、情報受容とテクスト分析を過度に強調し、文化の生産とメディアの政治経済的意味を軽視する傾向があると批判している。マスターマンの理論をみてもわかるように、メディア・リテラシー教育では文化の生産とメディアの政治経済的意味を読み解くことが中心である。そのため、理論面で批判的教育学とメディア・リテラシー教育は近似しているが、理論の解釈や重点の置き方が双方で異なると言える。

　批判的教育学と、メディア・リテラシー教育が大きく異なる点は2つあると考えられる。まずバッキンガムが指摘するように、批判的教育学は「机上

の空論」にすぎないこと、そして対象とするメディアの範囲が異なることである。1点目の「机上の空論」にすぎないことについては、批判的教育学の立場にある現場の教員からも批判がなされている。例えばハウリー（Howley, A.）とスパティグ（Spatig, L.）は批判的教育学の研究者に対し、学校教育の現状を知らない学者が理屈ばかりを主張し、批判的教育学を実践できない学校や教員を責めている、と批判する（Howley & Spatig, 1999）。教育行政や保護者からの圧力、実際の子どもという制約の中で、研究者が言うような理想論は実行するのが難しいと、教員の微妙な立場を主張しているのである（Howley & Spatig, 1999）。そして2点目はリテラシー概念の違いである。以下では、リテラシーの理解について説明する。

(4)「リテラシー」の捉え方

　批判的教育学の考える「リテラシー」は、「識字」（文字の読み書き）を意味しない。批判的教育学における「リテラシー」とは、「学校、家庭、職場、国家、その他の主要な公共圏を特徴付ける権力の多用な関係を含んだ知識や経験が、特定の知、モラル、社会のルールによって構成されていることを理解すること」（Giroux, 1988a, p.34）であり、その理解を行うためには文字を読み書きできるということが必須条件になってくる。批判的教育学の想定する「リテラシー」の習得によって、子どもは自分の世界観をより多様にすることができ、何が問題なのか、何が矛盾しているのかを理解できるようになるというのである。さらに、学校ないしより広範な社会の文脈からテクストを捉え、そのテクストに提示されている立場やイデオロギーを自分で演じてみることで、そのテクストにおけるイデオロギーや意味が絶対的なものではないことを理解する。つまり、自分の学校の外の社会や言説がいかにして意味を創り出し、自分の矛盾した経験や主観を積極的に構成しているかを子どもに気づかせるのである。しかしながら、批判的教育学が想定するテクスト、つまりメディアの範囲は、主に活字であると考えられる。なぜならば、批判的教育学が当初対象にしていたのは文学であり、またジルーなどは学校のようなコミュニティにおいて支配的なイデオロギーを主に具体化しているものが、教科書であると考えているからである（Giroux, 1988b）。

一方メディア・リテラシーで想定されているのは、例えばコープ(Cope, B.)とカランツィス(Kalantzis, M.)のマルチリテラシー（Multiliteracies)理論のような多元的なリテラシーである。マルチリテラシー理論は、簡単に言えば社会的文脈に基づいた「リテラシー」の考え方と、その習得の過程を理論化したものである。コープとカランツィスは、「マルチリテラシーの議論は、言語学習者が言語の違い（文化的、副次文化的、地域／国家的、技術的、文脈に固有な、などの違い）を説明するための、柔軟で機能的な文法の必要性と、現代のコミュニケーションにおいて重要な、多様な意味の経路を提案する」(Cope and Kalantzis, 2000, p.6)とした。そして意味形成の議論を、「言語的な意味」、「視覚的な意味」、「聴覚的な意味」、「身振りの意味」、「空間的な意味」、そしてこれら5つの要素が互いに関連しあって生まれる「多様な意味」の6つの要素に分解した(Cope and Kalantzis, 2000)。

　元々、マルチリテラシーが参考にしたのはレイブとウェンジャー（Lave, J. & Wenger, E.)の「正統的周辺参加論」である。「正統的周辺参加論」によれば、あらゆる知識は活動に組み込まれており、あらゆる活動は状況に依存しているとされる（レイブ&ウェンジャー、1993）。つまりすべての社会において普遍的な知識や学習、活動があるのではなく、ある社会における構成員や状況によって、そこで学習される知識や技能は変化すると考えるのである。「正統的周辺参加論」に基づけば、ある社会で必要とされる「リテラシー」も変化することになる。よって、活字の読み書きだけが唯一普遍的な「リテラシー」ではないと、マルチリテラシーでは考えるのである。

　またマルチリテラシーと同時期の1990年代後半には、ニューロンドングループというリテラシー研究者の集団が、「ニューリテラシー」というリテラシー概念を提唱している。ニューリテラシーもマルチリテラシーと同様に、子どもの生活と密接に関わるメディアをリテラシーとして読み解く必要がある、と主張している(Beck, 2005)。ただしニューリテラシーの主張者は、伝統的な活字のリテラシーを否定しているわけではなく、あくまで活字のリテラシーを重要だと捉えた上で、新たに子どもと密接に関わるメディアのリテラシーを習得する必要があると主張するのである。

　マルチリテラシー理論における「リテラシー」の考え方は、記号論と結びつ

けることでさらに意味を創り出すと考えられる。記号論は映像や音声のような、文字とは異なるメディアも、コードという概念を用いることで、機能的に文字と同様の意味を持つという理論だった。マルチリテラシー理論は、それらコードの持つ意味が社会的な文脈によって変化することを説明している。メディア・リテラシーは、このようにマルチリテラシー理論と記号論を根拠にして、様々なメディアを「リテラシー」として解釈することが、批判的教育学とは大きく異なる。

　以上のように、理論的には批判的教育学とメディア・リテラシー教育はカルチュラル・スタディーズを参考にしているとはいえ、扱うメディアの範囲、すなわち「リテラシー」の捉え方において一線を画すものである。そもそも批判的教育学の実践は空虚であることが、バッキンガムなどにより指摘されているが、「リテラシー」の捉え方が、そのまま両者の違いにつながっていると考えられる。批判的教育学とメディア・リテラシー教育は、ほぼ同時代に理論が構築されていったが、両者は互いを強く意識していたわけではないだろう。マスターマンがフレイレを引用しているのは、教育実践の部分に限られており、批判的教育学自体に直接言及していないからである。しかしあらためてメディア・リテラシー教育の歴史的展開を、ヨーロッパだけでなく北・南米も含めて振り返ってみると、批判的教育学とメディア・リテラシー教育は、理念・目標が共通していることが確認できる。

(5) マスターマンおよびバッキンガムと批判的教育学

　メディア・リテラシー教育と批判的教育学は通じるところもあり、また相反する考え方をするところもある。マスターマンは批判的教育学の素地となったフレイレを参考にしていたことは述べた通りであり、かたやバッキンガムは批判的教育学者を批判している。

　マスターマンは、彼自身に向けられた進歩主義批判に対する反論において、ジルーの批判的教育学の理論を引用した。小集団で対話を通して授業を進めていくことを好意的に評価するための根拠として、ジルーの理論を引用している。恐らくマスターマンが主な著作を書いた1970年代後半から1980年代前半にかけては、批判的教育学もフレイレを参考に独自の教育学を築いてい

く途上にあり、マスターマンは批判的教育学について述べることがなかったと考えられる。

　一方バッキンガムは、批判的教育学者(特にジルー)たちを、実践を伴わない理念の学問にすぎず、メディア分析の方法についても伝統的な段階にとどまると批判している。そのジルーの主張とは、学習者に自民族中心的な言説と実践を分析する手段を与え、その手段に基づいて表象が生み出すイデオロギーとそれが合法化する権力構造を分析させることで、解放という対抗的なナラティヴを創造することである(上杉、2008)。ジルーの主張に対してバッキンガムは、批判的教育学はそれ独自で成り立つ大きな物語を、政治的解放の形態として生みだしてきており、自分たちは抑圧された人々の代弁者だと主張する一方で、結局自分たちがいろいろな定義を決める権利を持っている、つまり権力者に成り代わっているにすぎないと批判する(Buckingham, 2003)。

　制作活動について言えば、批判的教育学者は、職業準備を目的としたメディア教育の制作活動には懐疑的で、メディア産業をイデオロギー的再生産のメカニズムとして捉えている。批判的教育学の制作に対する考え方に対し、バッキンガムは、制作が単なるイデオロギーの再生産にすぎないという批判的教育学者の主張を否定した(上杉、2008)。また、批判的教育学においては子どもたちを抑圧状態から解放する手段として、「子どもの声」を伝えるという活動を行うことがあるが、これについてもバッキンガムは、子どもが真実を主張しているわけではなく、「子どもの声」といっても、それは幻想にすぎないと批判する。つまり彼はいくつかの実践研究を根拠としながら、学校の授業の一環として行われる制作活動においては、学校(教員)が求めていることを子どもたちは推測しながら、学校にとって聞こえの良い「子どもの声」を提示しようとしているにすぎず、子どもは本当の声を発しているわけではないと主張しているのである(Buckingham, 2003)。その上でバッキンガムは、メディア・リテラシー教育では、子どもが自らの声をつくる前に、自分自身がどのようにメディアによって構成されてきたのかを深く考えることが求められる分、批判的教育学よりも子どもの声がより真実に近づくと説明する(Buckingham, 2003)。このように、一方では好意的に評価され、また一方では理想論にすぎないと評価される批判的教育学だが、参考となる知見があるからこそ、評

価され、批判されるのだと解釈することもできる。

(6) 「制作」の意味

　メディア・リテラシー教育における制作活動とは、決して映像制作のような大掛かりな活動だけではなく、壁新聞やポスター広告など、メディア全般が対象である。制作活動がメディア教育に組み込まれ、扱うメディアも活字から視聴覚メディアへと変わっていくという動きは、マスターマンが自身の教育理論を主張する前から起こっている。例えばホールは1960年代に、子どもが学校の外でマスメディアに多くの時間接触している以上、マスメディアについて学校教育で教えるべきであると主張したとされる(上杉、2008)。

　同時期、カナダにおいてメディア論を研究していたマクルーハン(McLuhan, M.)もホールと同様に、学校教育にマスメディアを持ち込むべきという主張を行っている。テレビや映画のようなマスメディアを「視聴覚教材」として本(文献)と区別し、視聴覚メディアを「娯楽」、本を「教育」として扱っていたことに、マクルーハンは異論を唱えている(マクルーハン、2003)。マクルーハンによれば、視聴覚メディアは「独自の表現力をもった新しい言語」(マクルーハン、2003、107頁)なのであり、人々がそれを娯楽としてしか享受できないのは、その新しい言語を人間が自分のものにできていないからだと考える。

　マスメディアによってリプレゼンテーションされるイデオロギーや価値観について、マクルーハンは言及していないが、マスメディアを単なる娯楽として学校の外に置くのではなく、言語の一形態として教育において考える必要性を訴えている点で、マクルーハンもメディア・リテラシー教育について示唆している。いずれにせよ、その時代における流行に最も敏感なのは若者、子どもであり、その流行を分析するだけでなく、制作することによって新たな視点を得るという考えは存在していたが、制作という活動についての考え方は論者によって異なる。

　マスターマンは制作活動の意義について、イデオロギーを可視化する手段の1つとして有効な活動であるとしている。しかし制作活動はメディア・リテラシー教育に必要不可欠ではなく、その位置づけは消極的である。マスターマンは、「技術主義者の罠(the technicist trap)」という状況に子どもが陥ることを

恐れているのである。すなわち、制作で使用される技術の影響力に制作者が魅了されて、批判的な分析を忘れてしまい、単に既存の「美しい」メディア・テクストの模倣(再生産)に陥ってしまうと、制作活動の意味がなくなってしまうどころか、メディア・リテラシー教育の目指す「イデオロギーの可視化」に反してメディアの権威に同化する可能性を生み出すことである。

　「技術主義者の罠」は実際に、駒谷(2008)の実践研究論文に見られる事例である。駒谷の研究では、放送局が主体となってメディア・リテラシーを子どもに教えたことにより、メディアに対する批判的な洞察よりも、むしろメディアに対する共感や親近感が促進されたことが指摘されている。マスターマンは、このような失敗を防ぐためには2つのことを常に意識して制作に取り組むことが重要だと指摘する。1つは、メディアにおけるコミュニケーションが、常に「意味を持ってつくられている」ということであり、もう1つは制作活動がメディア・リテラシー教育のすべてではないことを自覚することである。むしろ制作は、確かにメディアを理解するうえで効果的な活動の1つではあるが、「技術主義者の罠」に陥って既存のメディア・テクストの再生産をしてしまう可能性があることや、制作機材にお金がかかることや、時間がかかることなどを考えれば、そんなに必要な活動とは考えられない、というのがマスターマンの制作に対する考え方である(Masterman, 1985; Masterman, 1997)。

　マスターマンのような、制作活動に対する否定的な見解は、他の研究者によっても、1980年代になされている。例えばファーガソン(Ferguson, B.)は、自身が観察した子どものビデオ制作について、多くの子どもはただカメラを持って走り回っているだけで、計画性のないカメラワークで撮影され、作品の内容もドラマや映画でお決まりの乱闘が含まれていたと述べている(Ferguson, 1981)。また、ファーガソンが報告したような光景は、筆者が2007年から2008年にかけて大阪府高槻市のある中学校2年生を対象に実施した、メディア・リテラシー教育の活動においても同様に見られた(Morimoto, 2008b)。

　しかしバッキンガムは、一見無意味で、ただ遊んでいるだけのようにみえる子どもの制作活動には、多くの学びうる内容が含まれていると主張する。バッキンガムは、創造的な活動はまず既存のテクストのパロディから始まるものだとして、制作活動を消極的に位置づけることに反論する(Buckingham,

2003)。バッキンガムや、彼が指導する学生たちが行ってきた実践研究では、最初からオリジナルな作品がつくられることはありえず、なんらかの既存のテクストの模倣やパロディを作っていく中で、オリジナルな作品がつくられるようになっていくのだと、模倣やパロディが好意的に評価されている。

　ただし、バッキンガムもメディアに対する共感を生み出すことについては否定的である。そこで、メディアへの共感を生みだす方向へ行かないようにバッキンガムが主張するのは、制作後の振り返りである。マスターマンが指摘するような「技術主義者の罠」に陥るのを回避するためにも、制作するのに満足するのではなく、その後に作品を参加者全員で振り返ることによって、自分たちの作品によってつくりだされた意味を批判的に分析するのである。

　バッキンガムが、制作活動をメディア・リテラシー教育に不可欠な要素として位置づけているのには根拠がある。バッキンガムはバフチン(Bakhtin, M.)のようなポスト構造主義者を参考にしつつ、すべての芸術作品は、社会・文化的文脈の中で意味が与えられるものだと述べている。つまり、個人がなんらかの意図を持って作った作品は、社会・文化的文脈の中で、制作者の意図通りに解釈される場合もあれば、制作者の意図を離れた意味が生まれることもある。学校教育におけるなんらかの制作活動においてもそれは同じである。子どもは純粋に自分の気持ちを作品に反映させるのではなく、クラスメートや教員の評価を気にしながら、意図を持って制作を行っているのである(Buckingham and Sefton-Green, 1994; Buckingham, 2003)。よって、子どもが制作した作品であっても、そこには何かしらの意図があり、自ら「現実」を構成しているのである。

　また、デジタル技術の普及により、比較的所得の低い層でも、ビデオカメラやインターネットにアクセスできる機会が増加した。学校でも、デジタル機材を扱う機会が増加したため、特に子どもは自分で制作し、発信するという機会が多くなっている(Buckingham, 2003)。そして、情報を発信する環境も、デジタル技術の普及とともに整備されてきた。特にweb2.0という、ネットにおける双方向での通信技術(例えばブログ)は、インターネットにアクセスできる人間であれば、ほぼすべての人間が情報を発信することを可能にした。このような情報技術環境においては、デジタル技術が普及する以前(1980年

代以前)のように、情報の「受け手」と「送り手」を区別することが難しくなっている。従来はマスコミの特権のように扱われてきた情報発信は、今や「市民メディア」[18]に見られるように、環境さえ整えば誰でも可能になった。

　以上からバッキンガムは、制作活動の重要性を2つ述べている。1つは、制作活動を通して、子どもがメディア産業のあり方を経験的に理解することである。メディア制作を行う際には、どのような規模の制作であれ、作業手順を考え、対象となるオーディエンスを想像し、作品の発表方法についても、プライバシーの権利等を考慮する必要がある (Buckingham, 2003)。実際のメディア産業では、ビジネスの要素が加わるため、より複雑になるが、それ以外の部分を制作活動で体験することは可能である。もう1つは、「自分自身のメディア・テクストをつくる経験と、体験的にメディア言語の『ルール』を実験してみることが、新たな洞察力を生み出す」(Buckingham, 2003, p.55)ことである。つまり、制作活動も批判的分析活動の一手段であると捉え、制作活動を通して、批判的分析のための新たな視点を獲得することが目指されている。

小　括

　本章で述べてきたように、メディア・リテラシー教育はフランクフルト学派の批判理論、カルチュラル・スタディーズを中心とした社会学の理論、フレイレの解放の教育学の理論と実践、そしてフレイレの背景にある教育哲学や言語心理学、マルクス主義など、様々な学問領域が複雑に絡み合って生成してきたものである。本書で検討してきたのは20世紀における展開であったが、いくらかのメディア・リテラシー教育学者は、21世紀におけるメディア・リテラシー教育に求められる内容を述べている。

　例えばルーク (Luke, C.) は、21世紀のメディア・リテラシー教育には次のような内容が必要だと述べている。すなわち、①子どもがメディアを楽しみつつもメディアのメッセージに批判的に反応し、現代文化を批判的・選択的に消費できるようになること、②そしてその分析で得たスキルを、マルチメディアや映像メディア制作に活かすこと、③メディア・テクストに対する批判的な理解を促すことで、視聴者とテクストの社会・文化的な文脈の理解につな

げること、である(Luke, 2003)。ルークの主張は、子どもがメディアを「楽しむ」こと、そして制作活動を積極的に行うことなどの点で、バッキンガムの主張と類似が見られる。すなわち、デジタル技術の進化・普及により、多様な人間がメディア制作を簡単に行えるようになった21世紀においては、制作活動を楽しみながらも、その作業を分析的に振り返る活動が求められるようになったということであろう。

そして、本章で説明してきたメディア・リテラシー教育の成立過程を整理すると図1-1のようになる。

以上のように、一口にメディア・リテラシー教育と言っても、様々な歴史的文脈や思想によって違いが出てきている。つまり、理念自体にいくつか違

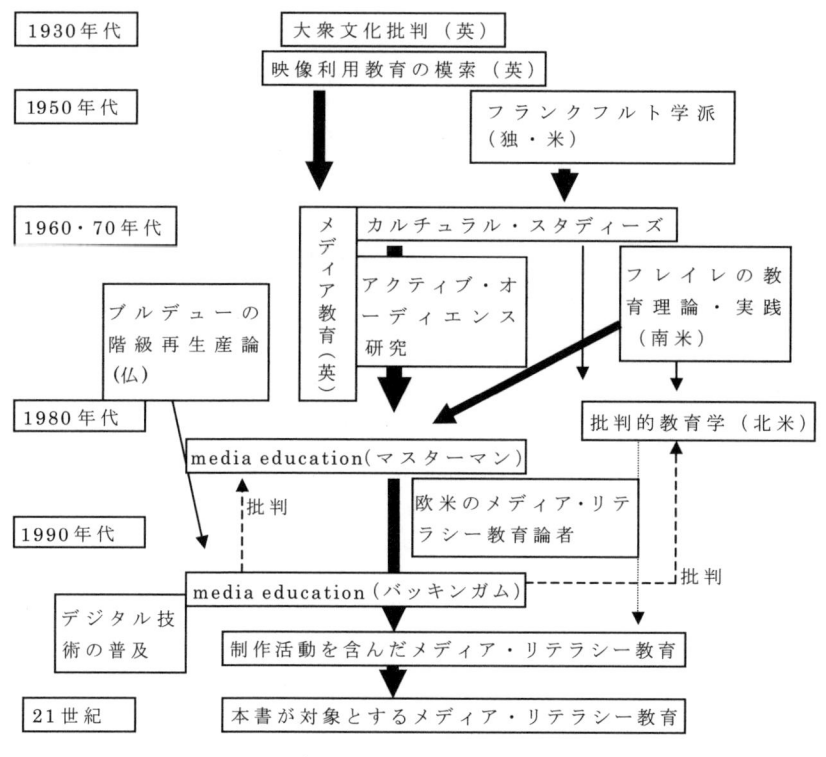

図1-1 メディア・リテラシー教育の成立過程

いがあり、また実践レベルでも多様な解釈が生じてくるという多義性が、メディア・リテラシー教育の理解を困難にしているのである。ただし、メディア・リテラシー教育は基本的にメディアの情報を批判的に読み解くものであり、単にメディア操作スキルを教えるものではないことは、本章で述べてきた学問的知見から明らかである。

　本章で述べてきた学問的知見では、メディア・リテラシー教育はその理論的基盤を社会学の諸理論に置いている。諸理論とは、アメリカの大衆文化産業を批判的に考えることから始まったフランクフルト学派の批判理論、その影響を受けたカルチュラル・スタディーズ、ブルデューの再生産理論などがそれにあたる。そしてその理論が実践に移されるにあたり、フレイレの教育実践が参考にされた。つまり実践においてメディア・リテラシー教育は学習者の解放・エンパワーを目的とするようになったのである。学習者を支配的なイデオロギーから解放するためには、イデオロギー伝達装置であるメディアを意識的に読み解けるようになる必要がある。意識的にメディアを読み解けるようになるためには、メディアによって媒介される情報を「批判的」に考えられるようになる必要がある。このようなメディア・リテラシー教育実践の基盤は、社会学の諸理論とつながっている。

　またバッキンガムはメディア・リテラシー教育の重点を振り返りに置く。自らを「批判的」に考えたり、振り返ったりするための手段として用いられるのが、記号論の手法とフレイレの「対話」である。映像や音声をコード化し、文字情報として置き換え、その解釈についてグループで議論することにより、自らを振り返る材料とするのである。当然であるが、映像や音声情報を文字情報に置き換え、それらについて話し合うためには相応のリテラシーを習得することが求められる。

　このようなメディア・リテラシー教育におけるリテラシー概念は、マルチリテラシー理論における「リテラシー」の考え方を根拠にしている。マルチリテラシー理論における、活字に映像や音声も含んだ拡大したリテラシー概念に加えて、カルチュラル・スタディーズの記号論を用いたのがメディア・リテラシー教育である。記号論は映像や音声のような、文字とは異なるメディアも、コードという概念を用いることで、機能的に文字と同様の意味を持つ

という理論だった。マルチリテラシー理論は、それらコードの持つ意味が社会的な文脈によって変化することを説明している。メディア・リテラシーは、このようにマルチリテラシー理論と記号論を根拠にして、様々なメディアを「リテラシー」として解釈しているのである。

そして、メディア・リテラシー教育独自の視点として考えられるのが、制作活動である。バッキンガムやマスターマンによれば、制作活動はつくることが目的なのではない。活動を通して、制作者としての視点を学び、分析者としての自分を別の角度から振り返れるようになることが目的なのである。また、制作活動の過程で、メディア産業（所有権や、メディア情報の流通過程など）について知るきっかけをつくることもできる。だからこそ、メディア・リテラシー教育者は、「技術主義者の罠」に陥ることに十分注意しなければならない。作品の見栄えのよさや、その制作に携わる人々への憧れに気を取られ、「批判的」に考えることを見失ってはならないのである。このような活動を通して、メディア・リテラシーを習得するということは、様々なメディアを通して情報が伝えられる今日の社会において、情報について考え、選択的に受容し、その情報を元に行動する「市民」の育成へとつながっていく。

以上のことから、メディア・リテラシー教育が最低限含むべき、理論的要素が導出される。現代（21世紀以降）のメディア・リテラシー教育が含まなければならない最低限の要素は、以下の5点であろう。

①メディアが「構成」されていることを自覚する。すなわち、メディア・テクストを意識化できるようになる。
②デジタルメディア、活字メディアを問わず、すべてのメディアを言語として考え（メディア言語）、リテラシーとして習得する。
③メディア言語を社会的・文化的文脈から「批判的」に読み解く（テクストが読者に対して特定の視点をいかに提供しようとしているかを理解しようとする）。
④メディア産業について知る（メディア制作も含む）。
⑤一連の過程を通してメディア社会における民主主義、市民を育成する。

これらの要素はあくまで理論的なものであり、地域的、文化的、時代的な

文脈などによって、実践が変化する可能性がある。メディア・リテラシー教育の要素と、本書で観察対象とするトロント地区での実践との関連については、第4章で述べる。

　①〜⑤の理論的要素の中で、中核となるのは「批判的」な視点である。マスターマンにせよ、バッキンガムにせよ、そして後述する他のメディア・リテラシー教育研究者にせよ、キーワードとして用いているのは、学習者がメディアに対して「批判的」になること、もしくはメディアを「批判」することである。「批判的」な視点を持ち、メディア社会に生きる市民になることが、メディア・リテラシー教育では目指される。しかし、「批判(的)」という言葉は、解釈や文脈によって意味が異なってくる、多義的な言葉である。そこで、次章では「批判(的)」という言葉の意味について検討していく。

【註】
1　2012年3月末で活動を休止している。
2　社会文化的および社会認知的な談話を批判的に分析する方法。
3　日頃不問に付している常識や知識を成り立たせている条件を問う分析方法。
4　メディアは支配的エリートの権力に疑問を投げかける場を提供することもあるという批判理論での考え。
5　この点に関しては第2章第5節(1)において詳述する。
6　「優先的読み」は支配者層がエンコードする内容をそのまま受け入れる読み方。「交渉的読み」はエンコードされた内容を受容者が自分の置かれた文脈に沿って解釈し、最終的に結論を出す(デコードする)読み方。「対抗的読み」は社会運動を行っている人間などによくみられる読み方で、エンコードされた内容に反抗する読み方を行うこと。
7　しかしラディカルなマルクス主義者たちは、能動的なオーディエンス研究者たちがマスメディアの思想的権力を無視し、代わりにエンパワーされたオーディエンスという大衆主義的な思想を採用していると批判した(Martinez-de-Toda, 2003)。ブランスドン(Brunsdon, 1989)、エリクソン(Ericson, 1989)、モリス(Morris, 1988)らは、特にフィスクを念頭において、オーディエンスがみな創造的であるという想定を、能動的なオーディエンスの論者が無批判にもてはやしていることに問題があると批判した。
8　他者から自分を区別してきわだたせること。これが階級分化と既成階級構造の維持の基本原理となる。単語の本来的な意味は単なる「区別」であるが、ブルデューは戦略的な概念として用いている(ブルデュー、1990a)。
9　広い意味での文化に関わる有形・無形の所有物の総体のこと。具体的には、家庭環境や学校教育を通して各個人のうちに蓄積された諸々の知識・技能・教養・趣味・感性など(身体化された文化資本)、書物・絵画・道具・機械のように、物資として所有可能な文化的財物(客体化された文化資本)、学校制度や様々な試験によって賦与され

た学歴・資格など(制度化された文化資本)の3種類に分けられる(ブルデュー、1990a)。
10 象徴暴力は、それを被るものの側に「身体化された構造」(ハビトゥス)が前提作用として形成されていることを前提とする。直接的な物理的暴力以外の手段によって、またしばしば構造的な力関係の格差を基盤として作用する暴力のことである。その力が相手に対する恣意的な攻撃ないし支配の行使であるということが、被る側と行使する側双方にとって隠蔽されている限りにおいて、暴力としての効果を発揮する。例えばセクシャル・ハラスメントが具体例にあたる(ブルデュー、2000)。
11 「教育的権威は、押し付けの恣意的な力として認められず誤認されるというだけで、すでに客観的に正統的権威と認められる、押し付けの恣意的な力となる。それはまた、象徴的暴力を行使する力でもあり、正統な押し付けの権利という形で顕現し、教育的権威を根拠づけ、また教育的権威が隠蔽してもいる恣意的な力を補強する」(ブルデュー&パスロン、1991、29頁)。
12 「教育的労働とは、持続的な組織、すなわちハビトゥスを産出するようじゅうぶん持続して行われるべき教えこみの労働のことであり、ハビトゥスは、『教育的はたらきかけ』が作用しなくなっても存続できる、それゆえ慣習行動において内面化された恣意の諸原理を存続させることのできる、文化的恣意の諸原理の内面化の所産である」(ブルデュー&パスロン、1991、52頁)。
13 「いっさいの制度化された教育システム」は、その構造と機能の特徴を次のことに負っている。「制度化された教育システムにおいては、一定の制度的諸条件が存在し存続すること(制度の自己生産)が、自らの教えこみの機能の行使にとっても、文化的恣意の再生産(文化的再生産)の機能の達成にとっても必要であるが、そうした制度的諸条件を、同システムは、制度に固有の手段をもちいて生産および再生産しなければならない。なお、そこでの文化的恣意は、教育システムの産物ではないが、この恣意の再生産は、集団間または階級間の諸関係の再生産(社会的再生産)に寄与する」(ブルデュー&パスロン、1991、82頁)。
14 批判的教育学は、「カントの批判哲学に基づき、大正時代に篠原助市によって日本に導入された批判的教育学や、マルクスの思想に基づく社会批判的な教育学の潮流がある。マルクス思想に基づくものとしては1960-70年代にハーバーマスの批判理論に依拠し社会的抑圧からの解放を理論的課題とした解放の教育学、教育の内容や方法に対するイデオロギー批判を理論に組み込んだものとして『隠れたカリキュラム』研究、フレイレの被抑圧者の教育学、ブルデューの文化的再生産論、ジルーの学校批判とカルチュラル・スタディーズなども位置付けられる」(『教育用語辞典』2003)とされるが、近年の研究の文脈では、ジルーらの批判的教育学を指すことが多い。
15 カルチュラル・スタディーズを批判的分析の根拠として教育学に導入したのはジルーだとされる(Weaver and Daspit, 1999)。
16 マジョリティの側の知識・歴史・文化のみを伝えようとすることで、本来はもっと幅広くあるはずの知識・歴史・文化のうち、マジョリティのもの以外考えられなくなるようにすること。
17 ケルナーには多文化教育の視点からメディア・リテラシー教育へアプローチし

ている論考もある(Kellner, D. (1998). Multiple Literacies and Critical Pedagogy in a Multicultural Society. *Educational Theory*. 48 (1). 103-122)。

18 放送免許を持たない一般市民が、ビデオカメラ単体とコンピュータ、もしくはビデオカメラ搭載型コンピュータを用いて、マスコミと同じような取材活動を行うこと。経済的利益を追求するマスコミ企業が取材しないような、マイノリティの声や、陰に隠れてしまう情報などを提供することができるメディアとして考えられている。

第2章

「批判(的)」(クリティカル)とは何か

X校のA教諭の教室の壁に貼られていた、生徒のメディア分析

第1節 「批判」の語源

　第1章において、メディア・リテラシー教育の歴史的な成立過程を把握し、メディア・リテラシー教育が含むべき要素について整理した。多くのメディア・リテラシー教育学者が定義するように、そして本書でも述べているように、メディア・リテラシー教育において学習者が学ぶべき最も重要な能力はメディアを「批判」することである。また制作活動についても、バッキンガムが述べるように、批判的分析活動の一手段であると捉え、制作活動を通して批判的分析のための新たな視点を獲得することが目指されているのである (Buckingham, 2003)。つまり、「批判」という言葉の意味を明らかにしなければ、メディア・リテラシー教育によって学習者がメディアを「批判」できているかどうかを判断することができない。しかしながら第1章で概観したように、メディア・リテラシー教育は社会学や教育学などの多様な学術的知見を基にして成立している。そこでメディア・リテラシー教育で目指される「批判」について、独自の文脈で理解する必要があると考えられる。

　そもそも「批判」という言葉は、『大辞林(第二版)』では

①物事の可否に検討を加え、評価・判定すること。
②誤っている点やよくない点を指摘し、あげつらうこと。
③〔哲〕〔(ドイツ) Kritik〕人間の知識や思想・行為などについて、その意味内容の成立する基礎を把握することにより、その起源・妥当性・限界などを明らかにすること。

という記述がなされている。

　他方、『オックスフォード英英辞典(*Oxford Advanced Learner's Dictionary*)』によれば、"critical"とは、

（ⅰ）ある人の意見に賛同せず、賛同できないと考える理由を述べること
（ⅱ）将来の状況がそのことによって決定的に変化するため、極めて重要であること

（ⅲ）(形容詞)深刻な、不確かな、危険性の高い
（ⅳ）ある事態に対して、質の良し悪しについて公平な、注意深い判断をくだすこと
（ⅴ）(名詞の前について)芸術・音楽・文学などの批評の判断に従って

という説明がなされている。

さらに『岩波新漢語辞典(第二版)』では、「批」だけの意味では「指摘して、よしあしの判定をくだす。品定めする」(山口・竹田、2000、574頁)であり、「批判」は「批評し判定する」(山口・竹田、2000、574頁)と説明されている。なお「批評」は「物事の善し悪し、美醜などを指摘し評定する」(山口・竹田、2000、574頁)と説明されている。つまり「批判」は、物事の善悪に対する価値判断を意味していると考えられる。

一方、「批判」の意味を英語の語源から検討した小柳によれば、「批判的」の言葉の意味は、「ある事柄を中立的に分析・価値判断・説明することを意味したり、あることをネガティブに見たり、懐疑的に見ていくことを意味している」(小柳、2003、11頁)ということである。その根拠は、「批判的」という意味に関連している語には"cri-"という接頭語がついていることにある。これはギリシャ語のkrinein(=judge, decide)が語源であるとされる。そして小柳は、このような意味を持つ「批判」という言葉が教育学で用いられる場合には、それ独自の文脈における別の意味が付与されているのではないかと述べる。なぜならば、教育学の様々な分野における「批判」を意味に即して考えたとき、それぞれの文脈によって、「批判」の内容が変化しているためである(小柳、2003)。そのため、メディア・リテラシー教育の文脈における「批判」の意味を検討する必要が出てくるのである。

本章では、まずフランクフルト学派の批判理論について、アドルノを中心に概観する。次にフランクフルト学派の批判理論を援用した批判的教育学における批判概念について述べる。そしてメディア・リテラシーと批判的教育学をつなぐ概念としてクリティカルリテラシーを検討する。このような教育学経由の批判理論を踏まえ、またカルチュラル・スタディーズ経由での批判概念についても考慮しつつ、メディア・リテラシー教育における「批判」につ

いて考察し、メディア・リテラシー教育で目指される「批判的」思考とは何かを導出する。さらに、一般的な教育学の見地において、批判的思考力を育成するアプローチにどのようなものがあるのかを概観する。メディア・リテラシー教育における「批判的」な思考力育成のアプローチは、決して特殊なものではなく、普遍的なアプローチの中の一種だと考えられるためである。そのアプローチからも、「批判」の内容が窺えよう。

第2節　フランクフルト学派の批判理論

　フランクフルト学派の批判理論における主要な課題はイデオロギー批判である。中でもハーバーマスの特徴は、イデオロギー批判の問題を言語によるコミュニケーション、とりわけ討議(ディスクルス)という概念を用いて再構成した点にある。ハーバーマスは、イデオロギーを批判的に読み解くことのできる自律的な主体を形成するという役割が教育に託されるとすれば、コミュニケーション能力ないし討議能力の獲得が可能となるような枠組みを提示することこそ、教育学理論の中心的課題とならなければならないと主張する(ハーバーマス、1973)。

　このようなハーバーマスの批判理論が導かれたのは、フランクフルト学派の初期の理論家たちの業績によるものである。初期の理論家のなかでも、中心的な役割を果たしたのがアドルノである。アドルノやホルクハイマーなどのフランクフルト学派の初期の理論家たちは、ナチスのユダヤ人に対する迫害や、アメリカにおける文化産業[1]を、イデオロギーを利用した支配だとして、ギリシャ神話などを引用しながら、人間とイデオロギー、精神の関係を明らかにしようとした。アドルノは、特に精神分析を用いながら、なぜ人々はそのような神話やイデオロギーをありのままに受容するのかというメカニズムを説明したのである。

　アドルノによれば、「批判的」であるとは個人のなかで主観と客観の対立が起こっていることを言う(ホルクハイマー・アドルノ、1990)。つまり「批判的」であるとは、自分の考えを維持しつつも、他人の視点から自分の考えを考察するということであると解釈できる。アドルノの批判理論の実践目標は、個人

が資本主義社会の諸制度に取り込まれてしまうことに抵抗する能力を、個人に獲得させることにあった。そのために必要な能力、すなわち「批判」は、カント（Kant, I.）が言う意味での個人の自律性、つまり、自分自身の理性を使って自分で考える能力である（アドルノ、1990）。カントは他人から指導を受けなければ自分の理性を信用できない状態を「童蒙状態」と呼び、「童蒙状態」から抜け出すことを「啓蒙」と呼んだ（アドルノ、1990）。つまり、人間を自律した存在、本書の文脈における「批判的」な状態にすることを啓蒙と名づけたのである。しかしながらアドルノは、カントの言う自律性は現状を否定するだけに留まり、積極的に個人が解放を目指して行動に移るための能力ではないと理解していた（フィンリースン、2007）。アドルノは明確な思考の対象（支配者や文化産業）を想定し、その対象に対して人間が「批判的」に考えることにより、人間の自律性が保たれた世界を志向したが、人間は「批判的」に考えたとしても必ずしも行動には移らないという悲観的な思考をしていた。

　他方、ハーバーマスによれば、「批判」は「世界に対する態度と結びついたパースペクティヴ」（ハーバーマス、2000、218頁）と「発話状況自身に設定されてコミュニケーション上の役割と結びついたパースペクティヴ」（ハーバーマス、2000、218頁）が織り成す「複合的なパースペクティヴ構造」であるとされる。つまり「批判」とは、多面的に思考することで、「脱中心化された世界理解」（ハーバーマス、2000、219頁）に至るものである。このようにハーバーマスは「批判」を促進するような社会的・制度的諸条件を見定めようとする。つまりハーバーマスの言う「批判」とは、思考のみならず、その思考が社会や制度に訴えかける行動を伴ったものである（ハーバーマス、1973）。そして行動の先に個人の解放および真の民主主義が実現できるとするのである。

　ハーバーマスとアドルノの考える「批判」はこのように類似したものだったが、その前提としての人間の捉え方が、アドルノは悲観的だったのに対し、ハーバーマスは希望を持っていた点が両者の違いであるとされる（ヴィガースハウス、1998）。確かにアドルノは、文化産業のような一方的な価値支配の方法に対して、支配されていることにも気づかず、気づいたとしてもその力の大きさに為すすべもない人間、もしくは気づいても支配に対する抵抗には至らない人間を想定していたと考えられる。一方でハーバーマスは、討議[2]と「コ

ミュニケーション行為」[3]の繰り返しを通じて「自由と平等についての国家市民的討議は(中略)それ自体内側からの批判には本質的に開かれている」(ハーバーマス、2004、393頁)と述べているように、人間は自己のコミュニケーションを反省し、自分の価値観とは異なる価値観を持つ他者との討議を通じて、自由平等な社会が築けるはずだという可能性を信じていた。ハーバーマスの考える人間のコミュニケーションは、「それ自体に備わっている理性のポテンシャルをあらわにすべきもの」(ハーバーマス、1994、xxv頁)、つまり人間はコミュニケーションを行う中で、自身の理性を働かせることができるというものだった。人間はその理性を討議につなげていけるのだとハーバーマスは信じていたのである。ハーバーマスが「問題ぐみの妥当性要求でも、それをひとまずは仮りの前提として取扱おうとする討議」(ハーバーマス、2005、13頁)と述べるように、前提として討議自体が理性的なコミュニケーション行為として捉えられている。そもそも人間が理性的な討議を行える存在であると前提としていること自体、ハーバーマスが人間の可能性を信じ、楽観的と呼べるような希望を抱いていた人物であると考えられる。

　以上のようなフランクフルト学派の批判理論に関する諸議論は、その後マイノリティの立場からの教育のあり方を模索する学問、実践へと発展した。特に、アドルノとハーバーマスに共通している、直面している世界を所与のものとして考えず、客観的、多面的に考察を加えていくという「批判」のあり方が影響を及ぼしていると考えられる。批判理論を、教育の場で実践することにより、学習者を支配的な伝統や文化から解放させることを目指したのである。この流れは批判的教育学に色濃く反映されているようになった。そこで次節では、批判的教育学における「批判」について検討する。

第3節　批判的教育学における「批判」

　まず小柳は、批判的教育学における「批判」を明確に実践してきた人間がフレイレであると述べている。批判的教育学が根拠としたのがフレイレであることは第1章第3節(3)で述べた通りである。フレイレは「人間が抑圧状況を乗り越えるためには、まずその原因を批判的に分析しなければならない。そ

の結果かれらは行動の変革を通して、新しい状況、つまりより豊かな人間性を追及することのできる状況を創造することが可能となる」(フレイレ、1979、22頁)と述べ、実践を行ってきた。フレイレの考える「批判」ないし「批判的」思考とは、世界と人間は別々ではなく一体化しているという思考、現実を変化しうるものとしてとらえる思考、そして行動を伴い、危険を恐れず、絶えず考え続ける思考、のことを指している(フレイレ、1979)。つまりフレイレの考える「批判」の主体は被抑圧者全体であり、被抑圧者が、抑圧されている状況を当たり前のものとして受け入れず、絶えず変革に向けて思考し続けることが「批判」である。この意味で、フレイレの考える「批判」は変革に向けての行動までをも視野に入れている。

しかしながら、ジルーらの批判的教育学の著作においては、フレイレほど具体的な教育実践が述べられている論考はほとんどない。批判的教育学において、一般的な批判的思考は、「理由と行為の間にあまりにも直接的な連携を想定しすぎている」(小柳、2003、15頁)とされている。つまり一般的な批判的思考における批判的な人間は、不合理なことがあればそれを改善して合理化するためにすぐさま行動を起こす、とされている。しかしジルーら批判的教育学の立場では、そのような合理的な行動をすぐに起こせるほど、人間の社会は単純ではないと考えられている。抑圧された人々が批判的になれたとしても、抑圧構造を改善するための行動を即実行に移すわけではない。

批判的教育学者は、「批判」における実践および行動を上記のように消極的に捉えていた。確かにジルーは、批判的教育学における「批判」を、基本的に「生徒に知識が社会的・歴史的にどのように構成されてきたのかを問えるようにした上で、公には『良い』とされる意識を決定する特定の言説を維持し神話化するための知識や権力がどのようにつくられるのかを問うこと」(Giroux, 1988a, p.33)であると定義し、「問う」ことは求めているが、行動や実践を「批判」に求めていないことがわかる。そして理想的には、「批判」が「オルタナティブや言説や、客観的な読み方」(Giroux, 1988b, p.152)の段階に達することが望ましいとされている。オルタナティブや言説や、客観的な読み方とは、「イデオロギーや文化や権力が近年の資本主義社会においてどのように機能しているか、そしてそれらが機能することにより、個人の常識や日常の経験をど

のように限定し、周辺化しているのかを考えること」(Giroux, 1988b, p.152)である。ここでジルーが「生徒に」と述べるように、1980年代に批判的教育学が誕生した当時は、学校教育に議論を限定していたが、その後カルチュラル・スタディーズの知見が取り入れられた結果、1990年代には、学校を含んだ社会、コミュニティの文脈をも考慮するようになった(谷川、2005)。そのため、今となっては「批判」の主体は生徒に限定されず、そのコミュニティに生きる人間一般と捉えることができよう。

　このようにジルーら批判的教育学者は、「批判」を既存の支配権力や、その支配権力を生産・再生産するために意図的につくられる知識や言説に対して、主に被支配者の側から問いを突きつける必要があることを主張している。そして問いを突きつけることを基本としつつ、より望ましい「批判」のあり方として、問いの対象となる知識や言説が、現在の自分の行動様式とどのように関係し、制限しているかを自らに問うことを訴えている。なお、「批判」を行う際には、教員自身が学習者であるという姿勢を持たなくてはならないとされる。これは教員が自らの教室における権威を否定するということではなく、そのような教員の権威がどのように、なぜ存在しているのか、なぜ社会にその権威を受け入れられているのかを理解する機会を提供するということである。子どもが「批判的」になるためには教員もまた批判的でなくてはならないのである(Giroux, 1988a)。しかしジルーだけでなく、他の批判的教育学者の特徴として、「批判」すること、つまり既存の支配権力に対して問いを投げかけることを再三主張しながらも、その支配権力に対して抵抗すること、もしくは現状の支配体制を変革するために行動することにまでは踏み込んでいないことが挙げられる。

　批判的教育学はそもそも、ハーバーマスなどを参考にしていたため、西側諸国や資本主義という体制のなかで、被支配者の立場にある人たちを対象に、なぜ支配権力が存在するのかという問いを考えさせるために考案された(Giroux, 1991)。しかしポストモダンの文脈の中で、その枠組みを変化させることを迫られた(Weaver and Daspit, 1999)。現代文化を読み解くために批判的教育学に必要とされる「批判」とは、①現代文化を巧みに解釈する、②イメージが現実を構成し、現実を変化させるポストモダンの世界において、自分のア

イデンティティを維持する、③政治的・経済的権力が隠す情報にアクセスする、という学際的でボーダレスな意識を持つ子ども・教員・教育関係者の創造を促進することである(Weaver and Daspit, 1999)。このような批判的教育学における「批判」を、小柳は次のように考察している。

　(批判的教育学における)批判的な人は、正当性を求め、解放を求めてエンパワーされている人である。批判的な人は、正当性をただ認知し、そのような思考形式にただ熟練するだけでなく、問題に向けて、それを変えるために動く人でもあるという点である。これからするならば、批判的教育学の「批判」という言葉の意味のなかには、ただ現状を分析的に理解して終わるのではなく、問題へ向けて批判の目を向けていく意味が最小限込められていると言えないだろうか。(小柳、2003、15頁)

　小柳は、結論として批判的教育学における「批判」の意味が、「隠蔽されている現状の認識」と「社会改革的」の2つを含んでいるとしている(小柳、2003)。批判的教育学における実践への言及が少ないことは第1章第3節で指摘した通りである。この指摘は批判的教育学内部でもなされており、その指摘を受けて音楽、テレビ、携帯電話など、現代文化も対象とする実践を開発する動きが1990年代になって見られるようになった。1990年代後半にウィーバー(Weaver, J. A.)とダスピット(Daspit, T.)はそれまでの批判的教育学のあり方を見直し、「脱中心化アプローチ(decentered approach)」を提唱した。「脱中心化アプローチ」とは、分析に基盤を置いていた従来の批判的教育学から脱し、自ら声を上げて民主的な社会を作り上げる人間を育てるためのアプローチである(Weaver and Daspit, 1999)。ダスピットはこのアプローチを意識しつつ、ラップ音楽を実際の授業にどのように持ち込むか、自分の実践を紹介している(Daspit, 1999)。つまり1990年代後半からは従来の批判的教育学を見直し、実践を考案し、新しいメディアを批判の対象にし、フレイレの言う「行動」を中心としたアプローチの提唱をするようになったと考えられる。

　しかしながらダスピットが行ったような実践は、まだごく少数しか見られない。批判的教育学はフレイレの実践を基盤として、独自の「批判」理念を主

張することを目的とした学問であり、具体的に「批判的」な人間をいかに養成するのかについては、まだ始まったばかりであると考えられる。そのため、批判的教育学における「批判」は、確かに社会変革に向けた行動を志向していると考えられるが、どちらかと言えば理念上に留まっており、具体的な実践については今後の動向を注視する必要があろう。

　以上から、批判的教育学者の考える「批判」とは、イデオロギーや現代文化、権力を対象として、そのコミュニティに生きる人間が、日常において「良い」とされる行為や言動を産み出す言説(神話)がなぜ生まれ、維持されるのかを問うことで、自分の価値観をつくりだすこと、であると言える。しかしながら、権力や神話について問いを投げかけ、それらを脱構築していくことが、必ずしも変革に向けての具体的な行動を伴っていないことが、批判的教育学のスタンスであると考えられる。

第4節　クリティカルリテラシー理論における「批判」

　メディア・リテラシー教育の中核である、メディアを「批判」するという考え方に大きく影響したのがイデオロギー論であることは第1章でも触れたが、その論者の中でも「とりわけ影響力が大きかったのがグラムシ(Gramsci, A.)のヘゲモニー論である」(Masterman, 1997, p.30)と言われる。しかしながら実際には、メディア・リテラシー教育ではなく、クリティカルリテラシーの論考においてグラムシの引用が多数見られる。グラムシはクリティカルリテラシーを、イデオロギーの構成ないし社会運動のために争うべき能力として考えていたと言われる(Giroux, 1988b)。クリティカルリテラシーは人間が自分の歴史を認識し、人生と自由の可能性を拡張する努力をしていけるようにする能力である(Giroux, 1988b)。よってクリティカルリテラシーは、グラムシが考える「批判」を、リテラシーという能力に変換したものであると考えられる。

　グラムシは、信仰・迷信・意見・行動様式といった「知的活動の何らかの最小限の発言としての『言語』のなかにも、一定の世界観が含まれているので、すべての人々が、それぞれのやり方で無意識的ではあれ、哲学者であることが明示されたならば(中略)批判と意識の要素」(グラムシ、2001、205頁)を考え

ることができると言う。そして「自分の頭脳のこうした(批判的・意識的な)働きと結びついて自己の活動領域を選択し、能動的に世界史の生産に参加し、自分自身が自分の案内者であって、自らの人格への刻印をもはや外部から受動的に安易に受け取るのではないことが望ましいのだろうか」(グラムシ、2001、205頁)と問うている。つまり、他人の主義主張をそのまま自分の意見として採用し、その規範に沿って生きるのではなく、情報を自ら判断しつつ、自分のことは自分で決めることが、グラムシの考える「批判」なのである。グラムシの場合、ハーバーマスと同様に理性的な思考を行動に移すことが必要であると考えていることが特徴である。特に、それまで支配者—被支配者という関係でのみ捉えられていたヘゲモニー概念を、より社会一般的な広義の概念で捉え、そのヘゲモニックな状況における「批判」の必要性を主張したことが、彼の生きたファシズムの時代において斬新であったことが評価されていると考えられる。

とはいえ、グラムシの知見だけがクリティカルリテラシーの根拠になっているわけではない。クリティカルリテラシーの代表的な論者であるランクシア(Lankshear, C.)は、クリティカルリテラシーの起源について次のように述べている。

> (クリティカルリテラシーのような)発想は、ドイツのフランクフルト学派の初期批判理論を批判的に乗り越えていこうとする動きと共に、ブラジルの教育運動家であるFreireの取り組みに端を発し、構成主義、ポスト構造主義、ポストモダンと関わって検討されてきている"Critical Pedagogy"の目指しているものと呼応している。(小柳、2003、13頁。括弧内は筆者が補足)

クリティカルリテラシーは、このようにフランクフルト学派やフレイレの実践も根拠としていることから、前述した批判的教育学と類似した発想であると考えることができる。また、理念的にはメディア・リテラシーとも類似している。ただし、クリティカルリテラシーは哲学や言語学を軸としているのに対し、批判的教育学は教育学の理論である。よって、まったく同一のも

の(クリティカルリテラシーを教えるのが批判的教育学)というわけではない。そこで以下では、クリティカルリテラシーにおける「批判」について検討する。

　ランクシアと同じく、クリティカルリテラシーの代表的な論者であるマクラーレン(McLaren, P.L.)は、クリティカルリテラシーにおける「批判」が、知的な自由を促進し、過ちや思い込み、偏見から精神を解放することを目的としたリベラルな教育理念と関わり、先入観を持って偏った問題分析をしない、などといった意味を持つと述べている(Lankshear and McLaren, 1993)。このような偏りや先入観は、コミュニケーションのあり方、社会における行動の規範化、イメージ自体とイメージの生産者、イメージの受容者の関係、ある文脈において記号が創出する意味などによって人々の中につくりだされるとされている(McLaren and Hammer, 1996)。そして「批判」を行うことにより、支配的な意味が当たり前のものとして存在する社会に抵抗する社会やコミュニティを創出し、支配的な意味を相対化し、被支配者をエンパワーすることが目指されている(McLaren and Hammer, 1996)。このような思想自体は、エーコ(Eco, U.)やフーコー (Foucault, M.)の理論を根拠としている。

　マクラーレンは上記のような「批判」の内容を、「規律上の批判」、「多元的な批判」、「変革のための実践としての批判」、の3つに分類している。「規律上の批判」は、人間は討論や対話の中で、規律について考えることである。討論や対話の場では、人間が対等な身分で言葉を交わすことが想定される。そのため、相手の意見と自分の意見をつき合わせた上で、自分の行動を選択する自由がある(Lankshear and McLaren, 1993)。これはハーバーマスの「討議」概念、またフレイレの「対話」と類似した考え方である。

　「多元的な批判」は、一元的なものの見方をするのではなく、既に述べられている狭い見方を超えて多面的に見ることである。つまり「批判的」な人間は、多様な方法や立場で、知的に判断できるようになることが必要である。また「批判」を教える人間も、学術的な方法での考え方や判断の仕方を教えることで、多面的な考え方を学習者に身につけさせることが必要となる(Lankshear and McLaren, 1993)。

　「変革のための実践としての批判」は、社会関係や実際の世界、すなわち構造から、人間が意識的に離れることを指す。そもそも「批判」の対象となるも

のは、支配的なイデオロギーが蔓延する人々の経済的・文化的・政治的営みから生まれてくるのが典型的である。例えばアドルノが批判したような文化産業であるとか、ナチスのユダヤ人に対する迫害がこの「批判」の対象にあたる。クリティカルリテラシーのような、マイノリティの立場に立った考え方における批判の対象は、権力者としての西側諸国の存在が想定される。具体的には性差別や人種差別、同性愛嫌悪、白人至上主義といった差別を是正するための行動や、多様性の尊重が「批判」の先にある(Lankshear and McLaren, 1993)。つまり、マイノリティの立場にある人間が「批判」の主体であり、マジョリティが支配する世界が、「批判」の対象となる。

　クリティカルリテラシーは子どもに生活や理論、知的な立場、そして日常の矛盾を積極的に探し出すことで、何が矛盾しているのかを理解する観点から、現代社会における日常生活の政治性を検討できるようにさせる。*Becoming Critical: Knowing Through Action Research*において、カーとケミス(Carr and Kemmis, 1983)は批判的な社会科学のアプローチを議論した。彼らによれば、批判理論とは、①イデオロギーによって歪められた解釈、および歪められた解釈によって生じた固定観念に気づく方法を提供し、②非合理的な既存の社会秩序の側面を暴き、人間がその社会秩序を乗り越えるための理論的説明を提供し、③実践的でなくてはならない、という3つの定義からなる(Carr and Kemmis, 1983)。これら3つの定義からすると、「批判」とは、意識的に世界を変革し理解しようとすることである(Lankshear and McLaren, 1993)。このような批判理論のあり方は、ハーバーマスの知見から来ている。ハーバーマスは人間について、合理的に思考でき、内省し、自己決定できる可能性を持つ存在だと認識していたのであり、クリティカルリテラシーはその認識を軸にしている。

　以上のようにクリティカルリテラシーの立場における「批判」を整理すると、支配的なイデオロギー、もしくは特定のイデオロギーによって支配された世界を対象として、マイノリティの立場にある人間が、イデオロギーが産み出す固定観念を多面的、理論的に考え、その世界の変革に向けて行動するという要素を持つことが指摘できよう。さらに、多面的、理論的に考える過程では、一人で考えるのではなく、他者との対話などのコミュニケーションを通

じて、個人の視点を多様化していくという、実践的な内容が含まれる。特に、実践によって世界の変革に対する行動を求めている点で、批判的教育学とは「批判」の内容が異なっている。次節では、第2節で触れた批判的教育学における「批判」、そして本節で触れたクリティカルリテラシーの「批判」を踏まえ、メディア・リテラシー教育が考える「批判」について検討する。

第5節　メディア・リテラシー教育における「批判」

(1) ウィリアムズの批判理論

　本節では最初に、批判的教育学とクリティカルリテラシーの論者が触れなかった点について述べる必要がある。批判的教育学やクリティカルリテラシーで触れられなかった論説とは、ウィリアムズの批判理論である。マスターマンやバッキンガムはウィリアムズの批判理論に言及しているが、批判的教育学やクリティカルリテラシーの文脈では、ウィリアムズはほとんど登場しない[4]。ウィリアムズは特に1970年代以降、グラムシのヘゲモニー概念[5]を利用しながら、社会の支配的な価値やシステムを理解しようとしたが、実際にはヘゲモニー概念に着目する以前から、マルクス主義的観点で「批判」概念を考察していた(吉見、2003)。ウィリアムズは、「いかなる社会政策も、（中略）意図的なやり方で社会理論を利用している」(Williams, 1976, p.126)からこそ、オーディエンスが「批判的」になる必要があると主張した。クリティカルリテラシーはグラムシを参考にしているが、それ以前から存在したウィリアムズの主張への言及はほぼ見られない。

　ウィリアムズは、「批判」を「何が判断基準であるのかを考えること」(Williams, 1950, p.25)だとした。ウィリアムズは、「批判」がその個人の勝手な基準、判断で行うものであれば、つまり一個人の意見にすぎないのであれば、それは単なる意見にすぎないと言う。しかし、例えば小説の広告に用いられるような、不特定多数の人間に対して何らかの利害関係を生じることになるときに、「批判」が問題になるのである。そもそも「批判」するためには、「判断基準」が必要である。「判断基準」はその個人の経験や身についた文化によって生まれてくるものであり、社会、少なくともその共同体の人々の平均的な

「判断基準」を定めるのは困難な作業である。よって「判断基準」は相対的なものである(Williams, 1950)。だからこそ「批判」、すなわち「何が判断基準であるのかを考えること」が必要なのである。換言すれば、「何が判断基準であるのかを考えること」は、個人や集団の「判断基準」を構成しているもの、つまり価値観を問い直すことである。ウィリアムズは「個人の価値観はその社会的文脈に左右される」(Williams, 1950, p.29)とも述べており、根本的には「批判」が個人の脱構築につながるものであると示唆している。

以上のようなウィリアムズの「批判」についての考え方も踏まえ、以下ではマスターマンとバッキンガムが述べる「批判」の意味を検討する。第1章第3節(1)で述べたように、メディア・リテラシー教育を理論的に体系化してきたのは、第一にマスターマンであり、マスターマンを乗り越える形でバッキンガムが論を展開してきた。第1章で結論づけたメディア・リテラシー教育の理論的要素において、③「メディア言語を社会的・文化的文脈から『批判的』に読み解く」とあったように、マスターマン、バッキンガムともにメディア・リテラシー教育によって学習者に「批判的」な思考を獲得させることが目標であることに変わりはない。第1章第3節(1)および(5)で述べたように、マスターマンとバッキンガムの主な違いは、メディア・リテラシー教育における制作活動の位置づけである。制作活動に対し、マスターマンは消極的だったが、バッキンガムは積極的だった。この制作の位置づけについての両者の違いを説明するためにも、両者の考える「批判」の定義を確認する必要がある。

また、両者はメディア・リテラシー教育の内容において「基本概念(key concepts)」の学習が重要だとしている。「基本概念」はメディア・リテラシー教育において学習すべき概念の総体であり、その内容はカルチュラル・スタディーズの知見や、メディア産業構造などとなっている。つまり、メディア・リテラシー教育の理論的要素の内容を、さらに細分化して学習項目にしたものだと考えることができる。よって次項では、マスターマンとバッキンガムを対比させながら、両者が考える「批判」の内容と、メディア・リテラシーを構成する「基本概念」について検討する。

(2) マスターマンの考える「批判」

　マスターマンは、メディア・リテラシー教育を通じて最終的に学習者に獲得させるスキルを批判的自律(critical autonomy)であるとした。マスターマンによれば、批判的自律を獲得する過程、すなわちメディア・リテラシー教育は「脱神話化(demythologizing)」の過程であって、テクストの「隠されたイデオロギー的機能」を明らかにしようとするものである(Masterman, 1985)。あらゆるメディア・リテラシー教育プログラムは、教員が不在の時に、子どもがメディアの活用と理解においてどこまで「批判的」になれるか、すなわち「学習者自身が、教員や友人などの手を借りることができない状況でも、テクストについて判断、評価する主体性を確立すること」(Masterman, 1985, pp.24-25)が求められる。これがマスターマンの定義する「批判」なのである。

　マスターマンは具体的に「批判」の内容を4つに分けた。1つ目は、「誰がメディアを創りだしているのかを問うこと」(Masterman, 1985, p.21)である。これはメディアと権力関係を考えることにつながる。2つ目は「オーディエンスに対して、メディアが考えるリプレゼンテーションが真実であると説得力を持たせるための技術とコードについて考える」(Masterman, 1985, p.21)ことである。これは第1章で説明した記号論と、それに基づくメディア言語について考えることである。3つ目は「メディアが創りだす『現実』の性質、つまりリプレゼンテーションに含まれる価値観について考える」(Masterman, 1985, p.21)ことである。そして最後は、「メディアによって創りだされたリプレゼンテーションが、オーディエンスによってどのように解釈、受容されるかを考える」(Masterman, 1985, p.21)ことである。これら4つの内容が、「テクストについて判断、評価する主体性」、すなわち「批判」である。また、言い換えればテクストをこれら4つの多面的な観点から判断、評価することが「批判」であるとも言えよう。

　そしてマスターマンは、メディア・リテラシー教育における「批判」は、3つの方法によってなされるべきであると述べている。最初は、「具体的なメディア・テクストやテーマについて、深く考察を加える」(Masterman, 1985, p.25)ということである。当然のことながら、ここでのメディア・テクストは活字・電子メディアといったすべてのメディアが含まれる。これは、メディア・リ

テラシー教育が「批判的」思考力を普遍的に用いる能力の獲得を目指しているとしても、具体的な事柄を検討しなければ、他の事柄にも「批判」を応用することができないという考え方に基づいている(Masterman, 1985)。次に、「批判的」に考えるためには、分析対象とするメディア・テクスト自体だけでなく、「そのテクストに関係する様々な情報からも」(Masterman, 1985, p.25)考察を加える必要がある。これは、メディア・テクストが生まれる背景に独自の文脈が大きく関係しているからであり、テクストだけを分析しても、推測の域を出ない部分が出てこざるを得ないからである。最後は、ある特定のメディア・テクストとその背景だけを分析するのではなく、似たような別のテクストも比較対象として同様の分析を行うことである。これは、「新しい状況に直面したときに、『批判』を新しい状況に対しても応用することが可能」(Masterman, 1985, p.26)であると考えられているためである。

　結果として、マスターマンの考えるメディア・リテラシー教育における「批判」とは、子どもが、具体的なメディア・テクストやテーマを対象として、そのテクストやテーマに関する様々な情報も含めて、似たようなテクストやテーマと比較しながら多面的に考え、そのテクストやテーマについて判断、評価するということであろう。そして、多面的に考える際の視点として、誰がそのテクストをつくったのか、どのような技術やコードが使用されているか、どのような価値観が反映されている(リプレゼンテーションが生まれている)か、様々なオーディエンスがその価値観やリプレゼンテーションをどう読み解くか、といったことが挙げられている。

(3)バッキンガムの考える「批判」

　結論から言えばバッキンガムは、メディア・リテラシー教育における「批判」を、「学習者がメディアから得ている楽しさの複雑さと多様性に気づき、そうした好みや価値の判断のすべてに関わる社会的基盤を、学習者自身の価値判断や評価を含めて理解する」(Buckingham, 2003, p.110)ことであるとしている。またバッキンガムは、「批判的意識(critical consciousness)」という用語を「批判」と同じような意味で用いている。バッキンガムによれば、メディア・リテラシー教育は基本的に、「批判的意識(critical consciousness)」を育成することに関わる

と論じられている。しかしバッキンガムは、「批判」という言葉が「教育実践においては、たった1つの本当に『批判的』な読みが優先されるという状況に終わることが多い。その『批判的』な読みは往々にして教員からもたらされる」(Buckingham, 2003, pp.107-110)というように、極めて単純化されて用いられていることを危惧している。教育現場においては、教員の考える唯一の「正しい」読み解きの産物、もしくは、教員の権威の押し付けが「正解」であり、これは「批判」の対極に位置するものであるとバッキンガムは考える(Buckingham, 2003)。あるテクストに対する解釈は1つではなく、テクストを読む人間ごとにそれぞれの解釈が存在しても構わない。そしてそのような多様な解釈がなぜ存在するのかを、議論することが重要なのである(Buckingham, 2003)。

以上のようにバッキンガムが述べる「批判」は、「言語」、「生産・制作(production)」、「オーディエンス」、「リプレゼンテーション」の「4つの基本概念」から成っている(Buckingham, 2003)。バッキンガムの「4つの基本概念」は、マスターマンの「26の基本概念」を整理したものであると考えられる。マスターマンは、「イデオロギー」、「ジャンル」、「非言語コミュニケーション」、「よりどころ(anchorage)」、「優位な意味」、「修辞法」、「リアリズム」、「明示・暗示」、「自然主義(naturalism)」、「構成」、「脱構築」、「選択」、「オーディエンスの区別」、「流通」、「調停(mediation)」、「楽しみ(pleasure)」、「主体性」、「情報源」、「言説」、「オーディエンスの立場」、「記号」、「神話」、「ナラティブ構造」、「リプレゼンテーション」、「コード・エンコーディング・デコーディング」、「参加・アクセス・コントロール」という、「26の基本概念」を示した(Masterman, 1985, pp.23-24)。これら「26の基本概念」は、具体的なものから抽象的なものまで様々あり、またそれぞれが相互に関連している。

マスターマン自身、「26の基本概念」について「決して整理されたリストではない」(Masterman, 1985, p.23)と言っているように、各項目について具体的に説明されておらず、各項目の関連についても明らかではない。しかし、これらの「26の基本概念」についての理解が、「メディアを通じた批判的な解釈と積極的な制作につながる」(Masterman, 1985, p.24)とマスターマンは述べている。「26の基本概念」の項目の多くは、第1章第2節(2)で述べたようなカルチュラル・スタディーズの知見であると言える。

バッキンガムは「26の基本概念」を整理、統合した結果、「4つの基本概念」にまとめられたことは、「4つの基本概念」のそれぞれの基本概念の内容を見れば明らかだろう。「言語」は、言語の機能、意味を考えることである。ここでの「言語」は、活字だけでなく、音声や映像も含まれる。そのため、フィスクが述べたような記号論(第1章第2節(2)を参照)のアプローチを用いた分析法が使われることが多い(Buckingham, 2003)。「生産・制作」は、メディアが意図を持ってつくられていることを考えることである。多くの場合、メディアは商業的意味を持って制作されているため、メディア産業が産み出す利益や、それに伴って起こりうる問題を考える必要がある。しかしデジタル技術の発展に伴って、ビジネス以外の目的でメディアを利用する人々も増えてきた(Buckingham, 2007)。いわゆる「市民メディア」や、子どもが学校内外の活動で制作するメディア作品などである。結局、営利／非営利にかかわらず、制作者の意図やその背景にあるものを考えるのが「生産・制作」である。「オーディエンス」は、あるメディアがターゲットにしている人々がどのような人々か、個人や集団がメディアをどのように利用し、解釈し、反応しているかを考えることである(Buckingham, 2003)。これは、学習者自身が、「なぜそのようにメディアを解釈するのか」を考えること、すなわちメタ認知にもつながる。

「リプレゼンテーション」は、メディアが視聴者に対し、制作者の意図や思想・価値観に基づく特定の解釈や、切り取られた「現実」を提供しているということを考えることである(Buckingham, 2007)。これはメディアが「オーディエンスを騙し、間違った現実へ導いているという意味ではない」(Buckingham, 2003, p.58)のである。むしろメディアの伝える情報が偏っていないか、信頼できるか、誰の意見が提示され、誰の意見が提示されていないか、などを考えることである。特に「リプレゼンテーション」は、メディアに提示される事柄が、制作者の意図とオーディエンスの解釈が複雑に絡み合うことにより、新たな意味を産み出す、もしくは「現実」を構成するという概念であり、「4つの基本概念」の中核を占めている(Buckingham, 2003)。

バッキンガムは、授業中に「批判的」に振舞っている学習者が、実生活において同じように「批判的」な視点を持ってテクストを読んでいるかといえば、そうではないと言う(Buckingham, 2003)。結局、授業内でのみ観察される「批判」

は表面的なものにすぎず、真の「批判」ではない。これはマスターマンが、教員が不在のときに学習者がどこまで「批判的」になれるかが重要であるとしている主張と同じである。また、学習者がテクストについて判断、評価することが「批判」であるとしていることも、両者に変わりはない。このように、「批判」の内容について両者に大きな違いはないと考えられる。

　結局、マスターマンとバッキンガムが考える「批判」とは、学習者（子ども）が活字および電子メディアなどの具体的なメディア・テクストやテーマを対象として、そのテクストやテーマについて問いを投げかけ、学習者自身の価値判断や評価を含めて多面的な視点から判断、評価するということであろう。そして、多面的に考える際の視点として、誰がそのテクストをつくったのかといった「生産・制作」の視点、どのような技術やコードが使用されているかといった「言語」の視点、どのような価値観が反映されている（リプレゼンテーションが生まれている）かといった「リプレゼンテーション」の視点、様々なオーディエンスがその価値観やリプレゼンテーションをどう読み解くかといった「オーディエンス」の視点という、「基本概念」の分析の視点が用いられる。バッキンガムの「批判」の定義には「問いを投げかけ」という表現は入っていないが、「4つの基本概念」の「オーディエンス」や「リプレゼンテーション」の内容から考えれば、そのような観点から問いを投げかけることも「批判」に含まれると考えられる。

　ここで重要なのは、「多様な観点」の基盤となる内容、つまり「基本概念」である。両者に表現の違いはあるものの、「基本概念」は主にカルチュラル・スタディーズの知見であり、テクストを構成している言語や、テクストの背景にある産業構造、読む人間の属性の違いにより、どのような解釈の違いが出てくるのか、といった事項を指している。そして最も重要な「批判」とは、テクスト自体、テクストの制作者、テクストの読み手それぞれが複雑に関連することによって生まれる意味、すなわちリプレゼンテーションを、読み手が客観的に判断・評価することである。このことが「脱構築」や「脱神話」の意味するものであり、「批判」の中核を成すのである。

　批判的教育学やクリティカルリテラシーと比較した場合、マスターマンとバッキンガムの主張において特徴的なのは、学習者がメディア作品をつくる

活動(制作活動)を、「批判」の過程に含んでいるということである。批判的教育学やクリティカルリテラシーが精力的に主張された1980年代から1990年代前半にかけては、まだ家庭用の安価なメディア機器が普及していなかったという背景も考えられる。しかし、特にバッキンガムは、一部の学校には設置が進んでいた映像機器やコンピュータを積極的に授業に組み込み、メディアが一部の権力者の所有物ではなく、誰もが参画できる身近なものであるようにすべきと考えている。

とはいえ、マスターマンとバッキンガムの制作活動に対する位置づけの違いについては、これまでも繰り返し述べてきた通りである。両者の制作に対する位置づけの違いは、「批判」の理解から明確に読み取ることはできない。なぜならば、「批判」の理解自体はほぼ同じだからである。マスターマンは、あくまで「基本概念」の理解が「メディアを通じた批判的な解釈と積極的な制作につながる」(Masterman, 1985, p.24)と述べており、「基本概念」を習得しさえすれば、制作活動も「批判」につながると理解している。ただし、テクストの分析や評価を欠いた状態で、既存のテクストの模倣をするだけであれば、「批判」にはつながらないのである。マスターマン自身の経験からは、制作活動が往々にして「無批判」な方向に流れることが多かったため、あまり積極的に制作を推進しなかったと考えられる。一方でバッキンガムは、単なるテクストの模倣であったとしても、学習者がその活動を楽しみ、ファシリテーターが学習者に対して制作活動から「基本概念」に関わる何らかの事柄を学び、気づきさえすれば有意義であると考えている。つまり、制作に対する両者の位置づけの違いは、両者のアプローチのスタンスの違いであると理解するのが妥当だと考えられる。

(4) その他の「批判」

ここまで、マスターマンとバッキンガムの「批判」の定義について説明してきた。本節では、両者以外のメディア・リテラシー教育学者について、両者以外の「批判」の定義があるかどうかを確認しておきたい。仮にその他の論者もマスターマンとバッキンガムと同様の「批判」の解釈をしているのであれば、前節までに述べてきた「批判」がメディア・リテラシー教育における「批判」で

あることが確かであると理解できる。

　リテラシー論からメディア・リテラシー教育について研究しているイギリスのリビングストン(Livingstone, S.)は、「批判的なメディア・リテラシーとは、テクストと情報源を評価する能力であり、それらの信頼性のレベルを区別する能力」(Livingstone et al, 2004, p.33)と定義する。リビングストンが「『批判的』なメディア・リテラシー」とあえて名づけているのは、メディア・リテラシーがメディア技術の操作スキルと混同される場合もあるからである(Livingstone et al, 2004)。リビングストンは、もし人々がメディアを信用しなかった場合、メディアの伝える意見を拒否する傾向がみられ、他方で信用できると判断した場合、メディアの意見に常に納得する傾向がみられるといういくらかの調査結果を受け入れつつ、その傾向に対する論点を提起している(Livingstone et al, 2004)。メディアを信用できるか否かによる人々の受け入れ方の傾向は、メディアへの低い信頼性が低い興味と知識によるものなのか、それとも高次の「批判的」なリテラシーによるものなのかという一般的な論点である(Livingstone et al, 2004)。つまり、「メディアを信用するか否かという判断力」をメディア・リテラシーにおける「批判」と考えるには議論が必要とされると、リビングストンは考えた。しかしながら、リビングストンは結局、「批判」を「情報源とその信頼性を評価すること」(Livingstone et al, 2004, p.29)と述べており、自らが提起した問題については保留している状態である。

　また英国映画協会元教育部門長であるアルバラド(Alvarado, M.)は、メディア・リテラシーは、「子どもに対してどのようにメディア・テクストが生産され意味を伝えているのかを正確に、体系的に分析し調査することを教えるものである」(Alvarado, 2003, p.128)と定義し、技術的、記号論的、心理的なシステム分析、ナラティブ分析およびイデオロギー分析、そしてリアリズムとリプレゼンテーションに関する疑問を投げかける作業がメディア・リテラシー教育において必要であることを述べている。そしてアルバラドは、「どのように世界がリプレゼンテーションされているか、誰によって、誰に向けて、何のために、どのような効果をもたらすかを問うこと」(Alvarado, 2003, p.128)であると「批判」を定義している。

　またアメリカのオフダーハイド(Aufderheide, P.)は、メディア・リテラシー

の文脈における「批判的」な人間のことを「活字および電子メディアを解釈し、評価し、分析し、制作できる能力を持つ人を指す」(Aufderheide, 2001, p.79)としている。つまり、「批判」を「解釈し、評価し、分析し、制作する」ことであると定義している。一方、バルセロナ大学のペレス・トルネロ(Perez Tornero, J. M.)は、メディア・リテラシーの能力を7領域と4つの技能に分けて図式化している。ペレス・トルネロの考える「批判」は、メディア・リテラシーの技能に関連する能力のうち、分析、評価の2つの技能であるとされる。

　他方、クリティカルリテラシーの立場からメディア・リテラシーにアプローチするショール(Sholle, D.)とスタン(Stan, D.)は、「オーディエンスに一方的に意味を押し付けるメッセージの創造者としてのメディアを分析すること、つまりテレビの文法、ジャンル、それが産み出す『意味』を理解し、『批判的に観るスキル』を発達させること」(Sholle and Stan, 1993, p.302)がメディア・リテラシー教育の目的であると考えている。この文脈での「批判的」とは、「『差別』に焦点を当て、メディアの内容の何が『正しく』、何が『間違い』なのかを判断することであり、倫理的な判断とともに審美的な判断も含む」(Sholle and Stan, 1993, pp.302-303)とされる。ただしショールとスタンの定義に関しては疑問が生じる。マスターマンとバッキンガムの議論で説明してきたように、メディア・リテラシー教育はオープンエンドであり、個人が最終的にどのような倫理的・審美的判断を下すのかはそれぞれに委ねられている。善悪や美醜の判断ではなく、なぜそのリプレゼンテーションが「善」であり「悪」であるとみなされるのかを「批判的」に思考することがメディア・リテラシー教育であり、その点でショールとスタンの「批判」の定義には疑問が生じる。

　カルチュラル・スタディーズの立場に立つアンダーソン(Anderson, J. A.)とフレミング(Fleming, D.)は、学習者が現在の自分の生活に直結するメディアへの理解を発見し、その理解を深めようとするのがメディア・リテラシー教育であるとし、「批判」を、自分のアイデンティティや社会の文脈に沿って、自由に意味を創り出すことであるとしている(Anderson, 1980; Fleming, 1993)。

　また、1982年の「グリュンバルト宣言」以降、いくつかの国際機関もメディア・リテラシーが高度情報化社会における民主主義確立のために必要なリテラシーであるとし、メディア・リテラシーについて述べている。例えば国

連の「文明の同盟」は、メディア・リテラシーを「文化的、暴力的、宗教的対立を促進するメディア・メッセージに対して、個々人が批判的な立場をとることを可能にする基本的な道具」(Scheuer, 2009, p.8)と定義している。そして、メディア・リテラシーを獲得した人間、つまり「批判的な立場」をとることのできる人間は、「熱狂したメディア・メッセージに惑わされない」(Scheuer, 2009, p.8)人間である。つまり「批判的」とは、メディアに対して慎重な姿勢をとることであると解釈することができる。さらにEUも、「批判」を「メッセージを脱構築し、メディアがどのように機能しているかに気づく」(Silver, 2009, p.12)ことだとしている。EUは、「批判」を「脱構築」や「機能に気づく」としている点で、他の主張よりもメタ認知の領域で考えていると言える。

一方、オンタリオ州のカリキュラムは、「批判(critical)」の意味を次のように説明する。

> 事実と意見を区別し、情報源の信頼性を評価し、偏り(bias)を理解し、個人と集団の差別的な描き方(例えば宗教・ジェンダーマイノリティや障害を持つ人々、老人のような社会的弱者)を見抜き、犯罪と暴力に対して疑問を抱く(*The Ontario Curriculum Grades 9 and 10: English 2007, Grades 11 and 12: English 2007* p.18)

このように、オンタリオ州のカリキュラムでは「批判」を、事実と意見の区別、情報源の信頼性の評価、様々な立場に立って考えること(もしこのような描き方がされていなければどうなるか、異なるメディアで表現されていた場合どうなるか、それは適切かという考え方)、社会的な問題に対して疑問を投げかけること、だと解釈している。なお、オンタリオ州のカリキュラムの詳細な検討については、第4章で行う。オンタリオ州のメディア・リテラシー教育の基礎を形成した非営利法人であるメディア・リテラシー協会は、「批判」を「メディアがどのように機能し、意味を創り出し、『現実』を構成しているか」[6]であるとしている。

日本の場合、上記のようなカナダ(オンタリオ州)などのメディア・リテラシー概念に基本的には依拠しているため、独自に「批判」を定義している論者はご

く少数である。例えば日本にメディア・リテラシーを紹介した鈴木みどりは、自分の経験を「より広範な社会的・文化的な文脈に位置付けて意識化し、分析」(鈴木、1997、28頁)することが「批判」であると述べている。また社会学・文化研究を専門とする吉見は、メディア・リテラシーにおける「批判」を「マス・メディアに内在し、それぞれの作品が内包する価値を識別」(吉見、2004、261頁)することだと説明している。

他方、国語教育の立場からメディア・リテラシーを考察している井上尚美は、「批判」を「できるだけ多くの視点(立場)から物事を見て判断すること(唯一の正解ありきではなく、反対の立場を含めた解釈の多様性を認めること)」、「情報の偏りを考え、バランス感覚を持つこと(どちらの側からの情報量が多いか、またそれはどういう意図に基づいているかなどに注意すること)」(井上、2005、48頁)だとしている。同じく国語教育の中村敦雄は、メディア・リテラシー教育の「批判」を、多様な観点から考えることであるとしている(中村、2007)。また中村は、目的や他人の表現と照らし合わせることで、自分の表現が適切か否かを判断することも、「批判」であるとしている(中村、2007)。

マスターマンとバッキンガム以外のメディア・リテラシー教育論者が主張する「批判」(ショールとスタンを除く)を整理すると、①なぜ、誰が、誰に向けて世界がリプレゼンテーションされているのかについて問いを投げかけること(アルバラド、オンタリオ州教育省)、②分析、評価(オフダーハイド、ペレス・トルネロ、鈴木、吉見)、③情報の信頼性の区別(リビングストン、オンタリオ州教育省)、④多面的に考えること(井上、中村)、⑤自分の価値観について考えること(アンダーソンとフレミング、中村)、といった内容に分類することができる。

以上のように本節ではメディア・リテラシー教育の考える「批判」について、イギリスのメディア・リテラシー教育学者、国際機関、そして日本のメディア・リテラシー(教育)学者などの論考を参考にして検討した。マスターマンとバッキンガム、そしてその他の論者の主張を総合すると、メディア・リテラシー教育における「批判」とは、学習者が、活字および電子メディアなどの具体的なメディア・テクストやテーマを対象として、そのテクストやテーマについて学習者自身の価値判断や評価を含めて多面的な視点から判断、評価

するということであろう。そして、多面的に考える際の視点として、誰がそのテクストをつくったのかといった視点、どのような技術やコードが使用されているかといった視点、どのような価値観が反映されている(リプレゼンテーションが生まれている)かといった視点、様々なオーディエンスがその価値観やリプレゼンテーションをどう読み解くかといった視点という、カルチュラル・スタディーズを根拠にした「基本概念」の分析の視点が用いられる。

　特にメディア・リテラシー教育の場合、批判的教育学やクリティカルリテラシーが支配的なイデオロギーという抽象的な概念を「批判」の対象にしていたのに対し、メディア・テクストという具体的なモノを対象にしている点が異なる点である。批判的教育学とクリティカルリテラシーでは、支配的なイデオロギーを日常的な行為として正当化するために、(マス)メディアが大きな役割を果たしていることにあまり注目されていない。メディア・リテラシー教育では、メディアとそれが産み出すモノ、すなわちメディア・テクストを「批判」の対象にしていることが特徴であると言える。

　だからこそ、「批判」に必要な知識として、①メディア業界における規律/規制や生産・流通の過程、所有権や産業構造などのテクストの背景知識、②メディアを読み解くための分析技法(記号論的に分析する方法など)が要求される。このような具体的な分析方法は、批判的教育学とクリティカルリテラシーでは提示されていない。また、「批判」ができるようになったとき、周囲の人間や社会に対して積極的に意見を表明し、変革を促すことも求められる場合がある。変革の規模として、クリティカルリテラシーの場合、社会やコミュニティという大きな規模を想定しているが、メディア・リテラシーの場合はクラスメートや家族といった小さな規模も想定しているところが特徴だろう。

小　括

　本章では、フランクフルト学派の批判理論に始まり、批判的教育学、クリティカルリテラシー、そしてメディア・リテラシー教育と、それぞれの立場から「批判」とは何か、を検討した。特にメディア・リテラシー教育においては、主たる論者であるマスターマンとバッキンガムについて具体的に検討し

ながら、他の論者についても概観した。第1章で論じたように、メディア・リテラシー教育は社会学の影響を多分に受けながら、批判的教育学とも関係している。両者とも元をたどっていけば、アドルノやハーバーマスなどのフランクフルト学派による批判理論に行き着く。フランクフルト学派の批判理論、そこから生み出されていった批判的教育学やクリティカルリテラシーにおける批判の概念、そしてメディア・リテラシー教育における「批判」の内容を検討することにより、本書が目的とする、メディア・リテラシー教育によって学習者が獲得する「批判」能力を抽出することを目指した。

　アドルノやハーバーマスら、フランクフルト学派の批判理論に関する諸議論における「批判」に共通しているのは、直面している世界を所与のものとして考えず、客観的、多面的に考察を加えていくという内容であった。フランクフルト学派に関して言えば、各論者の研究領域が広範に渡っており、学派としての共通見解が見出しにくい。しかし、本書で整理した内容に関して言えば、多くの論者に共通した認識であるからこそ、この世界に対する「批判」のあり方に関する研究が進められたのだと考えられる。

　次に批判的教育学者の考える「批判」とは、イデオロギーや現代文化、権力を対象として、日常において「良い」とされる行為や言動を産み出す言説がなぜ生まれ、維持されるのかを問うことで、自分の価値観、価値判断の基準をつくりだすこと、であると言える。しかしながら、権力や神話について問いを投げかけ、それらを脱構築していくことが、必ずしも変革に向けての行動を伴っていないことが、批判的教育学のスタンスであると考えられる。

　一方クリティカルリテラシーの立場における「批判」は、支配的なイデオロギー、もしくは特定のイデオロギーによって支配された世界を対象として、イデオロギーが産み出す固定観念を多面的、理論的に考え、その世界の変革に向けて行動するという内容だった。さらに、多面的、理論的に考える過程では、一人で考えるのではなく、他者との対話などのコミュニケーションを通じて、個人の視点を多様化していくという、実践的な内容が含まれる。批判的教育学とクリティカルリテラシーは、世界の変革に対する行動を実際に求めているか否かという点が、大きな違いだった。

　他方、メディア・リテラシー教育のなかでもマスターマンとバッキンガム

が考える「批判」とは、学習者がメディア・テクストを対象に、どのような状況においても常に多様な視点からそのテクストについて問いを投げかけ、テクストを分析、評価することであった。さらに、分析と評価の過程で自らの価値判断や好みについて考えることで、学習者自身の価値観についても問いかけを行うことが求められる。マスターマンとバッキンガム以外のメディア・リテラシー教育論者について言えば、①なぜ、誰が、誰に向けて世界がリプレゼンテーションされているのかについて問いを投げかけること、②分析、評価、③情報の信頼性の区別、④多面的に考えること、⑤自分の価値観について考えること、といった内容に分類することができた。

全体的に、メディア・リテラシー教育における「批判」とは、活字および電子メディアなどのあらゆる形態におけるメディア・テクストを対象に、「なぜ」、「誰が」、「誰に向けて」それらのテクストがつくられているのかという、多様な観点からの問いかけを行い、それらのテクストを自らの価値判断(自分の所属するコミュニティの文脈)も含めて多面的に分析、評価し、最終的にはそのような自分の価値判断について問い直す(内省する)行為であるとまとめることができた。

また、フランクフルト学派からメディア・リテラシー教育までのすべての論考において共通していたのは、「批判」の目的として支配—被支配という関係が存在しない社会、対等な社会の構築を目指すことだった。批判的教育学以外の論考では、「批判」を行うための条件として、教員や生徒といった立場に関係なく、議論やコミュニケーションを成立させるために、そこに参加するすべての人間が対等な立場であることが主張されていた。

よって、本書で分析の枠組みとして用いるメディア・リテラシー教育における「批判」の視点は、まず「活字および電子メディアのテクストを対象に」、「教員と学習者が対等な関係で」授業に取り組むという前提を必要とする。そして、以下のような「批判」の内容を獲得目標として含んでいる。

①「なぜ」、「誰が」、「誰に向けて」テクストがつくられているのかという、多様な観点からの問いかけを行う。
②テクストを多面的に分析、評価する。

③自分の価値判断について問い直す(内省する)。

　メディア・リテラシー教育においては、メディア産業や映像・音声も含んだ「リテラシー」についても知識として知る必要がある。そこでこれら「批判」を獲得するために、メディア業界における規律/規制や生産・流通の過程、所有権などといったテクストに関する産業構造の背景、メディアを読み解くための技法(記号論的に分析する方法など)を、授業において知識として身につけることが条件になってくると考えられる。

　以上のように、本章においてはメディア・リテラシー教育における「批判」の内容について述べてきた。このような「批判」を学習者が獲得しているのかを、どのように評価するのが妥当であるか考えた場合、例えば知識の有無を問うような、伝統的な筆記テストは不適当であろう。多くの場合、伝統的な筆記テストにおいては、思考の過程が評価されるのではなく、導出された解答が正しいか否かが評価される傾向にあるからである。そこで、メディア・リテラシー教育における「批判」の獲得について適切に評価するために、教育評価に関する論考、なかでも「真正の評価」について、次章で検討していく。その検討から、授業において何を評価対象として観察をしなければならないのかを考察する。

【註】
1　「文化産業」という表現を用いたのはアドルノとホルクハイマーが初めてである。彼らが「文化産業」という表現を用いたのは、「大衆自身のうちから自発的に勃興してくる文化を問題にしているように見える誤解を避けるため」(ヴィガースハウス、1998、168頁)だった。彼らが問題にしていたのは、「ポスト自由主義社会において経済的に他に依存し、一定の労働条件に置かれることで同調主義的態度を余儀なくされている主体」(ヴィガースハウス、1998、168頁)、すなわち自分が生きるために他人と考え方や態度を合わせ、流されるままに生きている個人だった。そのような個人をターゲットにして利益を上げる産業を、あえて「文化産業」と表現したのである。
2　話をしても相手に受け入れられない場合、話の中で提示される何らかの要求に対して、同意がなされない事態が起こる。そこで対話者は、話し合いを一旦中断し、何らかの要求自体の理解に対する合意形成へと話を向かわせることになる。この過程を「ディスクルス」とハーバーマスは名づけた(野平、2007)。ハーバーマスはディスクルスを「実践的ディスクルス」と「ディスクルス倫理学」という、実践と理論的根拠の2つ

に分離している。「実践的ディスクルス」は、「規範の根拠づけと再確立を目的とする反省的コミュニケーション」（野平、2007、142頁）であり、簡単に言えば対話によって実際の問題を解決することである。「ディスクルス倫理学」は、「実践的ディスクルス」を行う前提としての理論である。この理論を簡単に言えば、対話を行う際には自分の主張を思い込み（主観）ではなく、根拠に基づいて理由を挙げて説明する。そして自分の意見が正しいか、もしくは相手の意見が正しいかではなく、自分の主張の妥当性を説明することによって対話が成り立つというものである。

3　ハーバーマスが用いるキーワードの1つ。「日常のコミュニケーションの実践」（ハーバーマス、1994、xxv頁）と説明される。「対話者は、ディスクルスという手続きに対する備えを自らのうちに整えていることによって、あるいは必要な場合には実際にディスクルスへと移行できることによって、初めて理性的な主体であると自己理解することができ、他者との合理的な関係を切り結ぶことができる」（野平、2007、72頁）のであり、そのような手続きを通して調整される行為の関係を指す。つまり理性的にコミュニケーションを行う際の一連の過程のこと。

4　ジルーは先行研究のレビューにおいてウィリアムズの名前を挙げているが、マスターマンのように特に大きく取り上げているわけではない。

5　「ヘゲモニー」の語源はギリシャ語の「ヘーゲスタイ」で、「ある国家や都市による他の都市に対する支配を意味していた」（グラムシ、2001、278頁）とされる。しかし20世紀初頭の社会民主主義者たちが階級闘争の用語として使い始め、農民その他の被抑圧者階級に対するプロレタリアの指揮権という意味になった（グラムシ、2001）。グラムシはこのヘゲモニー概念を広義に解釈するようになり、政治社会や一般社会における文化的・道徳的・イデオロギー的指導を意味するものとして用いている（グラムシ、2001）。

6　"what is media literacy?" Association for Media Literacy, 16 October 2006 <http://www.aml.ca/whatis/>　なお、原典は *Ontario media literacy resource guide*, Toronto: Ministry of Education, 1989.

第3章

メディア・リテラシー教育における学習者の評価方法

Y校のB教諭が作成したポートフォリオ

第1章および第2章を通じて、メディア・リテラシー教育の枠組み、およびその枠組みにおいて育成されるべき「批判」について検討してきた。そこで、実際に教育現場においてメディア・リテラシー教育を実施したときに、教員が学習者の教育成果をどのように評価するのが適切であるかを考える必要がある。

　カナダ以外の国や地域においては、メディア・リテラシー教育の実践研究に伴い、学習者の評価に関する研究も少なからずなされてきた。ここで問題となるのは、第1章と第2章で述べてきたようなメディア・リテラシー教育における、学習者の評価のあり方である。多くの先行研究は、主に英語圏の国や地域において、当該地域の教育評価制度に則って、「英語」科目の一領域としてのメディア・リテラシー教育における学習者の評価を実践的に行っている(Sefton-Green, 2000; マクマホン、2006など)。これら先行研究のなかには、本書の目的と同様に、メディア・リテラシー教育における学習者の複雑な思考や交渉の過程について示唆したものもある(Sinker, 2000およびBuckingham, 2003)。このような先行研究の多くはイギリスでなされたものであるため、ナショナル・カリキュラムと評価の関係という制度的な論点が存在している(Sefton-Green, 2000)。しかしながら、それら先行研究から得られる知見には意義があろう。そこで本章では、まず第1章と第2章で取り上げてきた、マスターマンとバッキンガムの、学習者に対する評価について検討する。次に、イギリスやオーストラリア、カナダで行われたメディア・リテラシー教育における学習者(主に中等教育段階の生徒)の評価研究を検討する。そして、それら先行研究から導出される、真正の評価という評価の立場について説明し、本書における事例を評価する際の枠組みとして、真正の評価が適切であることを述べる。

第1節　マスターマンおよびバッキンガムの考える学習者の評価

(1) マスターマンの考える学習者の評価

　マスターマンは、メディア・リテラシー教育の評価において、学ぶ者の形成的、総括的な自己評価が理想的であると述べている(Masterman, 1995)。な

ぜならば、メディア・リテラシー教育において、学習者の多様な考えや価値観が授業中に表現されており、それらを授業に参加している人間(教員も含む)で共有することに意義があるからである。自分とは異なる他者の考えや価値観を知ることによって、自分がそれまで「当たり前」のように思っていたことを振り返ることができるように、自己評価の仕組みをつくる必要がある(Masterman, 1985)。特に授業中の子どもの議論では「複雑な理解の形や、新たな理解を産み出そうとする姿勢が目指されている」(Masterman, 1985, p.33)のである。つまり、子どもが物事を理解しようとする過程では、理解できている部分と、うまく言葉にできないような部分とが混在して表現されることが多い。そのような子どもの葛藤を、エッセイのような書かれたものとして表現しようとすれば、記述する過程でうまく言葉にできないとか、曖昧な部分が削ぎ落とされ、自分が明確に理解できた部分のみが表出されることが多い。そのため筆記による記述では、評価者が子どもの理解を包括的、形成的に把握することが困難になるのである。

　マスターマンは、1980年代前半のイギリスにおける子どもの評価が、ほとんどの場合授業で学んだことを記述したノートや、エッセイによってなされている状況に苦言を呈している(Masterman, 1985)。そのような評価方法が大部分を占めている場合、例えば授業中にふと子どもが発言した重要な気づきや、多様な意見が見過ごされる可能性を、マスターマンは危惧している。書き言葉における文法は、ある意味絶対的なルールであり、そのルールから外れた作文は、内容以前の問題として評価されないことになる。イギリスでもカナダと同様に、メディア・リテラシー教育は主に「英語」において実施されているため、特に言葉の使い方という点で、多様な意見が制限されることが多かったのである(Masterman, 1985)。「英語」以外にも、社会科科目でメディア・リテラシー教育が実施されることがあったが、その場合でも筆記テストやエッセイが評価対象であることに変わりはなかったため、学習過程における議論の内容などから子どもの評価を行うということは少なかったと考えられる。なお、バッキンガムが述べているように、1980年代前半はまだ学校に子どもが自由に使えるような視聴覚機材の普及が進んでいなかったため、映像作品を評価に用いることが一般に想定されていなかったと考えられる

(Buckingham, 2003)。

　以上のようにマスターマンは、メディア・リテラシー教育における学習者の評価について、作文やエッセイなどの筆記された記述ではなく、主に授業中の議論のような、学習過程について、学習者が自己評価できるような評価方法が望ましいと考えている。しかし、その具体的な方法についてマスターマンはほとんど言及していない。例えば、自己評価の方法が作文だったとすれば、授業中にほとんど議論に参加していなくとも、「教員うけ」するような作文ができる子どもが高い評価を得ることも考えられる。そのような子どもは、マスターマンが考える「批判」を獲得しているとは言いがたい。また、議論の内容を評価するにしても、授業に参加している子どもの数が多ければ、教員が拾うことのできる子どもの声の数に限界が出てくる。評価できる内容に限界があることは、どのような評価方法であっても同様だと考えられるが、マスターマンは結局『メディアを教える』の発刊後(Masterman, 2001; Masterman, 2002)も具体的な評価方法については触れていない。

(2)バッキンガムの考える学習者の評価

　バッキンガムもマスターマンと同様に、学習者自身が学びを振り返ることが重要だと述べている(Buckingham, 2003)。またバッキンガムは、制作活動を積極的に採用していることもあり、作品が他者に観られることを子どもに意識させた上での作品づくりの過程を評価する必要があるとしている(Buckingham, 2003)。バッキンガムは、彼の同僚や、英国映画協会の関係者が行った研究成果を根拠に、このような結論に至っている。

　バッキンガムはマスターマンやセフトン・グリーンなどと違い、学習者が書いたものを評価するということに前向きである。バッキンガムによれば、書くことは「少なくとも部分的には、書くというコミュニケーションであり、話すことや他の方法によるコミュニケーションと同等の行為」(Buckingham, 2003, p.150)である。しかし、これは書かれたものの評価を「重視」することではない。書くことは他の方法と同じく、1つの評価の手段にすぎないということである。バッキンガムにとって、メディア・リテラシー教育における評価とは、「究極的には、自己評価のためのきっかけとなるもの」(Buckingham,

2003, p.152)であり、エッセイであれ、プレゼンテーションであれ、学習者の自己評価を促すきっかけとして機能すれば、形式にはこだわらない、とバッキンガムは考えている。ただし、イギリスにおいても他の国や地域でもそうであるが、公的な評価方法として、筆記による記述が一般的になっていることが、学校教育におけるメディア・リテラシー教育の多様な形式での評価を困難にしている主な原因である(Buckingham, 2003)。筆記による記述が公的な成績に直結することを子どもは理解しているので、書くことによる自己評価は結局、「何が起こったかについての『正直な』振り返りであるよりも、試験の点数を良くするための自己正当化の行為」(Buckingham, 2003, p.152)を招いてしまっていることが問題なのである。

　また、公的な成績に直結しない評価であっても、筆記による記述が学習者の学習過程を評価するために必ずしも適切ではないことが、研究成果として出されている。バッキンガムによれば、グラハム(Grahame, J.)の研究から、学習者が記述によって自分の制作活動を振り返る際に、学習過程における様々な気づきが抜け落ちることがわかった(Buckingham, 2003)。グラハムの研究における方法の問題点として、学習者の筆記による自己評価が、活動終了後に時間をおいてなされたということが指摘されている(Buckingham, 2003)。当然ではあるが、実際に制作活動をしている間や、作品を作り終えた直後は、学習者が客観的に自己評価をすることが難しいため、頭を冷やす時間を設けるのは合理的判断によるものであり、決して不適切な方法ではない。ここでバッキンガムが主張したいのは、時間をおいた自己評価では、活動中になんとなく感じたことや理解したことが抜け落ちる可能性が高いため、活動中も自己評価をする機会、感じたことや理解したことを、どのような形(筆記であれ口述であれ)でもありのままに記録する機会が必要だということである。結局、活動終了後にしばらくしてから行われる、筆記による自己評価は、それが往々にして公的な成績に結びつくため、自分を格好良く見せようとする書き方につながる可能性があり、また単に学習者の記憶から抜け落ちていることも多くなるという問題がある。

　またバッキンガムは、公的な評価を行う主体(主に教員)ではなく、公的な評価と関係しない場面で率直な意見を与えてくれる第三者の存在を、学習者

に意識させてメディア・リテラシー教育の活動に取り組むことが重要だと述べている。つまり、評価者が教員だけしか存在せず、その評価が成績に結びつかないのであれば、学習者、特に子どもは活動意欲を失ってしまうことが多い(Sefton-Green and Buckingham, 1996)。子どもは誰かに良い意味での評価をしてもらい、自分の存在を認めてほしいという欲求を、多かれ少なかれ持っているのである。だからこそ、クラスメートではない第三者によって評価されることを、学習者が意識することが意味を持つのである。このような評価のあり方は、「批判」の内容のうち、特に自分の考えを多面的に考える(相対化する)のに役立つと、バッキンガムは述べている(Buckingham, 2003)。

　バッキンガムは具体的な評価方法については、グラハムの先行研究を参考に、プレゼンテーションやロールプレイ、グループ発表などが機能すると考えている(Buckingham, 2003)。しかし、特にメディア・リテラシー教育における最適な評価の方法については言及していない。バッキンガムが主張しているのは、まず学習者の「自己評価」がもっとも重要であり、それが「公的な評価に縛られない」(Buckingham, 2003, p.152)のであれば、評価方法がどのようなものであっても構わないということである。またバッキンガムは、活動終了後に時間をおいて行われる自己評価だけでなく、活動中にも何らかの形で自己評価を行い、それらを総合して学習者に振り返りを促すことが必要だと考えている。

　結局バッキンガムは、評価方法について述べているというよりも、評価の目的(学習者の「批判的」な振り返りの促進)について述べているのである。しかしながら、学校教育においては公的な評価と授業を切り離すことは困難である。特に学習者にとっては公的な評価を意識せざるを得ないだろう。そのため、確かにバッキンガムの主張するように学習者に公的な評価を意識させない活動と、その活動に対する学習者の自己評価が理想的ではあるが、決して現実的とは言えない。だからこそ、学校教育における学習者の評価制度の実態に即した、現実的な評価方法を模索する必要がある。そこで次節では、教育評価を専門とする学者の先行研究や、実際に推進されている教育評価における、メディア・リテラシー教育での学習者の評価について述べていく。

第2節　マスターマンとバッキンガム以外の先行研究

(1)イギリス、アメリカ、オーストラリア

　イギリスの文脈においてシンカーは、特定の教科の枠組みに縛られて、生徒個人の経験を活き活きと制作に表現することができない状況下においては、多様な形式のメディア作品を包括的に評価するモデルはないとしている(Sinker, 2000)。多様なメディアを用いたメディア・リテラシー教育のような授業の評価においては、基本概念や事実についての生徒の理解は、アセスメントのためのルーブリック(評価基準)であり、技術的なスキルや視覚的な美しさというよりもむしろ生徒の作品がどのようにメディアの記号やきまり／約束事に対する批判的な理解を表現しているかを評価することに焦点が当たると述べている(Sinker, 2000)。

　また同様にシンカーは、真に客観的な評価はありえないため、制作活動を評価する際には、まず制作活動の文脈を理解しなくてはならないとも述べる。概して、評価においては、生徒が制作から何を得たかに焦点を置くべきであり、例えば観察、小集団での議論、1対1での面接および生徒のコメントに分けられる。また、作品に対しての親、校内の他の生徒、他の教員の感想と、e-mailを通した外部からの反応も含まれる。つまり、バッキンガムと同様、自分の学習成果を「(友人や担任以外の)他者に観られること」を学習者が意識することが必須であるとしている。大小にかかわらず、グループ議論に関して言えば、自分の意見を言いたがらない子ども、ないし言語能力の弱さ等の理由で話す／書くことを嫌がる子どももいる。往々にして、グループ活動に活発に取り組む子どもは、自己評価を書かせるときに、その子だとすぐわかるほどうまく表現する。そのため、そうでない子どもが陰に隠れてしまい、評価に偏りが生まれる。だからこそ、シンカーはマルチメディアを使うことにより、作品のなかに音声や映像など様々な表現技法(コメントや説明、会話、インタビューや語りなど)を取り入れ、ある表現が苦手な子どもでも別の表現を利用することで評価の多様性を導くことができると主張する(Sinker, 2000)。

　バッキンガムとシンカーに共通しているのは、メディア・リテラシー教育において学習者を評価する際には、授業中もしくはテストで学習者が書いた

シートだけを評価しても正当な評価ができないということである。しかしながら、シンカーも基本的に教育というのは国や地域で異なるものであるし、自らの事例研究から得た知見も1つの試みに過ぎないため、より多様な文化・文脈における事例研究の必要性を述べている(Sinker, 2000)。

作品(パフォーマンス)を評価するということを、創造力をどのように評価するかという観点から考察した、イギリスのセフトン・グリーン(Sefton-Green, J.)は、創造力を「想像的・表現的な作品という表現とほぼ同じ」(Sefton-Green, 2000, p.219)と定義している。セフトン・グリーンは、そのような創造力を評価することの難しさを2点にまとめている。1点目は、創造的なものを認める基準には、評価する人間の価値観や信条が関わっているということである。評価するのは往々にしてマジョリティであり、その価値観が反映されるため、その価値観にそぐわなければ評価されない可能性が高い。2点目は、カリキュラムの求める価値観と生徒の価値観が一致するとは限らないことである。仮にカリキュラムが求めていることが、純粋に生徒の個人的な発達であるとすれば、教員がいかに評価しようとも、生徒の発達が見込めればそれで構わないということになり、教員が評価する意味がなくなる(Sefton-Green, 2000)。つまり、制作を評価する際の判断基準を何に求めるか、どこに置くかということが、制作やパフォーマンスを評価する際の難しさである。

だからこそセフトン・グリーンは、メディア・リテラシー教育のような創造的な活動において、「評価対象は完成した作品自体というよりも、作品をつくる過程となるべきである。評価は常に教員が子どもに対して行うべきものではなく、教員が子どもにやってもらうようにすることなのである」(Sefton-Green, 2000, p.217)と述べている。つまり、メディア・リテラシー教育における評価について、「過程を評価すること」と、「子どもが自分の評価に参加すること」が重要であると述べている。

一方、アメリカにおいて多文化教育におけるメディア・リテラシー教育の必要性を主張するホッブズ(Hobbs, R.)は、「真正の評価がなされれば、教室の外の世界のスタンダードと比較することができる」(Hobbs, 2001, p.178)と述べ、制作とパフォーマンスを詳しく検討していく必要があると主張する。真正の評価とは、「子どもが、与えられた知識を基に、どのように学習をしている

のかを評価する」(Wiggins, 1993, p.214)立場であるとか、「標準化された択一的なテストから、評価に用いる課題が目標とするパフォーマンスに適合し、オーセンティックな形式を用いたり、普通の授業のなかで実施できる評価に変えていこうとする」(ギップス、2001、15-16頁)取り組みだと説明される。

　より具体的に言えば、メディア・リテラシー教育において、公式ないし非公式な場、つまり指導要録のような公の成績に直結する評価と、そうでない日常場面の評価において、アクセス・評価・分析・コミュニケーションの4つの要素を学習者が獲得できているかどうかの過程を観察するのである。映像や音声や活字といった様々なメディア言語の使用を通して分析を行ったり制作活動を行ったりすることは、その活動自体がそれら4つの要素を含んでいる。ホッブズは、読み書き、観ることとイメージの分析が、言葉やイメージ、音声や映像、動画によってメッセージが創られる過程とどのように関係しているかを直接的に理解するためには、学習過程を評価する必要がある。そのためホッブズは、メディア・リテラシー教育における子どもの活動を、「ポートフォリオを中心とした評価方法を用いて」(Hobbs, 2001, p.178)、4つの要素の観点から具体的に評価することが、子どもの学びと評価を直結させる方法として有用であると述べている。

　ホッブズは1980年代にアメリカで流行になったスタンダード評価(次節で詳述)、つまり目に見える数値によって学習者の到達度がスタンダードに達しているかどうかという、結果を重要視する評価に否定的である(Hobbs, 2001)。ホッブズはスタンダード評価ではなく、真正なパフォーマンスと、体系的な観察、包括的な評価を組み合わせることで、教員は子どもの幅広いスキルを具体的に評価(assess)できるとしている(Hobbs, 2001)。そしてホッブズは、オンタリオ州のように学習者の読み、書き、話し、聴くスキルが、ルーブリックとうまくつながっている評価が理想的であるとしている(Hobbs, 2001)。

　また、アメリカにおいてメディア・リテラシー教育を推進しているメディア・リテラシーセンター (Center for Media Literacy: CML)は、教員から子どもへの一方通行になりがちな評価の過程を見直し、子どもも評価活動に参加させるべきだと述べている[1]。パフォーマンス評価を用いて、子どもも教員と同じような目線で自己評価をし、他の子どもとも互いに評価し、多様な観点で

評価されることによって、子どもはメディア・リテラシーのスキルを伸ばしていくとされている。メディア・リテラシーセンターは、ホッブズと同様に、アメリカでは未だにスタンダード評価に基づく筆記テストや、多肢選択問題(Multiple-Choice Test)が主流であるとしつつも、ポートフォリオ[2]評価やルーブリックを用いた評価によって、子どものコミュニケーションや創造性を評価していく評価方法は豊富であり、それらを使っていくことが重要だと主張している[3]。また、メディア・リテラシーと同様に、高次の思考力に位置づけられる思考力を評価する研究は他にもあるため、それらを参考にするのも有効であるとされている。以上のように、アメリカやイギリスの研究者、およびメディア・リテラシー教育推進団体は、メディア・リテラシーのような高次の思考力の獲得を評価するためには、真正の評価、ないしパフォーマンス評価を行うことが重要だとしている。

　他方オーストラリア(特に西オーストラリア州)では、「成果に基づく教育(Outcome-Based Learning)」に従ってメディア・リテラシー教育を実施しているとされる。マクマホン(McMahon, B.)によれば、オーストラリアにおけるメディア・リテラシー教育発祥の地とされる西オーストラリア州での評価の考え方は、「評価は、学習活動の中断としてではなく、学習活動の構成要素としてとらえられるべきである。評価は教育活動と学習活動のサイクルに組み込まれる必要があり、進行中のモニタリングの過程の一部でもある。(中略)形成的な評価の利点は明らかであるが、総括的な評価も行われた学習における結果として、等しく重要である」(マクマホン, B., 2006, 53頁)とされている。そのカリキュラムとは、①学習者はアウトカムに到達するために、何を学ぶ必要があるか考える、②教材・活動プラン・学習経験を決める、③学習者がどこまで到達したかを評価し、この先何を学ぶ必要があるかを発見する、という①〜③のサイクルを繰り返すのである(マクマホン, J., 2006, 81頁)。「成果に基づく教育」は、あらかじめスタンダードを決定して学習者をその目標に到達させようとするのではなく、その個人や集団の実情に合わせて目標を決定し、形成的な評価を用いながらその目標もしくはそれ以上にまで学習者を到達させようとする方法であると言える。その点で「成果に基づく教育」は、結果を重視する評価方法とは異なり、学習過程を評価する真正の評価に含まれ

ると考えられる。

(2) カナダ

　まず、ケベック州の成人教育において、リテラシー教育を研究しているフレネ(Frenette, M.)は、ビデオゲームやビデオテクスト、映像の双方向通信を使った、成人へのリテラシー教育において、学習者の評価には学習者と教員のやりとりや、学習者が映像を使って表現したパフォーマンスを評価することが適切だと述べている(Frenette, 2001)。その理由として、成人の非識字者は、他の識字者を権威者とみなす傾向があり、「書く」という行為に抵抗を覚えていることが多い。リテラシー教育の成果として、当然「書く」スキルをどれだけ身につけたかを評価することも重要であるが、それ以外に、「識字者(この文脈では教員)に対しての固定観念を取り除く(脱構築する)ことができたかどうかを評価すること」(Frenette, 2001, p.399　括弧内は筆者補足)も重要である。そのためには、インタビューや、教員と学習者のやりとりの過程自体を評価項目に含めることが、学習者に対する適切な評価であるということである。

　ニューリテラシー論者のキスト[4]は、カナダ・マニトバ州の第6学年の児童を対象に、「ニューリテラシー（new literacies）」を児童が獲得しているかどうかを、どのように評価するかについて、事例研究を通して考察した(Kist, 2003)。キストの定義するニューリテラシーは、第1章第3節(4)で説明した、マルチリテラシーやニューロンドングループの主張したリテラシーと同様の概念であり、メディア・リテラシーと近似したリテラシー概念である。さらに、2003年の事例研究の場合、メディア・リテラシー・リストサーブ(Media Literacy Listserv)の登録者の有志と、オハイオ州英語教員団体(Ohio Council of Teachers of English Language Arts)の有志が、事例となる授業をキストに提供している(Kist, 2003)。キストは、4人の教員の授業を観察し、その中で自身の研究の枠組みに沿った授業を展開していた1人の教員の授業について、詳細なデータを分析した(Kist, 2003)[5]。キストは、それまでの自身の事例研究を通して、「①多様なリプレゼンテーションを表現できる活動を行う、②様々なシンボルシステムの利点について、開かれた対話を行う、③オルタナティブなメディアで教員が活動できるかどうか、④個人作業と、共同作業のバランス、

⑤子どもが活動に参加しているかどうかの十分な証拠」(Kist, 2003, p.7)という5つの評価活動および評価の視点を提供した。

　キストはこれら5つの視点を用いて、事例研究の対象とした授業の観察を行った。その観察を通して、キストはポートフォリオを用いて、子どもが自分自身を多面的に振り返ることができるようにすることが、「ニューリテラシー」の評価には欠かせないと主張する(Kist, 2003)。キストは、「ニューリテラシー」を、「活字メディア、非活字メディアを含む多様なリプレゼンテーションの形態で、日常の読み書きを行うことである」(Kist, 2003, p.10)と定義する。また、授業における達成を「活字だけでないメディアを読み、編集できるようになるということである。(中略)新しいリテラシーにおける子どもの達成とは、多様なメディアを用いて、子どもが自由に表現したいことを表現するということと同等なのである」(Kist, 2003, p.10)と規定している。キストが観察した、ある教員の授業では、このような達成の定義が、制作物およびその編集過程に設定されている。そして制作物およびそれをつくる過程は、ルーブリックを用いて評価される(Kist, 2003)。実際、「子どもの能力は様々なメディアを行ったり来たりすること、いわゆる『コードスイッチング(code switching)』という効果に関係している」(Kist, 2003, p.10)ため、最終的に出てきた制作物の完成度について評価するだけでは不十分である。制作過程において子どもが作品とどのように向き合い、その作品を完成させるに至ったのかを評価することがより重要なのである。

　このようにキストは、「ニューリテラシー」の達成を評価する方法について、公的なカリキュラムが求めるような成果主義的な評価(例えばテストの結果で評価すること)が、「ニューリテラシー」の評価にそぐわないと主張する(Kist, 2003)。つまり「ニューリテラシー」の評価においては、指導要録のような「公式な(official)」評価ではなく、「非公式な(unofficial)」評価のほうが重要となる。さらにキストは、「印刷されたフォーマットを用いた、伝統的な筆記による学力テストは、個別の評価として扱われている。そのような評価方法は、21世紀が進むにつれて、生徒からは必要とされない評価方法になっていく」(Kist, 2003, p.12)として、「ニューリテラシー」、すなわちメディア・リテラシーの評価において、伝統的な筆記テストはそぐわないと主張する。そして、「学

習者の多様な学びを多面的に評価するため、ポートフォリオシステムによって評価の材料を集める」(Kist, 2003, p.11)ことが必要であるとし、電子ファイルも含めたポートフォリオによって、学習者を評価することが有効であると述べている。つまり、伝統的な筆記テストではなく、多面的にメディア・リテラシー教育の習得を評価する必要があるという点は、バッキンガムやセフトン・グリーン、そしてシンカーらの提案と、基本的には同じである。ただし、キストの場合は伝統的な筆記テストによる評価方法を、明らかに否定している。さらに、キストの示唆は、国や地域のカリキュラムの枠組みに囚われない、インフォーマルな評価に言及していることが、シンカーとは異なる点である。

　キストはこのようにニューリテラシーの立場から、ポートフォリオ評価の有効性について論じているが、オンタリオ州のメディア・リテラシー教員追加資格認定コース(Media, Additional Qualification Course)では、子どもの評価方法として、真正の評価に基づいた具体的な評価方法を教えている。オンタリオ州では「メディア科」を教えることのできる教員を、教員資格の1つとして認定し、トロント地区教育委員会のメディア教育コンサルタントと、トロント大学オンタリオ教育研究所(Ontario Institute for Studies in Education of the University of Toronto: OISE/UT)が連携して教員追加資格認定コースを毎年開講しているのである。メディア・リテラシー教員追加資格認定コースのシラバス[6]には授業予定だけでなく、参考文献・ウェブサイトリスト(必読、推奨、追加的、の3段階に分類)、ユニットで使用予定の資料、メディア言語の解説、授業設計の例、いくつかのトピックで有効な学習評価のためのルーブリックの例、シラバスと関係する教育学および社会学のキーワードについての説明などが付随している。

　メディア・リテラシー教員追加資格認定コースにおける、受講者に対する評価それ自体が、「メディア科」で必要とされる評価に直結していることが、シラバスにおいて説明されている。本コースでの学習者の評価は、シラバスによれば「①個人およびグループで制作するメディア作品によるパフォーマンス評価、②メディアに関するトピックについての口頭発表、③分析および創造的な内容を含むメディアログ[7](後述)のようなポートフォリオ、④授業内容の向上に焦点を当てた授業実践の設計(アクション・リサーチ)、⑤メ

ディアに関するトピックについて調査・研究する筆記課題、⑥本コースの内容に関する質問に対してエッセイ形式で回答するテスト」(OISE/University of Toronto, 2009, p.7)の6つの視点から行われる。またメディア・リテラシー教員追加資格認定コースのシラバスが提案している授業計画においても、評価方法として「意見交換、観察、生徒のノート、インタビュー、チェックリスト、ルーブリック、『教授(Teaching)』、自己評価、口頭および筆記による振り返り」(OISE/University of Toronto, 2009, p.52)が提示されている。

このような評価方針は、後述するウィギンズ(Wiggins, G.)を参照している(OISE/University of Toronto, 2009, p.16)。後述するように真正の評価とポートフォリオ評価、パフォーマンス評価は評価の視点が多少異なる。トロント地区教育委員会の提案する評価は、メディアログというポートフォリオを中心に据えつつも、インタビューやプレゼンテーション、パフォーマンス課題といった他の評価方法も併用していることから、真正の評価の立場に立っているものだと言える。

メディアログとは、雑誌やノート、スクラップの組み合わせであり、①授業での議論や活動、読みや解釈、フィールドトリップに対する反応、②メディア・テクストについての観察、大雑把なメモ、それに対する考え、③新聞、週刊誌、インターネットや他の情報源からの記事、④ステッカーやポスター、チラシ、写真などについての反応、感想、疑問と逸話、⑤メディアのイベントに関する意見、⑥メディアや社会、文化に関係した疑問、考え、意見と情報、などを書き留める、いわばメディアをテーマにした日記である。その性質上、ポートフォリオの一形態でもある。メディアログは、子どもの考えや、授業で学んだ基本概念への反応と活用を評価することに用いることができる。また、子どもがメディアについての学びや社会や文化に関して身に付けてきている知識を振り返るような、自己評価として用いることもできる。学習者のメディアログを教員が評価する際の観点は、授業に出てきたメディア問題についての理解や、映像、言語、構造、色の幅広い使い方など映像の構成要素についての言及、そしてメディア・リテラシーの基本概念についての理解と活用などである。このメディアログというポートフォリオの一形態は、イギリスやオーストラリアなどでの先行研究において記載がみられず、カナダで

もオンタリオ州以外では存在していない。異なる名称で同内容の活動を行っている可能性はあるが、メディアログというポートフォリオを実施しているのはオンタリオ州だけである。

一方、トロント地区教育委員会が発行しているティーチングガイドにおいても、真正の評価を基本とした、評価方法が記載されている。ホッブズは、「トロント地区教育委員会の定めたベンチマークも、(メディア・リテラシー教育における学習者の)脱神話化という目標を測るのに適当である」(Hobbs, 2001, p.178 括弧内は筆者が補足)と述べ、トロント地区教育委員会のガイドラインを評価している。トロント地区教育委員会のティーチングガイドは、評価に関して次のように述べる。

　　メディアの学習に関するアセスメントと評価は、教員の難題を表しているかもしれない。分析よりも子どもの制作を扱うときはさらにそうだろう。オンタリオ州教育省のカリキュラムには、メディアに関連した達成度の記述は比較的少ない。このことは他の中心概念(strands)[8]の記述に見られるような精確さや明確さが、メディアに関連した記述には欠けていることを意味しているだろう。(中略)正確に子どもの達成度を測ることができるかどうか心配している教員は、多くを評価したいというよりは、むしろ評価を少なくしたいのではないだろうか。広範囲よりもむしろ特定の学びに焦点を置き、広い作業単位の中で特定の子どもの実演を求めるのではないだろうか。(Toronto District School Board, 2005, p.67)

ティーチングガイドはこのように、オンタリオ州統一カリキュラムに疑問を呈しつつ、メディア・リテラシー教育にとって適切な評価方法を具体的に提案している。ティーチングガイドが発刊された後、2006年にオンタリオ州「言語」初等教育カリキュラムが、2007年には「英語」中等教育カリキュラムが改訂され、中心概念として初等教育では「メディア・リテラシー」、中等教育では「メディア・スタディーズ」が設定された[9]ことにより、評価の内容はティーチングガイドの批判よりも具体的になった(オンタリオ州カリキュラム

については第4章で述べる)。

　カナダでのメディア・リテラシー教育の普及に積極的に関与してきたメディア・リテラシー協会は、州統一カリキュラムへのメディア・リテラシー教育導入や、トロント地区教育委員会のティーチングガイドなど、教材作成にも貢献してきた。その活動の中には、評価指標の作成も含まれており、トロント地区教育委員会のティーチングガイドの評価方法には、メディア・リテラシー協会の意向が含まれている。メディア・リテラシー協会の初代会長であるダンカン(Duncan, B.)は、「メディア・リテラシーの授業では、教員が、子どもとの議論、子ども同士の議論や振り返りを通じて、意味が創られていくという『議論の場』を評価しなければならない」(Duncan, 2005a, p.4)と述べており、学習者の評価に対する基本姿勢が窺える。

　ティーチングガイドの編著者である、アンダーセン(Andersen, N.)とウェッブ(Webb, S.)は、メディア・リテラシー協会の主要メンバーでもあり、オンタリオ州がメディア・リテラシー教育をカリキュラムに導入した1987年当時、オンタリオ州からリソースガイドの作成を依頼されたメンバーでもある(オンタリオ州におけるメディア・リテラシー教育の導入の経緯に関しては第4章で詳述)。また、ティーチングガイドの著者の一人であるシンクレア(Sinclair, D.D.)は、2006年にオンタリオ州初等教育カリキュラムの改訂に携わっている。彼らはメディア教育コンサルタントと呼ばれる、メディア・リテラシー教育を行政的に支援する専門の役職に就いていた。メディア教育コンサルタントはトロント地区教育委員会独自の役職であり、他の教育委員会には設置されていない可能性がある(静岡県教育委員会、2003)。メディア教育コンサルタントの職務内容は、メディア教員追加資格認定コースのカリキュラム作成や講師、教材開発、教員研修の実施など、教員に対する支援である。このように、メディア・リテラシー協会の中心メンバーがトロント地区教育委員会所属教員であり、かつメディア・リテラシー教育専門の担当であることも関係し、オンタリオ州のカリキュラムとトロント地区教育委員会のティーチングガイドのメディア・リテラシー教育に関する評価の立場は密接につながっている。

　さらに、トロント大学のメディア・リテラシー教員追加資格認定コースに

第3章　メディア・リテラシー教育における学習者の評価方法　113

おける教育評価についての考え方については先述した通りであるが、オンタリオ州にあるヨーク大学のメディア・リテラシー教員追加資格認定コースでも、2010年度に関してはアンダーセンとウェッブが講師を担当しており[10]、トロント大学と同内容の授業を提供していると考えられる[11]。よって、オンタリオ州のメディア・リテラシー教育における学習者の評価の考え方は、全体的に真正の評価の立場が貫かれていると考えられる。

　以上のように、メディア・リテラシー教育における学習者の評価の困難さ、つまり学習者の制作やパフォーマンスを評価する際の判断基準を何に求めるか、どこに置くか、の難しさを克服するための有効なアプローチとして、真正の評価の立場で多面的に学習者の評価を行うことが考えられる。以下の第3節では、まず真正の評価について概観する。そして、真正の評価においては、どのような評価方法を具体的に用いるのかを、特に真性の評価を実践で用いるための研究を行っているウィギンズに焦点を当てて説明する。

第3節　真正の評価とは何か

　ここまでに述べてきた通り、オンタリオ州におけるメディア・リテラシー教育の学習者に対する評価を理解するためには、真正の評価について把握する必要がある。また、評価の立場としては類似しているが、パフォーマンス評価やポートフォリオ評価との区別についても述べておく必要があろう。そこで本節では、真正の評価について、その成立や評価方法の特徴について説明するとともに、パフォーマンス評価やポートフォリオ評価との違いについても述べる。そして、真正の評価における評価基準である、ルーブリックについて説明する。最後に、メディア・リテラシー教育における真正の評価の具体的な適用について、先述したトロント地区教育委員会のティーチングガイドにおける記述を具体的に説明することによって理解することを目標とする。

(1) 真正の評価の成立

　真正の評価とは、先述した通り、多面的な評価方法によって学習者の学び

を評価しようとする取り組みだと説明される。そもそも、「教育評価とは教育活動に反省を加えて、修正・改善を行うためのものであって、子どもを値踏みするものではない」(田中、2005、6-7頁)とされている。評価の主体(評価者)とは、子ども、教員、保護者、教育行政機関、第三者機関があり、それら評価主体がカリキュラムや学校、授業や教員、そして学力といった評価対象を評価しているのである。

このような教育評価の機能として、診断的評価、形成的評価、総括的評価の3つの機能が挙げられる[12]。教育評価の大きな流れとしては、ソーンダイク(Thorndike, E. L.)を中心としたアメリカの教育測定運動、つまり学習者の達成度を筆記テストのような量的指標によって測ろうとする動きがあった。そして教育測定運動から編み出された相対評価を批判する形で、他人との比較ではなく、学習者自体が習得すべき事項を習得しているかどうかを評価する目標に準拠した評価やスタンダード準拠評価などといった評価方法が生み出された。このような教育評価議論を踏まえる形で、1980年代後半にアメリカにおいて真正の評価が主張されるようになった。まず真正の評価は構成主義的学習観という考え方に基づいて考案された。構成主義的学習観とは、子どもは教員に教えられる以前から世界についてなんらかの知識を持ち、自分なりの解釈や説明を行っている能動的な建設者であるという考えを前提としている。子どもは、新たに接した事態がそれまでの自分の解釈や説明とは矛盾してしまった場合、その事実を無視しようとするのではなく、自分なりの解釈の問題点を自覚した上で、意図的にそれを組み替えて問題を克服することができるようになる必要があるという考え方である(西岡、2003；ギップス、2001)。従って、知識の有無を評価するよりも、学習者が知識を文脈に即してどのように活用し、場合によっては再構築しているかを評価することが重要になる。

真正の評価における「真正」の意味について、ニューマン(Newmann, F. M.)とアーチボルド(Archbald, D. A.)は、①他者の産み出した知識の単なる再生やそれに対する応答ではなく、知識そのものを産み出すもの、②学問的な研究、すなわち先行する知識の基盤と深い理解に基づく、統合的な知識の生産、③単に学習者の有能性を示すことを目的とはせず、審美的、実利的、個人的

な価値を持つものであると説明した(Newmann & Archbald, 1992)。またギップス(Gipps, C. V.)は、「オーセンティック性とは、関連する構成概念(そして、関係者の関心のあるすべての構成概念)が、評価において公正に、また適切に評価対象となっていること」(ギップス、2001、233頁)と説明している。このような「真正」の定義に従い、それを具体化している行為をパフォーマンスと呼ぶとすれば、パフォーマンスを評価するということは非常に高度である。実際、ウィギンズは「仮に具体化されたパフォーマンスを評価するとすれば、それは常に『高度な要求(higher-order)』にならざるをえない」(Wiggins, 1993, p.215)と述べている。しかし具体的に「真正の評価」と呼ばれているものの中には、作品づくりや実技試験に代表されるようなパフォーマンス課題による評価から、生活の自然な流れの中でインフォーマルに評価を行うものまで様々あり、「真正性」の定義自体も確定しているわけではない(西岡、2003)。

　真正の評価における具体的な評価の材料の例としては、口頭の場合、スピーチや議論、討論が挙げられる。また筆記の場合、エッセイや批評、日記が挙げられる。そして展示や制作の場合、美術的な絵画や造形、図表や広告、電子メディアを用いた制作などが挙げられる(Wiggins, 1998)。

(2) パフォーマンス評価およびポートフォリオ評価

　ここまでに何度か述べているが、パフォーマンス評価という方法も、真正の評価と並んでしばしば紹介される。パフォーマンス評価とは、「ある特定の文脈のもとで、様々な知識や技能などを用いて行われる人のふるまいや作品を、直接的に評価する方法」(松下、2007、6頁)とか、「生徒に取り組むことを期待する実際の学習活動をモデルとして用いた評価を目指すもの」(ギップス、2001、16頁)であると説明される。パフォーマンス評価では、パフォーマンス課題と呼ばれる、「評価したいと思っている学力ができるだけ直接的に表れる」(松下、2007、16頁)様々な形式での課題を学習者に課し、課題に取り組む過程や結果を包括的に評価するのである。そのような評価方法により、「個々の子どもの個性的な学力の質を把握することが可能になる」(松下、2007、44頁)のである。そして、「テストの内容を、基準となるパフォーマンスで示される批判的な思考や知識の総合を求めるものにしていこうとする」

(ギップス、2001、16頁)ことを目的としている。つまり、あらかじめ評価基準を評価者が固定的に定めるのではなく、学習者のパフォーマンスを分析することで、評価基準を創出し、その評価基準に従って再度パフォーマンスを検討することだと言える。

ただし、真正の評価とパフォーマンス評価はまったく同じものではない。ギップスによれば、真正の評価とは真正な文脈で実施されるパフォーマンス評価であり、通常の学習活動の中で行われる。そのため、評価のために特別に設定された課題を評価対象とするのではない(ギップス、2001)。一方パフォーマンス評価は、ある課題(パフォーマンス課題)を学習者に課して、提出された課題の結果を評価基準の参考にし、評価をつけるというものである。つまり、パフォーマンス課題であったとしても、自然な学習の流れを妨げる形で、例えば学習者にテストであることを意識させる形で行うようなパフォーマンス課題は、真正の評価とは言えないだろう。

一方、「学習に対する自己評価力を育むとともに、教員も子どもの学習と自分の指導をより幅広く、深く評価しようとする」(西岡、2003、3頁)評価方法にポートフォリオ評価法がある。ポートフォリオ評価法は、学習の自然な流れのなかで評価対象となる力が獲得されているかどうかを評価しようとするため、「ポートフォリオ評価法は、『真正の評価法』や『パフォーマンスに基づく評価』の代表的なアプローチ」(西岡、2003、53頁)だとされている。ポートフォリオ評価においては、ポートフォリオに保存されるものを評価者が評価していく必要がある。ポートフォリオに保存されるものは、最低でも子どもの作品、子どもの自己評価の記録、教員の指導と評価の記録、の3つが入っている必要がある。ここでの子どもの作品に含まれる「作品」の内容は、「ワークシート、レポート、絵や資料など様々なもの」(西岡、2003、58頁)であり、作品として形に残るものから、作業や活動そのものまで、あらゆる意味を含んでいる。 このように、真正の評価の代表例としてポートフォリオ評価が挙げられているのには、真正の評価で目指されている評価方法の多くが、ポートフォリオ評価と一致していることにある。そもそも、真正の評価は評価の立場であるため、具体的な評価方法であるパフォーマンス評価やポートフォリオ評価など、「真正」である評価方法全体を指すものである。し

かしながら、ポートフォリオ評価は特有の活動を含んでいる。それは「検討会」などと呼ばれるものであり、学習者が作成したポートフォリオの中身について、評価者とともにある程度の時間をかけて振り返る機会のことを指す(西岡、2003)。そのため、「検討会」は学習の節目の時期、例えば学期の終わりや年度の終わりに実施される。西岡によれば「検討会」のような機会はポートフォリオ評価において必須のものとされる(西岡、2003)が、真正の評価においては特にこのような機会に言及していない。ただし、真正の評価においても学習者が自己の学びを振り返ることが重要であることは同じである。

(3)真正の評価におけるルーブリック

このように、「真正の評価」という立場からの評価方法が提唱されたものの、実際のところは、「真正性」の定義が確立していないこともあり、具体的な評価方法は曖昧であることが多い。例えば西岡(2001)は、真正の評価の典型例と言われるポートフォリオ評価法について、英米においては真正の評価における評価基準を「ルーブリック(rubric)」と呼び、多くの場合ポートフォリオ評価において用いられているとする[13](西岡、2001)。このルーブリックにも、真正の評価論者の中でも多様な定義が存在する[14]。しかし、それら多様な定義のなかにも、いくつかの共通項があるとされる。その共通項とは、「質の良し悪しを示す数段階程度の尺度(scale)と、それぞれの点数におけるパフォーマンスを説明する記述語[15](descriptors)」(西岡、2001、2頁)である。つまり、具体的な説明を伴った、いくつかのレベルを設定したものがルーブリックであり、そのルーブリックに基づいて学習者を評価するのである。このように、ルーブリックはポートフォリオ評価やパフォーマンス評価においても重要な評価基準であり、真正の評価全体において必須となっている。

ルーブリックの作成方法について松下(2007)は、具体的に評価を行う前にある程度素案を作っておくが、具体的な内容自体は提出された個々の課題を検討していきながら、同時並行で完成されていくと述べている。つまり、既に提出された課題を検討した上で、具体的な採点基準を決めていくため、あらかじめ正答を定めた上で課題に示された内容が正答と合っているかを確認していく伝統的なテストとは性質が異なる。しかし、提出された課題に対し

て採点基準を決めていくため、ルーブリックには採点者の主観がかなりの程度表出することになる。ここで、パフォーマンス評価の考え方として、「パフォーマンスから学力への解釈は主観的な性格を免れませんが、主観的であっても恣意的・独断的にはならないようにしなければなりません」(松下、2007、11頁)ということを説明する必要があろう。採点者の主観が入り込まざるをえないことを認めた上で、恣意的・独断的なルーブリックにならないようにするため、少なくとも3人の採点者で検討してルーブリックを作成する必要がある。

他方、アメリカにおいて真正の評価方法を使って実践的な試みを行っているバーク(Burke, K.)は、ルーブリックを定めるための6つの手順を提案している。その手順とは、教員は、①スタンダードを分析し、教員がどのように協働して取り組めるか考える、②生徒が理解すべき本質的な問い[16]につながる、「ビッグ・アイデア」[17]を考える、③授業計画とも呼べる、教員が教えるべきチェックリストを構築する、④単元ごとに行うとなると大変だが、いくつかのパフォーマンス課題を設定することで、カリキュラムとスタンダードに基づきつつ、生徒にやる気をおこさせる、⑤生徒用のチェックリストを作り、教科書や生徒の議論、スタンダードなどからキーワードを設定し、それらについてどのくらい理解できているか、生徒と教員で協働して考察する、⑥チェックリストは何を学ぶべきかについて示しているが、その質の水準については明らかにしていないので、質を明らかにするために、チェックリストを検討し、ルーブリックを考える、という手順である(Burke, 2006)。

以上のように、質的に学習者のパフォーマンスを評価するための指針として、ルーブリックが作成される。各達成レベルを記述によって説明するところが、ルーブリックの特徴であり、真正の評価における特徴でもある。しかしながらルーブリックの作成およびルーブリックを用いた評価に手間と時間がかかることは、西岡(2003)や松下(2007)などによって指摘されており、実施にあたって相応の体制が必要となる。このようにルーブリックは真正の評価全般において用いられる評価基準であるが、パフォーマンス評価やポートフォリオ評価においても重要な評価基準となっている。

(4) 真正の評価に基づく評価モデル

　ここまで、主に真正の評価の考え方について述べてきた。そこで真正の評価を用いた評価モデルにおいて、実際に学習者をどのように評価するのかについて、以下述べていく。松下らは、算数・数学のパフォーマンス課題を小学校3年生、6年生、中学3年生、高校3年生を対象に課すという調査を実施した際、「(a)思考のプロセスを表現することを要求する、(b)多様な表現方法(式、言葉、図、絵などが使える)、(c)真実味のある現実世界の場面を扱っていて、そこから数学化するプロセスを含んでいる、(d)複数の解法がとれる」(松下、2007、17頁)、という特徴を課題に持たせた。つまり、解答を探る過程から、そこから導出される解答までを、解答者が説明しやすい方法を用いることを認め、解法のすべてを採点者にわかるように示すことを課題として出したのである。なお、「真実味のある現実世界の場面」とは、解答者が日常的に遭遇するであろう、実際の場面を課題として扱うことである。そのことにより、解答者が課題に取り組みやすくしているのである。そして解答が終わった課題を、3人で採点し、ルーブリックを作り、採点をしながらルーブリックを加筆・修正し、最終的な採点を確定した。

　松下の事例は算数・数学という特定の科目を扱っているがウィギンズは一般的に、真正の評価における評価モデルを構築している。ウィギンズは、いわゆる伝統的な筆記テストの正当性を認めつつも、それだけでは測ることのできない能力があると主張し、真正の評価によって、完全ではないまでも、筆記テストで測ることのできない能力の評価方法を開発しようとしている。まずウィギンズは、伝統的な量的指標によるテストが求める内容と、真正の評価が求める内容の違い、そして真正の評価における指標(indicator)を次頁の**表3-1**のように示した。

　ウィギンズは表3-1の考え方に基づいて、真正の評価において、学習者が「理解する」ということがそもそもどういうことなのか、すなわちメタ認知、批判的な思考力の内容について言及した。ウィギンズによれば、学習者が「理解する」ということは、「洗練された説明・解釈の力と洞察」、「文脈における知識の応用と、自分の持つノウハウ」、「視点を得る能力」、「思いやり」、「自分の知識(self-knowledge)」という5つの側面から検討できる(Wiggins, 1998)。

表3-1 伝統的なテストと真正な課題が求める内容、および真正性の指標

伝統的なテスト	真正な課題	真正性の指標
正しい答えのみが求められる。	質的な製作物、パフォーマンス、正当性が求められる。	子どもが説明できるか、応用できるか、自分で修正できるか、答えを正当化できるかを測る。事実とアルゴリズムを用いて答えの正確さを求めるだけではない。
有効性を確保するため、事前に問題を知らせてはならない。	可能な限り事前に課題を知らせておく。何を求めているか、中心的な課題は何か、といったことも含む。	その活動を評価する課題、基準(criteria)、標準(standard)が予測できるか、もしくは知らされているか。
現実的な文脈や現実的な制限から切り離されている。	実際の世界で使われる知識が求められる。子どもは現実の状況や実際の活用に応じて、歴史や科学などを「しなければ」ならない。	課題が挑戦的であり、また課題が専門家や市民、消費者によって制限されそうであるか。ノウハウが求められる。
信頼できるスコアを簡単に出すため、構造が簡素化される。	複雑かつ矛盾しない課題、基準、標準を含む。	課題がパフォーマンスや学習分野の中心的な事項の重要な側面を含む。簡単には点数を出せない。しかし信頼性を犠牲にはしていない。
一回限り(one shot)。	反復する。必要な課題やジャンルや標準を繰り返す。	活動は、子どもが本当に習得したか、それとも見せ掛けか、理解したか、それとも知ったかぶりかを明らかにするよう計画される。
高度に技術的な相互関係に依存する。	直接的な証拠を提示する。大人のルールや訓練ベースの課題とは区別された課題を含む。	課題は多様であり公正である。そのため課題は子どもの興味と参加を促す。さらに、課題は子どもと教員にとって挑戦するのに適切なものである必要がある。
点数をつける。	利用可能な、診断的なフィードバックを提供する。子どもは結果を確認でき、自ら修正していくことが必要となる。	評価は、パフォーマンスを観察するだけでなく、将来のパフォーマンスを向上させるよう計画される。子どもは原則的に情報の「利用者(customer)」としてみなされる。

Wiggins, 1998, p.23 を基に筆者作成

「洗練された説明・解釈の力と洞察」は、ある物事の理解に対して、それまでに得た知識とその物事を理解する過程で得た知識を、効果的にその物事の理解に用いるということである。例えばインターネットの掲示板サイトについて学習する際、それがどのようなものかを「理解する」ということは、単にいわゆる「ネットいじめ」が起こるからアクセスをやめよう、ということではない。それは表面的なものの見方にすぎないからである。なぜ「ネットいじめ」が起こるのか、それを可能にしている環境は何か、などをインターネット全般に関する知識から考察することが「理解」につながるのである。

1つ目の「洗練された説明・解釈の力と洞察」は、学習者自身のみに関することだが、2つ目の「文脈における知識の応用と、自分の持つノウハウ」は、学習者同士のコミュニケーションにおける「理解」の証拠について述べている。他の学習者から学習者自身になされるフィードバックに注意を払うこと、他の学習者に自身の「理解」を伝えること、といった要素が、1つ目とは異なる点である。

3つ目は「視点を得る能力」である。これはある物事を、他の視点から考えることができているか、ということである。その「他の視点」とは、それまでに明らかにされている理論や思想であり、それら理論や思想に対する知識と「理解」も要求されている。学習者自身が思いついた、根拠のない視点からある物事を考えるのではなく、ある程度の正当性を持った理論や思想の視点から、「理解する」対象となる物事を考えるのである。

4つ目の「思いやり」は、情緒的な側面だと言える。感情的に自分には受け入れられない意見であっても、そこに何らかの有用性を見出そうとしたり、相手の立場になって考えてみたりするということである。最後の「自分の知識」は、内省という言葉に置き換えることができよう。自分がそれまでに得た知識や「理解」を絶対だと思わずに、常に新しく自分が得た知識や他人の意見などと照らし合わせながら、それまで自分が持っていた「理解」が果たして妥当なのかどうかを常に検討する視点を持つ、ということである。

ウィギンズは、このような「理解」の側面を正当かつ的確に評価するためにも、真正の評価が重要になってくるということを主張している。ウィギンズ自身は、「ときには冷静で批判的な分析を通して我々はもっともよく理解

する。また感情的な反応を必要とするときもある。ときには直接的な経験に依存するときもある。客観的な内省を通して理解が得られるときもある」(Wiggins, 1998, p.89)と述べるように、これら5つの側面が「理解」の証拠のすべてであるとは考えていない。それゆえ「文脈、そして判断が理解と誤解を決定する」(Wiggins, 1998, p.89)のである。とはいえ、これら5つの「理解」の側面は、第2章で確認した「批判的」な思考と重なる部分が少なくない。例えば、異なる視点から物事を考えるとか、知識を基にして分析対象とする物事を「理解」しようとすることなどは、メディア・リテラシー教育者や批判的教育学などが主張してきた「批判的」な思考であると言える。つまり、本書で明らかにしてきた、メディア・リテラシー教育で育成される「批判的」な思考力を評価する際にも、真正の評価に基づいて評価することが妥当なのである。

　以上のように、真正の評価における評価の基準の創出は、ルーブリックによってなされることになる。ルーブリックは評価を行うコミュニティのなかで、評価される側の作品やパフォーマンスを検討しながらつくられていくものである。評価の正当性を得るために、カリキュラムのような公的な基準に基づいておく必要があるが、現場の状況に即した評価基準がつくられることになる。次に、メディア・リテラシー教育において実際に真正の評価モデルがどのように設定されているのかを検討する。

(5) メディア・リテラシー教育における真正の評価モデル
　ここまで、ルーブリックを含む真正の評価の基本理念について述べてきた。そこで、真正の評価の立場に立ったメディア・リテラシー教育の具体的な評価方法について、先述したトロント地区教育委員会のティーチングガイドに記載されている内容を検討していく。
　ティーチングガイドは、いくらか考えられる「メディア科」の評価方法の中でも、継続的で独立した子どもの活動としてのメディアログが有効であると述べている。またティーチングガイドは、子どものメディア制作の評価についても述べている。教員はしばしば作品のどの部分が子どものオリジナルで、どの部分が引用やパロディなのかわからないという判断の難しさに直面する。このため、生徒のパフォーマンスに対する評価に教員が自信を持てない可能

性もある。そこで、制作の評価を補足する方法として、①インタビュー（メディア制作を提出するときに、教員はその制作から何を考え、学んだかを子どもにインタビューする）、②発表（小グループもしくはクラス全体に対して作品を発表する）、③注釈をつける(annotation)（子どもは作品と一緒に、制作過程と学んだことについて書いた説明を提出する）、という3点を挙げている(Toronto District School Board, 2005)。このような評価の材料は、ウィギンズ(1998)がパフォーマンスを評価する材料の例として挙げている項目にも含まれている。

　ティーチングガイドは、パフォーマンスに対して説明や注釈を必要とするときは、妥当性(validity)を考慮することが教員にとっては重要であると付け加えている。メディア制作を通じて学びを表現することに才能と能力があるかもしれない子どもは、話すことや書くことを通じて学びを示すことができない可能性がある。そのため教員はいくつかのパフォーマンスを評価しなければならない。よって、特定の観点だけで評価をすることで、その子どもの評価を不利にしてはならないのである(Toronto District School Board, 2005)。これはバッキンガムやシンカーの主張と同様である。

　さらにティーチングガイドはルーブリックとその見本についても言及している。子どもはルーブリックを自己評価の道具として使うことができ、教員はアセスメントと評価の両方にルーブリックを使うことができるため、提示することが有効であるとしている。トロント地区教育委員会のティーチングガイドにおけるルーブリックは基準について書いてある、いわば「素案」である。質的な変化の差は、最終的に各現場の教員の判断に委ねられることになる。そこで、評価が主観的であっても恣意的にならないようにするため、子どもがメディア・テクストの課題に何が求められるかを、理解するための助けとして、ルーブリックと作品の見本を組み合わせることが奨励される。

　作品の見本について、子どもは「見本の作品―優秀すぎる作品よりも、現実的につくることのできそうな作品―を観たときに元気付けられ、意欲をかきたてられることで今後の授業の動機付けに役立つ」(Toronto District School Board, 2005, p.69)とされている。この作品の見本については、より現実的なレベルを見本とすることが奨励されており、最初に最高レベルの見本を示すことで、子どものモチベーションが低下する可能性を考慮している。なお、ト

ロント地区教育委員会のティーチングガイドは、「全体的なルーブリック」を示しているだけである。実際には、例えば「パブリック・サービス・アナウンスメント(PSA)のためのルーブリック」[18]のように、観点別のルーブリックも用意されている。

上述したトロント地区教育委員会のティーチングガイドにおける評価の説明では、汎用的な(generic)ルーブリックと、活動テーマ(主に分析活動と制作活動)に即した大まかなルーブリックが示されており、メディア・リテラシー教員はこれを基にして具体的な活動に即したルーブリックをさらに作成することになる。また、メディア・リテラシー教員追加資格認定コースのシラバスにおいては、第2章で説明したような「批判」の指標に対応するようなスキルを、メディア・リテラシー教育を通しての獲得目標として求めている。

このように、いくらか理論を修正している部分があるが、少なくともトロント地区教育委員会は、真正の評価に基づいたメディア・リテラシー教育の評価を目指していることがわかる。まず何よりも、ティーチングガイドでは、伝統的な筆記テストの類についてはまったく言及していない。そしてインタビューや、発表の機会を設け、生徒と作品の制作過程について話し合いながら、作品だけでなくその過程にも着目して評価することが奨励されている。評価基準となるルーブリックの記述についても、「記述語に用いられている規準の言語は、他の点数についての記述語におけるものと対応することになる(並行である)。また記述語は、尺度の点数間にある質的な変化の差程度が等しくなるように書く(連続的である)」(西岡、2001、6頁)という原則に基づいている。例えば、「テクストにおける明示的・暗示的な思考や価値、観点と、自分の思考や価値、観点を比較する。メディア作品とオーディアンスの間の関係を分析する」という目標において、レベル2では「多様な観点の効果についてある程度(some)理解がある」、レベル3では「多様な観点の効果についてかなりの(considerable)理解がある」、レベル4では「多様な観点の効果について十分な(insightful)理解がある」というように、「多様な観点の効果について」という並列的な記述がなされている。これらの記述は、先述したルーブリックの特徴とも一致しており、ティーチングガイドは素案となるルーブリックを各メディア・リテラシー教員に提供しているのである。

しかしながら、常にパフォーマンス課題を課しているわけではなく、この点でパフォーマンス評価のみを用いているわけではない。学習者の日常的な活動や作業についても評価対象となっている。また、「検討会」のような機会について特に言及されておらず、そのような機会を設けることはあるかもしれないが、義務というわけではない。そのためポートフォリオ評価と完全には一致していない。以上のように、トロント地区教育委員会のメディア・リテラシー教育のティーチングガイドにおいては、ルーブリックであったり、プレゼンテーションやインタビュー、制作過程に着目することであったりといった、いわゆる真正の評価全般に基づいた評価方法が採用されているのであると言える。

小 括

本章では、メディア・リテラシー教育において学習者をいかに評価するかということについて、まずマスターマンとバッキンガムの主張を検討した。マスターマンは、メディア・リテラシー教育における学習者の評価について、作文やエッセイなどの筆記された記述ではなく、主に授業中の議論のような、学習過程について、学習者が自己評価できるような評価方法が望ましいと考えている。しかし、その具体的な方法についてマスターマンはほとんど言及していない。バッキンガムもマスターマンと同様に、学習者自身が学びを振り返ることが重要だと述べている。またバッキンガムは、制作活動を積極的に採用していることもあり、作品が他者に観られることを子どもに意識させた上での作品づくりの過程を評価する必要があるとしている。またバッキンガムは、活動終了後に時間をおいて行われる自己評価だけでなく、活動中にも何らかの形で自己評価を行い、それらを総合して学習者に振り返りを促すことが必要だと考えている。しかしマスターマンとバッキンガムは、その理論的根拠や具体的な評価方法については言及していない。

そこで、イギリスとアメリカ、オーストラリアにおけるメディア・リテラシー教育の評価について、先行研究を検討した。アメリカやイギリスの研究者、およびメディア・リテラシー教育推進団体は、メディア・リテラシーの

ような高次の思考力の獲得を評価するためには、真正の評価、ないしパフォーマンス評価を行うことが重要だとしている。またオーストラリアも、あらかじめスタンダードを決定して学習者をその目標に到達させようとするのではなく、その個人や集団の実情に合わせて目標を決定し、形成的な評価を用いながらその目標もしくはそれ以上にまで学習者を到達させようとする方法である「成果に基づく教育」の考えに則ってメディア・リテラシー教育を行っている。

　カナダにおいても、キストの先行研究において真正の評価がメディア・リテラシーのような新しいリテラシーの評価に適切であることが主張され、実際にオンタリオ州のメディア・リテラシー教員養成やトロント地区教育委員会のティーチングガイドにおいて真正の評価に基づいた評価モデルが説明されている。つまり、メディア・リテラシー教育においては真正の評価理論やパフォーマンス評価および真正の評価に基づいた評価方法が有効である可能性が高い。メディア・リテラシー教育においては、学習者を授業における議論の様子、プレゼンテーション、ポートフォリオなど、多様な観点から評価する必要がある。また制作活動についても、結果的に完成した作品のみについて評価するのではない。その作品ができるまでにどのような交渉の過程があったか、作品が完成した後に、自らの活動をどのように振り返ったか、というように作品が完成する前後の一連の過程から評価することによって、より公正な評価ができるのである。メディア・リテラシー教育のような教育活動における学習者を評価する場合、全体的な自己評価のような総括的評価だけでなく、作品づくりや実技試験に代表されるようなパフォーマンス課題による評価や、生活の自然な流れの中でインフォーマルに評価を行うといった形成的な評価、真正の評価の立場での評価方法が適当である。

　そこで、真正の評価とパフォーマンス評価、ポートフォリオ評価について検討した。真正の評価とは真正な文脈で実施されるパフォーマンス評価であり、通常の学習活動のなかで行われる。一方パフォーマンス評価は、ある課題(パフォーマンス課題)を学習者に課して、提出された課題の結果を評価基準の参考にし、評価をつけるというものである。真正の評価、パフォーマンス評価における具体的な評価の材料(すなわちパフォーマンス)の例としては、口頭

の場合、スピーチや議論、討論が挙げられる。また筆記の場合、エッセイや批評、日記が挙げられる。そして展示や制作の場合、美術的な絵画や造形、図表や広告、電子メディアを用いた制作などが挙げられる。またポートフォリオ評価は、学習者の作品や活動、作業などをポートフォリオに保存し、「検討会」などの学習の節目の機会に評価者と学習者が学習内容を振り返ることに特徴がある。

　評価の材料に対して、適切で信頼度の高い評価基準を設けるためにルーブリックが作成される。ルーブリックは、基本的な枠組みはあらかじめ設定されるが、具体的な内容や到達レベルの分け方は、実際のパフォーマンス課題を評価者数名が分析し、議論する過程を通じて決定される。評価モデルの作成においては、評価したい学習者の側面に合わせて、複数の観点から学習者のパフォーマンスを評価することが必要になる。

　以上のような真正の評価モデルを、メディア・リテラシー教育で採用している例として、トロント地区教育委員会のティーチングガイドを検討した。ティーチングガイドでは、伝統的な筆記テストの類についてはまったく言及していない。そしてインタビューや、発表の機会を設け、生徒と作品の制作過程について話し合いながら、作品だけでなくその過程にも着目して評価することが奨励されている。ティーチングガイドでは、ルーブリックであったり、プレゼンテーションやインタビュー、制作過程に着目することであったりといった、真正の評価に基づいた具体的な評価方法が述べられているのである。

　第1章から第3章までは、メディア・リテラシー教育に関する理論や「批判」概念、そして学習者に対する評価について述べることにより、本書で検討するメディア・リテラシー教育の性質と目標、およびその教育の中で学習者がどのように評価されるべきかを明らかにしてきた。次章では、本書の分析対象であるカナダ、とりわけオンタリオ州に焦点を当て、メディア・リテラシー教育の導入や展開、現状について述べていく。

【註】

1　Center for Media Literacy website　http://www.medialit.org/assessment　2010年12月13

日確認。
2 　本来、画家や建築家、新聞記者といった職業の人々が、雇い主に自らを売り込むときに用いる「紙ばさみ」、ないしファイルやスクラップ帳のことを指す(ギップス、2001)。教育の場合、子どもが自分の作った作品や、自己評価の記録、教員の指導と評価の記録を蓄積していくことになる(西岡、2003)。これは、「ファイルに事例や作品を入れることが評価となる。つまり、ファイルに入れて保存することで、その保存したものの価値を認めることになる」(ギップス、2001、245頁)ことを意味する。
3 　Center for Media Literacy website　http://www.medialit.org/assessment　2010年12月13日確認。
4 　キスト自身はアメリカ・オハイオ州の研究者であるが、ここで検討した論文はカナダの事例であるため、カナダの項目として扱う。
5 　授業を観察した4人の教員の授業のうち、1人に関しては、事後の電話インタビューに回答しなかったため、分析対象には含まれていない。分析の焦点を置いたマニトバ州の事例以外の2つの事例は、モントリオールの高校(第7～11学年が在籍)と、オハイオ州メディナにある小学校だった。
6 　メディア教員認定資格コースの具体的な学習目標は、
・オンタリオ州教育省のカリキュラムや、教育委員会のガイドラインが求める「メディア科」の内容を理解する。
・授業を設計し、観察し、評価するために必要な理論的理解を得る。
・子どもの知的、社会的、感情的、物理的、言語的、文化的、精神的、道徳的な発達を促すための学習環境をつくる。
・子どもの発達段階や特別なニーズに応じた目標、授業実践、評価を、どのようにつくり、修正していくかを理解する。
・学校内、受講者個人、保護者、コミュニティなどと連携して活動する。
・子どもの学習を助け、伸ばすため、教育制度内外の多様なネットワークやリソースにアクセスする。
・情報コミュニケーション技術を授業実践に取り込む。
・革新や変化に対して寛容になる。
・理論を実践に応用する。
・振り返り、積極的な活動への参加や協同作業を通じて実践を開発する。
・実践的なスキルを得る。
(OISE/University of Toronto, 2009, p.3)となっている。
7 　2009年度版のメディア・リテラシー教員追加資格認定コースでは、「メディアロッカー」という名称になっている。実質的な内容には大きな差はないが、「メディアロッカー」は保存したいと思ったメディア・テクストに加え、デジタルデータなど、あらゆるものを保管しておくという発想のものである。このためメディアロッカーは、メディアログよりも、ポートフォリオとしての機能を拡張していると考えられる。メディアログは製作者自身の意見を書き記し、ある程度整理した内容を保管しているが、「メディアロッカー」はあまり整理しなくてもよく、保管という機能に中心を置いている。

8 中心概念は日本の学習指導要領の国語科における「読むこと」、「書くこと」などと同じで、各学年においてその観点から学ぶべき内容を示している。
9 初等教育カリキュラムでは2006年に「メディア・リテラシー」が新設されたが、中等教育カリキュラムでは2007年改訂以前のカリキュラムから、既に「メディア・スタディーズ」という名称で設定されていたため、そのまま「メディア・スタディーズ」になったと考えられる。ただし、両者の概念は同じである。
10 ヨーク大学教員追加資格認定コースウェブサイト http://profdev.edu.yorku.ca/yufe/www/source/Meetings/cMeetingFunctionDetail.cfm?section=unknown&product_major=TW11ME1Z&functionstartdisplayrow=1　2011年1月10日確認。
11 なお、調べた範囲では、オンタリオ州内でメディア教員追加資格認定コースを開設しているのは、トロント大学とヨーク大学のみだった。他の教科・科目に関しては他大学でも開設しているものがある。
12 診断的評価は、教育活動開始直後に、学習者が現在どの程度学力・知識を有しているかであるとか、生活経験の実態などを把握するために行う評価である。形成的評価は、教育活動の過程で実施される評価で、授業の改善もしくは学習者の理解度を把握する。成績の根拠にはしない。総括的評価は、教育活動の区切りの時期(学年末・学期末・単元末など)に、教員は実践上の反省を行うため、学習者は目標が達成できたかを把握するために行う評価である。学習に対する発展性を対象とするため、学習者が、現在の達成を把握し、それをどのように発展させるかを考え、素材を提供し得る評価法が求められる。
13 ギップスは「モデレーション」という用語を用いている。「モデレーション」とは「要求されているパフォーマンスのスタンダードについて、評価者が共通の理解を持つための仕組み」(ギップス、2001、151頁)であり、内容としてはルーブリックと同義である。
14 西岡(2001)は、ウィギンズやスクリヴァン(Scrivan, M.)らの定義をレビューし、テストと結びついたルーブリックや、「パフォーマンス一般についての採点指針」、「評価基準を記載する特定の形式」、など、ルーブリックの幅広い解釈について述べている(西岡、2001、4頁)。
15 記述語とは、「パフォーマンスの質のレベルを規定する規準(criteria)を示すものであり、場合によっては指標(indicators)を含む」(西岡、2001、4頁)ものであり、指標とは、「評価される特定のパフォーマンスに典型的な行動や形跡であり、規準が満たされることを示す具体的な徴候」(西岡、2001、4頁)である。
16 生徒がその単元で学ぶべき主題を考えるための問い。例えば、特定の出来事がどのように第二次世界大戦を引き起こしたのか。各国が戦争を始めたり、参加したりすることを決めたのはなぜか。人々の性格は戦争の行く末にどのように影響するのか。第二次世界大戦の主な影響に何が考えられるか、などという問い(Burke, 2006)。
17 本質的な問いの前提として考える、仮説のようなもの。
18 2007年11月19日にトロント市内のミドルスクールにて、筆者が観察した第7学年の「国語」の授業では、このルーブリックが生徒に配布されていた。

第Ⅱ部
事例研究

オンタリオ湖

第4章

オンタリオ州におけるメディア・
リテラシー教育の導入と展開

トロント市内のある初等学校のメディア・リテラシー教師の教室②

本章では、第5章で事例研究として検討するカナダ・オンタリオ州について、なぜメディア・リテラシー教育を世界で初めて公教育に導入することができたのか、そしてその後メディア・リテラシー教育がどのようにカリキュラムに位置づけられ、そのカリキュラムを基に学習者がどのように評価されているかを明らかにすることを目的とする。先行研究では、オンタリオ州でメディア・リテラシー教育を1987年に導入するに至った過程、導入以降のおよそ20年間にわたって、メディア・リテラシー教育がカリキュラムにどう位置づけられてきたか、およびその教育内容・評価に関する先行研究が少なからずなされ、明らかになってきている。しかしそれらは決して十分ではなく、欠けている視点もある。本章での目的が明らかになることによって、本書でなぜオンタリオ州の事例を取り扱うのかという意義をより明確に位置付けることができよう。

　カナダはその国土の広大さから、情報・通信産業が発達し、情報に対する認識の重要性が指摘されてきた(菅谷、2000)。それら情報を媒介するメディアの研究という視点から、メディア論で知られるマクルーハンが大きな影響力を持ってきた。中でもオンタリオ州は、公教育にメディア・リテラシー教育を1987年に導入した世界で初めての自治体として、世界中から注目を集めた。特に日本のように視聴覚教育や放送教育など、メディアを利用した教育は発展していても、メディアについての教育がほとんど議論されない国や地域からは、オンタリオ州がメディア・リテラシー教育を導入できた背景を探究することに興味が集まったのである。

　本章ではまず、カナダにおけるメディア・リテラシー教育プログラムを概観し、本分野におけるオンタリオ州の先進性について確認する。次に、なぜメディア・リテラシー教育がオンタリオ州のカリキュラムに導入されたのか、オンタリオ州のメディア・リテラシー教育導入過程がいかなる要因によって進展したかを、筆者が現地調査などで得た証言や資料を基に明らかにする。そして、メディア・リテラシー教育導入以降、英語カリキュラムでどのように取り扱われているかを明らかにする。最後に、オンタリオ州における教育評価の方針について、教育政策の状況から考察する。

第1節　カナダにおけるメディア・リテラシー教育の概要

(1) カナダおよびオンタリオ州の教育制度

　カナダの教育は州の立法府の管轄事項であることが1867年憲法法[1]第93条に規定されている。これはカナダ連邦成立の時点で、既に連邦に加盟していた植民地州で地域の実情に応じた学校教育制度や慣習が根付いており、既成情況を尊重したためである(小林、2003)。他方、憲法は教育に関する州の第一次的管轄権限を定めたものであって、連邦政府が教育に関与することを全面的に禁止しているわけではない[2]。よって、連邦が州政府の教育政策に関与することが、状況によってはありうる。しかし、カリキュラムや教育行政は原則として各州政府によって担われる。カリキュラムや教育財政のみならず、基本的な学校体系も州ごとに異なる[3]。教育行政は州を単位として行われ、各州に日本の文部科学省にあたる州教育省が設置されており、カナダ連邦政府としての教育省は存在しない。教育省に相当する機関が教員免許の発行や教育課程のガイドライン作成、教育委員会および高等教育機関への財政援助などの事務を行っている(成嶋、2003)。

　連邦としての教育省が存在しない代わりに、各州・準州の情報交換や相互協力を円滑にするため、1967年にカナダ教育担当大臣協議会(Council of Ministers of Education, Canada: CMEC)が発足した。CMECは、例えば、州ごとに異なる中等教育修了条件を定めているカナダにあって、州を超えて転校する生徒のために、各州の履修条件を示し州相互の科目認定用参考資料を提供したり、あるいは全国規模の学力テストであるPCAPを実施したりするなどの活動を行っている。しかしCMECは連邦政府内の組織ではなく、あくまでも各州教育省の連絡・調整機関であり、何らかの強制力をもって州政府を拘束するものではない(小林、2003)。つまり、カナダでは各州の教育政策の権限がかなりの程度保障されているということである。

　オンタリオ州では、言語・宗教の観点から、英語系公立学校、フランス語系公立学校、英語系カトリック学校、フランス語系カトリック学校の4種類の初等・中等の公立学校が存在し、これに対応する形で教育委員会も4種類が存在する(平田・溝上、2008)。中等教育までの学校選択に関しては、初等学

校の場合、通常自分の居住地に最も近い学校に行くことになる。中等学校進学に際しては第8学年時にガイダンス・カウンセラーに進路について相談する機会が子どもに与えられる。通常は初等と同様、自分の居住地に最も近い学校に通うことになる。最も近い中等学校に進む場合は学校の定員に関係なく学校側が生徒を受け入れなくてはならない。最も近い学校に進学を希望しない場合は、希望する学校の定員に欠員がある場合に限り受け入れられるのが通常である。オンタリオ州の初等教育は8年、中等教育[4]は4年であり、義務教育は学年ではなく年齢(7歳から16歳まで)で決められている(平田、2008)。

　カリキュラムは大きく初等教育(Grades 1-8)用と中等教育(Grades 9-12)[5]用に分けることができる。オンタリオ州のカリキュラムは学校段階もしくは科目ごとに改訂されており、1980年代からの改革をみていくと、1987年、1995年、2000年あたりにそれぞれ改革が行われている。現行制度は2006年前後に行われたカリキュラム改革に則して行われている。教科書はオンタリオ州教育省が認定した、NPOなどの民間の組織が作成するものがある。認定教科書については教育法(Education Act)第298条に規定されている。学校や教員はオンタリオ州教育省が発行する認定教科書のリストである「トリリアムリスト(Trillium List)」から、使用する「教科書」[6]を選ぶことになる。「トリリアムリスト」は基本的にすべての教科・科目を網羅しているが、カリキュラムのある一部分に特化した資料や、参考資料のようなものまでは把握していない。それらの資料は「補助教材」という扱いになる(Ministry of Education, Ontario, 2008)。「補助教材」の選定については各教育委員会に責任が委ねられる。教員は「トリリアムリスト」に載っている「教科書」や、「補助教材」から自由に選択して授業を行うことができる。

(2) カナダ国内におけるオンタリオ州のメディア・リテラシー教育の先進性

　本章で検討する1987年のメディア・リテラシー教育導入当時のメディア・リテラシー教育の定義について、オンタリオ州英語科カリキュラムには次のように記述されている。

　　　メディア・リテラシーは、聴覚・視覚に直接的に表現されるテクス

トの批評と理解である。またコミュニケーションのために音や映像を使用する能力も含まれる。(中略)メディア・リテラシー教育において学習者は、メディアが何を伝えるのか、どのようにそれを伝えるのか、人々の生活において、メディアやメディア・メッセージの効果がどのようなものであるか理解する必要がある。(Ministry of Education, 1987, p.3)

　メディア・リテラシー教育が体系的に行われているイギリスやカナダ、オーストラリア、北欧の国々などでは、一般的に総体としてのメディア・リテラシー教育をmedia education、科目としてのメディア・リテラシー教育を「メディア科(Media Studies)」と呼称していることが多い。ワーズノップ(Worsnop, C. M.)によれば、カナダの場合はそれらの用語がすべて同義的に使われていることが多いということである(Worsnop, 1999)。しかしながら、少なくともオンタリオ州においては、すべての教科・科目で実施されるようなメディア・リテラシー教育を総称して"media education"とし、第11学年選択科目として「メディア科」を設けるという区別をしている。また、メディア・リテラシー教育はメディア・テクストを「批判的」に読み解く教育内容として、各教科・科目に採用されてきたが、特に「英語(English)」における言語教育の一環として取り扱われている。これは、本書第1章および第2章で述べたように、メディア・リテラシー教育がカルチュラル・スタディーズにおける記号論を基に発展し、映像や音声も文字と同じ「記号」として扱うためである。さらにオンタリオ州の中等教育においては、「英語」で習得する中心的な概念(strand)として、「オーラルコミュニケーション」、「読むことと文学」、「書くこと」と同列に「メディア・スタディーズ(＝メディア・リテラシー)」が設定されている。

　上記のような、学校教育におけるメディア・リテラシー教育の取り組みは、カナダの中でもオンタリオ州においてまず始まることになった(Andersen, Duncan and Pungente, 2000など)。他の州では、1990年代にメディア・リテラシー協会の支部の主導によってメディア・リテラシー教育が開始された[7]。オンタリオ州以外の州のメディア・リテラシー教育の開始年および実施状況については次項の**表4-1**のようになっている。

表4-1　カナダ各州におけるメディア・リテラシー教育の実施状況

州(province)	開始年	メディア・リテラシー教育プログラムの特徴
アルバータ (Alberta)	1999	1993年に完成した「ウェスタン・カナダ・プロトコル(Western Canada Protocol: WCP)」[9]の共通英語教育カリキュラムに準じているが、アルバータ州の特徴はK-9の学年で、様々なメディア様式を用い、オーディエンスとの関連も意識させながら、制作活動や解釈を行っている。
ブリティッシュ・コロンビア(British Columbia)	1994	幼稚園から第12学年まで(K-12)の横断的なカリキュラムである「総合リソース・パッケージ(Integrated Resource Packages: IRPs)」のメディア・リテラシー教育の枠組みを作成することとなった。1996年にメディア・リテラシー教育はK-12すべての言語教育カリキュラムに位置付けられ、必修とされている。
マニトバ (Manitoba)	1990	学校に対してワークショップや教材の支援をしている。「見る」と「表現する」がメディア教育として言語教育に義務付けられている。テクストを解釈することと表現することを重視している。
ニューブランズウィック(New Brunswick)	1990	1990年代の教育改革によって初等・中等教育の教科統合が進み、メディア・リテラシー教育はいくつかの科目に組み込まれ、特に英語と社会のカリキュラムでは強調された。また全学年の言語教員に対して、担当している授業の少なくとも3分の1の授業で、メディア・リテラシーのスキルを取り入れるように奨励しており、社会科でもなんらかの形で取り入れるようになった。メディア・リテラシーは英語カリキュラムにおいて特に強調されており、批判的なメディア消費者かつ批判的なメディアの分析ができる人材養成を目指している。
ニューファンドランド (Newfoundland)	1995	1990年代の成果重視の学習への移行に伴い、メディア・リテラシー教育はカリキュラム横断的に取り入れられた。英語では2003年までにすべての学年にメディア・リテラシーの要素が組み込まれたが、特別なコースとしてはいくつかの中等学校で提供されているにすぎない。
ノースウェスト準州(Northwest Territories)	不明	言語プログラム(Language Arts Program)のなかにメディア・リテラシー教育が含まれている。
ノヴァスコシア (Nova Scotia)	1992	特に社会科カリキュラムと「新しいカナダ史」のコースでメディア・リテラシーが大きく組み込まれている。初等・中等段階を通じてメディア・リテラシー教育が行われ、卒業要件となる6つの分野のうち、5つにその要素が取り入れられている。第12学年の映画ビデオ制作コースでは制作・理論・メディア分析が必須となっている。

第4章　オンタリオ州におけるメディア・リテラシー教育の導入と展開　139

州(province)	開始年	メディア・リテラシー教育プログラムの特徴
ヌナブト準州（Nunavut）	1999	言語プログラム（Language Arts Program）のなかにメディア・リテラシー教育が含まれている。
プリンスエドワード島（Prince Edward Island）	1995	初等・中等教育を通じて英語のカリキュラムにメディア・リテラシー教育が導入されている。第11学年の選択コースが大半の高等学校で提供されている。中学校では、メディアコースの開講は各学校の裁量に委ねられている。
ケベック（Quebec）	1990年代	1990年代のカリキュラム改革によって、教科横断的な「ケベック教育プログラム（Quebec Education Program: QEP）」が作成され、子ども中心の問題解決型学習が目指された。QEPは教科学習領域と広域学習領域に分けられており、メディア・リテラシー教育は広域学習領域の必修要素に組み込まれた。QEPでのメディア・リテラシー教育の目的は、批判的・倫理的にメディアを判断する能力を高め、人権を尊重するメディア制作の機会を与えることだった。
サスカチュワン（Saskatchewan）	1997	メディア・リテラシー教育は共通必修科目の一部であり、基礎的な英語教育を構成している。1997年には第6-9学年に、1999年には第10-12学年のカリキュラムに導入された。特に第10-12学年では英語とは別にメディア関係の構成要素（メディア・スタディーズ、ジャーナリズム、コミュニケーション、クリエイティブ・ライティング）を選ぶことができる。またK-12での芸術の教科ではメディア・リテラシーの要素が組み込まれている。さらに第1-9学年で必修教科である保健でもメディア・リテラシー教育が一部として実施されている。
ユーコン準州（Yukon）	不明	言語プログラム（Language Arts Program）のなかにメディア・リテラシー教育が含まれている。

Andersen, Duncan and Pungente, 2000を参考に筆者作成

　各州の教育政策としては表4-1に示したような状況であるが、メディア・リテラシー協会の報告によれば、実際の教育現場では必ずしも政策通りになっていないようである。例えばブリティッシュ・コロンビア州では、訓練や準備時間の不足、授業についての情報交換の場がないことなどから、実際の教育現場でメディア・リテラシー教育がほとんど実施されていないことが、浪田が教員組合や教育実習生などに行ったアンケート調査から明らかになっている（浪田、2006）。また、ブリティッシュ・コロンビアメディア教育協会（British

Columbia Association for Media Education)の会員も、一部の熱心な教員を除いてメディア・リテラシー教育を行っていないと述べている(浪田、2006)。

一方、毎年カナダ全国を対象に開催される「人種差別撤廃キャンペーン(Racism, Stop It! Campaign)」[9]に、毎年のように入賞しているマニトバ州やノヴァスコシア州の教育省のサイトでは、「メディア・リテラシー」という用語はあり、メディア・リテラシー教育が推進されているようだった。しかしながらサイトで紹介されている団体は、カナダおよびアメリカで全国的に活動している団体のみであり、資料についてもメディア・リテラシー協会が紹介しているような一般的なものに留まっていた。マニトバ州では「見る」と「表現する」という言語教育が「ビジュアルリテラシー」という項目で推進されているが、これは映像制作技術に特化したものである。さらにニューブランズウィック州も、幼稚部〜高校の「英語」においてメディア・リテラシーとクリティカルリテラシーが明記されている。しかしカリキュラムに付録として記載されている授業例を読む限り、「テレビ局を訪問する」、「プロの写真家を授業に招く」、「短編映画をつくる」など、メディア制作やメディア産業についての学習がその多くを占めている(New Brunswick Department of Education Curriculum Development Branch, 1998)。このような事例が示しているように、実際にはメディア・リテラシー教育が視聴覚教育や放送教育[10]になってしまっている州もある。オンタリオ州のように独自に資料を作成している州は世界的に見ても珍しいとされ(Scheuer, 2009)、オンタリオ州が国内、国際的に見ても先進的な地域であることがわかる。

第2節　オンタリオ州におけるメディア・リテラシー教育導入の背景

本節では、オンタリオ州においてメディア・リテラシー教育がなぜ導入されるに至ったのかを、マクルーハンの影響、アメリカ文化への抵抗心、オンタリオ州の政治状況、多文化社会としてのカナダ、という4つの側面から考察する。これらの要因が背景となり、結果的にメディア・リテラシー教育(Media Studies)は、自由党政権下の1987年に実施された。導入時は、第7・8学年では全授業時間数の10％、第9-12学年では「英語」のうち30％をメディ

ア・リテラシー教育にあてることとされたのである(Boles, 2001)。さらにメディア・リテラシー教育は急遽新設されたため、従来の英語教員へのサポートとして、オンタリオ州教員組合のラロンド(Lalonde, P.)がメディア・リテラシー協会にリソースガイドの作成を依頼した(Boles, 2001)。これらの事実によって、オンタリオ州は世界におけるメディア・リテラシー教育の「先進国」となったのである。実際には1987年以前から、ヨーロッパ各地で既にメディア・リテラシー教育プログラムが部分的に実施されていた。しかしオンタリオ州は、カリキュラムに導入するかたちで、メディア・リテラシー教育を州全体に実施することに成功した。本節では、オンタリオ州において州レベルでメディア・リテラシー教育が実施できた要因を考察することで、オンタリオ州のメディア・リテラシー教育をめぐる状況を確認する。

　カナダにおけるメディア・リテラシーの理論については、浪田(2006)が「カナダはメディアリテラシー先進国でありながら、イギリスやオーストラリア、アメリカ合衆国とは異なりメディアリテラシーを専門とする研究者が大学・研究機関にほとんどいない」(浪田、2006、242-243頁)と述べるように、アカデミックな場において理論的に研究がなされていないと考えられる。一方、上杉も「カナダ・オンタリオ州のメディア・リテラシー教育は、イギリスのメディア教育の影響を受けながら発展してきた。しかし、イギリスとは異なり、イデオロギー批判を展開したマスターマンの教育学に学んだ教員たちによって、1980年代半ばから今日に到るまで、マスメディアの商業主義的性格に焦点を当てたメディア・リテラシー教育実践が続けられているところに、その特徴が認められる」(上杉、2008、90頁)と述べている。つまり、カナダのメディア・リテラシー教育は実践に特化しており、理論面は主にイギリスの知見に依拠しているのである。

　このことに関してはカナダ人も認めている。例えばダンカンは、カナダにおけるメディア・リテラシー教育の歴史や、カナダ的な教育実践のアプローチについて述べている。しかしメディア・リテラシーの概念、メディア・リテラシー教育およびメディア科の定義についてはバッキンガムの理論と定義をそのまま引用している。また、授業で子どもに何を身に付けさせるかということにおいても、マスターマンの論考を引用し、クラスでの議論や振り返

りを通して、どのように意味がつくられていくのかを学習者が分析できるようにすることが目標であると述べている(Duncan, 2005b)。とはいえ、メディア・リテラシー教育が開始されたころからずっと同じ理念が続いていたわけではない。ハンモア(Hanmore, T.)がトロント大学オンタリオ教育研究所で書いた修士論文では、オンタリオ州において1966年から1971年にかけて起こった初期のメディア・リテラシー教育は、保護主義的であるのに加え、視聴覚教育と混同されていたとされる(Hanmore, 2005)。しかしイギリスで考案されたメディア・リテラシー教育の理論を参照するようになってから、「メディアについて学ぶ」メディア・リテラシー教育の方式に変わっていったとされている(Hanmore, 2005)。このことからも、オンタリオ州のメディア・リテラシー教育の理論的根拠がイギリスの研究成果にあることがわかる。

(1)マクルーハンの影響

　マクルーハンは1952年から1980年までトロント大学の教授であった。この間に彼の下で学び、教員になった人材がオンタリオ州のメディア・リテラシー教育の普及に多大な貢献をしたとされる(菅谷、2000)。また、アンダーセンら(2000)は、カナダのメディア・リテラシー教育理論はマクルーハンに負うところが大きいと述べている。このため、カナダの文脈におけるマクルーハンのメディア・リテラシー教育への影響は無視できない。

　マクルーハンとカナダにおけるメディア・リテラシー教育推進の関係については、上杉が指摘するように、メディア・リテラシー教育を実施する正当性を確保するための看板にすぎず、実際にはマクルーハンとメディア・リテラシー教育の関係性はほとんどない、という議論もある(上杉、2004)。しかし、メディア・リテラシー教員追加資格認定コースのシラバスでは、メディアは人間の身体機能や感覚器官を拡張したものであるという主張(マクルーハン、1987)や、メディアや技術の発達が人間のコミュニケーションのあり方を変化させるというマクルーハンのメディア論とメディア・リテラシーの関係性が述べられている(OISE/University of Toronto, 2009)。つまり、メディア・リテラシー教育の理論はイギリスの論者に拠るところが大きいが、メディアと人間のコミュニケーションの考え方についてはマクルーハンの理論が中心に

なっている。この点を考えればアンダーセンらの主張は納得できるものであり、マクルーハンがカナダのメディア・リテラシー教育に果たした影響は大きいと考えられる。

マクルーハンにメディア論を学んだ教員の中でも最もメディア・リテラシー教育の普及に貢献した人物はダンカンであろう。ダンカンは1960年代の大学在籍時にマクルーハンの下で学んだ後、1978年に同僚の教員や教育関係者らとメディア・リテラシー協会を創設し、自ら初代会長を務めた。その後メディア・リテラシー協会を中心としたNPOの活動により1986年に初等・中等教育でのメディア・リテラシー教育が法制化され、1987年から幼稚部〜第12学年すべてで実施されることになった。メディア・リテラシー協会はメディア・リテラシー教育用リソースガイドを1989年に州教育省の委託で発行するなど、その影響力の大きさを示している。

メディア・リテラシー協会はダンカンら一部の、マクルーハンに大きく影響を受けた人々の先導だけで成功したわけではない。メディア・リテラシー協会のような団体が精力的に活動できた背景には、1960年代半ばからカナダで映画教育(screen education)が注目され、実践されていたことがある(上杉、2004)。この時期はベトナム戦争や公民権運動など、政治的に影響を与える映画が制作・上映されていたこともあり、マクルーハンの影響と重なってさらにメディア・リテラシーへの関心が高まった(菅谷、2000)。この映画教育の実施については1977年の英語科カリキュラムにも反映されており、映画とテレビを視覚的な文学と捉え、英語教育で扱うことが明記されている(金久、2002)。

しかし教育予算の削減や「基礎へ帰れ(back-to-basics)運動」[11]の州政府の方針によって1971年にカナダ映画教育協会が解散したことを境に、活動は衰えていった(上杉、2004)。その後テレビやケーブルテレビの普及によって「俗悪な」アメリカメディアが市民にも広く観ることのできるものとなったことが、オンタリオ州におけるメディア・リテラシー教育発展の直接の契機であると言われる(上杉、2004)。その後1980年からオンタリオ州の中等学校でメディア・リテラシー教育の新たな成長がみられるようになり、初等学校でもメディア・リテラシー教育への強い働きかけが始まった[12]。中等学校から本格的な取り

組みが始まったのは、中心メンバーであるダンカンやアンダーセンが中等学校の教員だったからであり、初等学校へはメディア・リテラシー協会の活動を通じて波及していった[13]。

　メディア・リテラシー協会はその活動のなかで、マクルーハンの理論のいくつかを常に前面に出している。例えば、「グローバル・ヴィレッジ」という、メディアを通じて地球上の人類全体がコミュニケーションするようになっていく考え方は、1989年発行のオンタリオ州のリソースガイドのみならず、メディア教員追加資格認定コースシラバスのなかにも登場する。さらにメディア教員追加資格認定コースでは、マクルーハンの理論について学習し、その理論についてのディスカッションを行う時間も2時間程度あった。特に重要とされているマクルーハンの理論は、「メディアはそれぞれの文法を持ち、それぞれのやり方で現実を分類する」(オンタリオ州教育省編、1992、11頁)というものである。このように、オンタリオ州におけるメディア・リテラシー教員には、マクルーハンの理論を学ぶことが必須になっている。

　しかしながら、マクルーハンの理論はカナダ流のメディア・リテラシー教育理論を形成するとまでは言えない。マクルーハンが教育に関して言及している論考もある(マクルーハン、2003)が、これはマクルーハンの時代におけるニューメディア、すなわちテレビを学校教育に導入する必要性を訴えたものであり、視聴覚教育に近い可能性がある。あくまでカナダのメディア・リテラシー教育の中心はカルチュラル・スタディーズであり、マクルーハンの理論は人間のコミュニケーションのあり方や、メディアの捉え方に関しての参考となる理論という扱いである。ただし、オンタリオ州におけるメディア・リテラシー教育のあり方を形成したものとして、マクルーハンの存在は大きいと考えられる。またメディア・リテラシー協会の中心メンバーが、トロント大学の学生として、直接マクルーハンからメディア論を教わったことも、大きな要因だと考えられる。

(2)対アメリカ文化

　オンタリオ州におけるメディア・リテラシー教育の導入と、他の文化との関係は深い結びつきを持っている。特に隣国アメリカとの関係におけるカナ

ダ連邦の文化的・地理的・政治的背景とメディア・リテラシーの関係は、ほぼすべての先行研究で言及される論点である。アメリカとカナダの関係は、アメリカとの国境から300キロ以内にカナダの人口の90％が居住している（菅谷、2000）ことから、文化や政治、経済など幅広い分野で密接である。1960年以来、国内の放送局が放映する番組の55％（4週ごとの平均）は「カナダ的内容」とする連邦政府の規制が存在するものの、電波を相手にするという性質から、法的あるいは行政的措置によってアメリカ製の番組を統制下に置くことは事実上不可能である[14]。

　1970年代、ケーブルテレビやビデオ（レンタル用、販売用）がオンタリオ州で普及したことにより、アメリカ製の「俗悪な」テレビ番組がカナダ国内で視聴者を拡大する事態が懸念されるようになった。特にメディアに映し出される暴力や性描写の問題を訴える女性団体や、教育委員会の英語科担当者が、子どもに対するメディアの影響を危惧したのである（Boles, 2001）。メディア・リテラシー協会に協力している傍ら、独自にメディア・リテラシーの普及活動を行っているプンジャンテ（Pungente, S. J.）はアメリカのこうした「俗悪な」文化の流入が不可避な状況下において、1970年代にはオンタリオ州の政治・行政・学校・保護者すべてがメディア・リテラシーを初等・中等教育に取り込もうとする動きに賛同していたと言う[15]。カナダの知識人および教育関係者は、カナダ人が知らない間に、自分たち自身に対して「アメリカ的な」思考や価値観が植え付けられていくという不安を抱き、文化的防衛策としてメディア・リテラシーの必要性を訴えた[16]。アメリカ的な思考や価値観の流入を自由放任にしておけば、カナダの主体性や個性が飲み込まれてしまい、カナダという国が消滅してしまう可能性がある（加藤、2000）。

　商業主義的なメディアのあり方に対する批判が、オンタリオ州においては革新派からだけではなく、少なくとも1980年代半ばには保守派によっても理解されるという状況が成立していた（上杉、2004）。カナダでのメディア・リテラシー教育発展の歴史において、アメリカ文化流入との関係、そしてカナダ連邦という国家のアイデンティティを維持しつつアメリカとの政治的、経済的な友好関係を築く姿勢は無視できない。カナダ人が、似て非なるアメリカ人を好む感情と嫌う感情を複雑に抱く中で、メディア・リテラシーはカ

ナダ人アイデンティティを形成するための一手段として発展した[17]ことに疑いはない。

　しかし、先行研究で言われるように、アメリカ文化からカナダ人アイデンティティを守るためのメディア・リテラシー導入という見解は誤解だと思われる。メディア・リテラシーは、これまで述べてきたように批判的に情報を受容し、コミュニケーションを創り出す、能動的・主体的な能力である(Buckingham, 2003)。アンダーセンは、アメリカ文化の流入に対抗する防衛措置という考え方は、カナダのメディア・リテラシー教育発展に大きく影響していない可能性があると言う[18]。その国土の広大さから、情報通信の重要性はカナダ人にとって広く認識されており、情報をどのように発信し、読み解くかというコミュニケーション技術が必要不可欠であったと述べるとともに、「賢い消費者」として、情報の読み手と送り手がともに質を高めていこうとする意識もメディア・リテラシーが受け入れられた要因であると指摘しているのである。つまり、メディア・リテラシーはアメリカ文化からのカナダのアイデンティティ保護という受動的な見解よりも、アメリカ文化を意識しつつ、メディア社会に生きるカナダ人として新たなアイデンティティを形成するための手段として受け入れられたという能動的な見解の方が適切ではないだろうか。

　以上のような対アメリカ文化という背景に関しては、オンタリオ州独自というよりも、カナダ全土に渡る事柄である。しかし特にオンタリオ州は、ケベック州を例外とすれば、カナダにおける政治・経済・文化の中心であり、とりわけアメリカという文化に注目していると考えられる。オンタリオ州教育省とメディア・リテラシー協会が発行した、公式の『メディア・リテラシー・リソースガイド』(1989)では、「メディアは社会的・政治的意味を持つ」というメディア・リテラシーの基本概念についての説明において、「カナダの人々にとっては、アメリカによるメディア支配が明らかに文化的な問題となっている。カナダ人としての明確なアイデンティティの確立は今後も困難な問題でありつづけるが、メディア・リテラシーのプログラムでも、この問題を挑戦と受けとめて、真剣に取り組む必要がある」(オンタリオ州教育省編、1992、10頁)と説明し、具体的な事例についてもアメリカのメディアを頻繁に取り上げ、

アメリカ文化がカナダにどのような影響を及ぼしているのかを問題にしている。プンジャンテや、ダンカンらメディア・リテラシー協会のメンバーもオンタリオ州の居住者であるが、様々な雑誌記事(Andersen, Duncan and Pungente, 2000; Esquivel, 2005など)や筆者が実施したインタビューにおいて、アメリカ文化を意識している発言が目立っている。よって、オンタリオ州でにおけるメディア・リテラシー教育導入と、アメリカ文化の関係は深いと考えられる。

(3) オンタリオ州政治

上杉は、政治思想とメディア・リテラシーの一般的な関係に関して、保守派の政権ではメディア・リテラシーは否定されると指摘している(上杉、2004)。実際に、オンタリオ州がメディア・リテラシー教育を導入した際の政権は中道左派の自由党(Liberal Party)だった。そこで、オンタリオ州がメディア・リテラシー教育を導入した当時の政治について把握しておく必要がある。カナダの主な政党については、中道右派の進歩保守党(Progress Conservative Party)と、中道左派の自由党、そして第3の政党である新民主党(New Democratic Party)がある(次頁の図4-1を参照)。進歩保守党と自由党には大きな政策の違いはなく、新民主党も穏健的な社会主義であると言われる(加藤、2002)[19]。また進歩保守党と自由党というカナダの2大政党は、「かならずしも価値観・世界観の点で明確な対立軸を持っていない」(上杉、2008、95頁)と言われており、また「同じ名前を名乗っていても連邦政党と州政党の組織が必ずしも一元化されておらず、同じ政党名でも組織、党員、政策、財源などの面で、州政党が連邦政党の下部組織としてふるまうようにはなっていない」(櫻田、2003、108頁)とも言われる。つまり、一概にカナダの保守党や自由党の政策について述べることはできない。しかし、一般的に自由党はアメリカのカナダへの過度の影響を排除する傾向にあり、(進歩)保守党はアメリカと協調路線をとる傾向にあると言われる(加藤、2002)。

少なくとも、オンタリオ州の場合、1960年代を境に、それまで右寄りだった政策が、少しずつ左寄りになっていったと言われる(Boles, 2001)。この時期、社会福祉を重視する政策を行った進歩保守党は、教育政策としても子どもの実際の生活に基礎を置く児童中心主義をとったのである(上杉、2008)。時

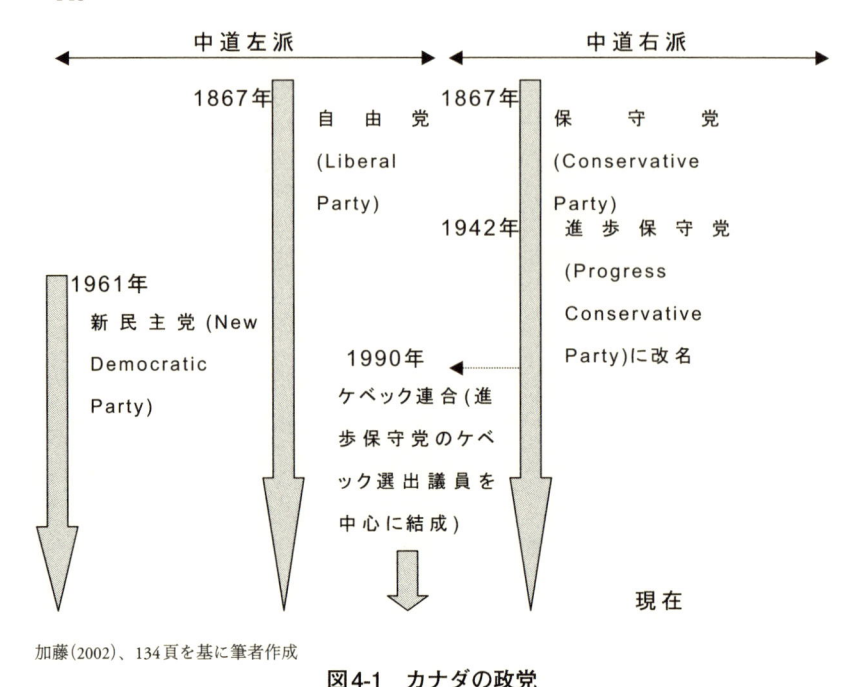

```
        中道左派              中道右派
←―――――――――――――→ ←―――――――――――――→
        1867年   自 由 党    1867年   保 守 党
                (Liberal           (Conservative
                Party)            Party)
                          1942年   進 歩 保 守 党
                                  (Progress
1961年                             Conservative
新民主党(New                        Party)に改名
Democratic        1990年
Party)           ケベック連合(進
                歩保守党のケベ
                ック選出議員を
                中心に結成)
                                          現在
```

加藤(2002)、134頁を基に筆者作成

図4-1　カナダの政党

期を同じくして、映画を題材にして授業を行うという、いわゆる映画教育 (screen education)が行われ始めた。少なくとも1960年代から1970年代初頭にかけては、カナダ連邦の自由党政権が進めていた政策と、オンタリオ州の進歩保守党政権が進めていた政策の間に、アイデンティティ政策上の差異はほとんどなかったと考えられる(上杉、2008)。カナダの自由主義には2つの思想的な系統があり、両者とも個人の自由を基本原則にしている点は同じだが、実現する最善の方法(国家の役割)は何かという点で主張を異にする(クリスチャン、1989)。一方は産業自由主義(business liberalism)であり、国家の経済活動に対する制約を最小限に留めようとする思想である。もう一方は福祉自由主義(welfare liberalism)であり、国家を、大企業などによる別の形態の制約から市民を解放するための、最も効果的な社会組織だと考える。これら2つの流派の主張は、1957年の自由党綱領に「自由党は国家による干渉と支配を最小限に留めることを是とし、(中略)いかなる包括的な経済統制制度にも反対する。

ただし国民のニーズを満たす必要のある場合は、政府の干渉を支持する」(クリスチャン、1989、130頁)と明示されている。このように、自由党の基本原則は個人の権利を尊重し、国家権力の介入を最小限に留めるという夜警国家的な性格を持つ。

　一方で進歩保守党の掲げる保守主義は、トーリー主義、懐古主義、急速な変化への抵抗、産業自由主義をその特徴とする。秩序や安定した階級的社会、すなわち非民主主義的社会を支持するトーリー主義と、ビジネス社会のニーズと利益を反映する産業自由主義は、互いに国家利益と産業構造のヒエラルキー維持というメリットをもたらすために結びついたとされる(クリスチャン、1989)。カナダにおける自由主義と保守主義は、このように産業自由主義のような点で一致する部分もあるし、何より、アメリカに対する姿勢という点で、ある程度の共感を得ていた。このため、子どもたち自身が特にアメリカ製のテレビ番組の良し悪しを識別する能力を身につけるための教育、すなわちメディア・リテラシー教育が、少なくとも1980年代のオンタリオ州では、リベラル派から主張されるだけでなく、保守派にも理解されるという状況が成立していた(上杉、2004)。よって、1986年にメディア・リテラシーが教育に導入されることが州議会で決議された当時、オンタリオ州においては保守派もリベラル派もメディア・リテラシーを歓迎するという状況ができあがっていたと考えられる。

(4) 多文化社会および多文化主義の影響

　カナダで、メディア・リテラシー教育が導入されたことと密接に関わる論点として忘れてはならないのは、多文化主義である。オンタリオ州のメディア・リテラシー教育においては、1989年発行のリソースガイドを初めとして、2008年現在までのすべての関連したカリキュラム[20]において必ずといってよいほど、多文化主義や民主主義に関すること、および多文化社会に生きる市民の育成という目標が掲げられているリソースガイドでは、いくつかのメディアを比較しながら授業で取り扱うテーマ学習の1つとして、多文化主義を挙げている。リソースガイドでは、「現代社会の問題の多くは、マスメディアに反映している。文化ナショナリズム、多文化主義、軍拡競争、エコ

ロジー問題、セックスや暴力描写の蔓延と規制の問題—これらは、クロス・メディア分析を必要とするテーマのごく一部にすぎない」(オンタリオ州教育省編、1992、170頁)と記述され、具体的な授業での取り上げ方の例として、「カナダの多文化社会における異なる民族のアイデンティティ問題は、カナダのメディアにどの程度反映されているか、みんなで話し合ってみよう」(オンタリオ州教育省編、1992、209頁)という記載がなされている。このように、カナダが掲げる多文化主義そのものや、多文化社会における各人種・民族のリプレゼンテーションについて、異なるメディアを比較しながら「批判的」に考えることがメディア・リテラシー教育導入当時から必要とされていたのである。

多文化社会におけるメディア・リテラシーの必要性を主張するケルナーの主張では、情報化社会かつ多文化社会にある国や地域においては、多文化・多様性を尊重し、文化や個性が異なっても同じ人間であることには変わりないという建設的な態度を養成するメディア・リテラシー教育によって、メディア文化が及ぼす影響に対して人々のエンパワーメントを図ることが重要であるとされる(Kellner, 1998)。つまり、メディアを通じて表象される多様な文化を、人々が批判的に読み解き、不確かな情報に惑わされることなく、多文化主義を支えることがメディア・リテラシーによって可能になるという主張である。

また、文化的多様性を尊重するという多文化主義の対極にある主義・思想は、自民族中心主義(エスノセントリズム)や、同化主義である。これらの主義・思想は、マジョリティの文化を中心とし、そこに相容れない文化を排除ないしマジョリティに同化させようとする。メディア・リテラシー教育は、第1章および第2章で述べた通り、自民族中心主義的なリプレゼンテーションや、同化政策などに対して「批判」を投げかけるものであり、これらの主義・思想のアンチテーゼとして存在していると言ってもよい。第2章で触れたが、事実としてフランクフルト学派はナチスの自民族中心主義的な政策やユダヤ人迫害を否定する考え方として批判理論を展開したのである。

オンタリオ州においても、1970年代からアジア、アフリカ、中東からの移民が増加し、トロントなどの大都市に居住する傾向にあったため、都市部での暴力事件や犯罪が注目を浴びるようになった。そこで1970年代末から1980年代にかけて、オンタリオ州政府は人種差別問題対策を教育課題の

1つとして取り上げるようになった。人種差別問題の解決の方向性としてオンタリオ州が掲げたのは、反人種主義・民族文化公正政策推進だった(児玉、2003)。特にトロント地区教育委員会は1979年にカナダで最初に人種に関する政策を導入した教育委員会であった(児玉、2003)。1980年代後半からは、それまでのカリキュラムに刷り込まれた内容そのものが特定の文化に価値づけし、人々の意識に文化間の格差を生み出すことに加担していたと教育省が認め、解決のための教育改革を行っている(児玉、2002)。だからこそ、リソースガイドという州教育省公認の出版物においても、先述したような多文化主義をテーマにしたメディア・リテラシー教育が取り上げられているのだと考えることができる。

　しかし同時期に、オンタリオ州と同様に自らの文化的アイデンティティを確立させようとしたケベック州では、メディア・リテラシー教育は導入されなかった。本章第1節の表4-1に示されているように、ケベック州でメディア・リテラシー教育のような教育内容が導入されたのは1990年代(具体的な時期は不明)だった。ケベック州は1960年代に「静かな革命」と呼ばれるカナダ連邦からの分離・独立を目指す活動を行っており、多文化社会カナダのなかで、「ケベコワ」と呼ばれるような独自のアイデンティティを確立しようとしていた(小暮、2008)。1980年代後半のケベック州の与党は自由党だった。しかし、当時のケベック州民はカナダ国内において独立、主権獲得を目指すナショナリスティックな傾向にあったとされている(小暮、2008)。1980年代のケベック州における自由党はケベック州民の支持を得るだけの「相当にナショナリズムの色彩の強い政策を展開」(加藤、2002、143頁)しており、同じ自由党でもオンタリオ州とは異なる性格を有していたと考えられる。そのため、同じような状況にあってもメディア・リテラシー教育ないしそれに準じた教育内容の導入には至らなかったと考えられる。先述した政治状況も踏まえると、多文化社会という背景だけでなく、多文化主義を積極的に推進する政策も要因として必要となると考えられる。

　本節では、マクルーハンの影響、アメリカ文化とカナダ人アイデンティティ、カナダ(オンタリオ州)の政治、多文化社会とメディア・リテラシーの関

図の内容:
- 教え子らの活躍
- マクルーハンの影響
- 対アメリカ文化
- 映画教育
- AML創設
- ロビー活動
- 自由党政権、オンタリオ州教育省、マスコミ(内部に協力者)
- 1980年代の教育改革
- 多文化社会におけるメディア・リテラシーの必要性

(政権与党) 1960　1970　進歩保守党1980　自由党　新民主党1987　進歩保守党1995　2003

カリキュラムにメディア・リテラシー導入(1986)・実施

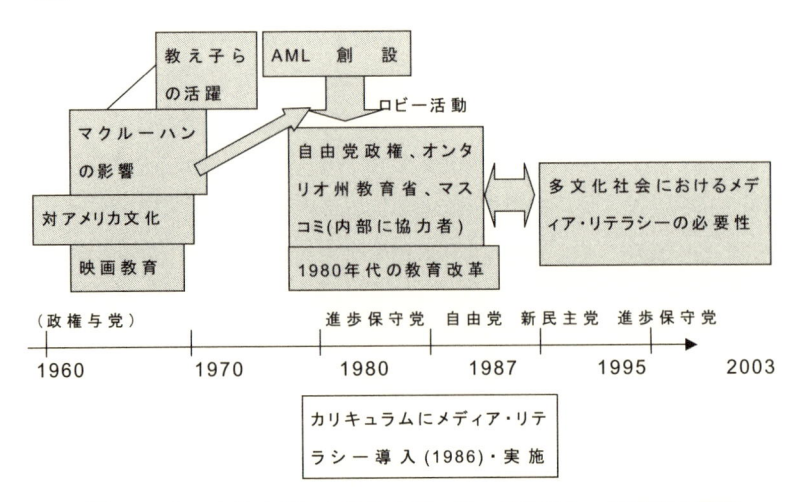

図4-2　オンタリオ州におけるメディア・リテラシー教育導入過程

係といった視点からオンタリオにおけるメディア・リテラシー教育導入の背景について検討してきた。1987年のオンタリオ州でのメディア・リテラシー教育導入過程の要因を図式化すると**図4-2**のようになる。

　メディア・リテラシー協会の基盤となる活動は、創設される1978年以前から行われていた。メディア・リテラシー協会関係者の地道な活動とカナダとしての様々な背景が、1985年の自由党政権誕生というきっかけを利用して、一気にカリキュラム導入という、メディア・リテラシー協会にとっての「成功」にたどり着いたのである。カリキュラム導入が決定した時期は、教員・保護者・行政のすべてがメディア・リテラシー教育導入に賛成していたという、プンジャンテの指摘する状況[21]は、メディア・リテラシー協会の地道な活動があってこそ、必然的に生まれてきたのだと考えられる。しかし、1995年に進歩保守党のハリス(Harris, M.)が政権を取ると、学校教育におけるメディア・リテラシー教育の取り扱いは導入時よりも縮小されていった。この事実は、2010年現在のメディア・リテラシー教育にも影響することになった。そこで次節では、ハリス政権のメディア・リテラシー教育に対する政策について検討する。

第4章　オンタリオ州におけるメディア・リテラシー教育の導入と展開　153

第3節　ハリス政権下のメディア・リテラシー教育

　メディア・リテラシー教育が実施される際、それが政治状況と関係することは、前節において既に触れた。実際にオンタリオ州では、1980年代のように自由党のようなリベラル派が議会で主流を占めたときにメディア・リテラシー教育が導入され、1990年からの穏健的な社会主義政策を行った新民主党政権下でもその路線はあまり変わらなかった。しかし1995年から新保守主義路線をとった進歩保守党のハリス政権時に方針が大きく変わり、メディア・リテラシー教育は影を潜めることになった。

　政治思想とメディア・リテラシーの関係に関して、アンダーセンらは「保守主義」ではなく「新保守主義」がメディア・リテラシーを敬遠すると指摘している (Andersen, Duncan and Pungente, 2000)。保守主義と新保守主義は「変化を嫌う人間性」と、「現存の社会秩序の維持」を基本的性格にするとされる(北岡、1991)。要するに、「伝統」を維持することが保守主義共通の命題なのである。保守主義と新保守主義の違いは、人間の不完全さの原因を何と捉えるか、である。保守主義は、人間を「堕落した不完全なものであり、理性よりも本能によって支配される」(北岡、1991、125頁)と考え、知的不完全を解消することを命題とする。この知的不完全を解消するために、先人の築き上げた知識を受け継ぎ、先人を敬うことを求めるのである。一方で新保守主義は、人間を道徳的不完全な存在として考え、個人の人格完成を至上の命題とする(北岡、1991)。つまり、伝統的な価値観(先人の作り上げてきた偉大な考え)を共有することで、人格を完成することが目指される。

　このような新保守主義の思想は、新自由主義とも結びついた。新自由主義とは、「強力な私的所有権、自由市場、自由貿易を特徴とする制度的枠組みの範囲内で個々人の企業活動の自由とその能力とが無制約に発揮されることによって人類の富と福利が最も増大する、と主張する政治経済的実践の理論」(ハーヴェイ、2007、10頁)である。新保守主義者は、「一定の道徳的価値観を中心に社会的な同意を調達することによって、支配階級の権力を正統化し、社会全体を統制しようとする」(ハーヴェイ、2007、118頁)ことで、新自由主義と結びついたのである。

新保守主義および新自由主義の教育政策においては、必然的に価値教育・道徳教育が重要となってくる。その価値教育・道徳教育の内容は、価値観や道徳について、それが何かを考える、ということではなく、ある一定の価値規範を注入することになる。ある一定の価値規範を幼いころから絶対的なものとして信じ込ませることにより、安定した社会秩序の達成を目指すのである。このような新保守主義および新自由主義の教育政策において、理論的にメディア・リテラシーは相容れない。本書第1章と第2章で述べてきたように、メディア・リテラシーの理念は、脱構築・脱神話を目的とするためである。脱構築・脱神話は新保守主義の教育政策の対極に位置すると言える。新保守主義では、規範や伝統をあらゆる人々の内に「神話化」させることが命題となるからである。一方伝統的な保守主義では、道徳的不完全を不問にする以上、メディア・リテラシーの理念は考慮されないことになる。ボールズ(Boles, D.)は、具体的に新保守主義がメディア・リテラシーを嫌う主な理由を9つ[22]挙げている(Boles, 2001)。その理由を大別すると、2つに分けられる。1つはイデオロギーの違いであり、もう1つは産業界との関係である。つまり前者は新保守主義との関係であり、後者は新自由主義との関係であると言える。このように、メディア・リテラシー教育は特に新保守主義、新自由主義と相容れない教育なのである。

　実際に、ハリス政権下のメディア・リテラシー教育では、選択科目としての「メディア科」は継続したものの、メディア・リテラシーという用語自体はカリキュラムから消え、内容も批判的な分析よりもスキル獲得としての制作活動に重点が移ったとされる(上杉、2008)。ハリスはオンタリオ州の経済を再建するため、サッチャーのような新自由主義を経済政策として採用した。また、思想的には新保守主義であり、メディア・リテラシー教育のような、体制批判につながりかねない教育内容を好ましく思わなかったのである。結果的に1995年まで「英語」全体や他の教科・科目でも導入されていたメディア・リテラシー教育が、「メディア科」のみになり、量的な「衰退」をもたらした。しかしメディア・リテラシー協会などのロビー活動により、「メディア科」においては、従来と同様の質でメディア・リテラシー教育が提供された。

　ハリス政権の新保守主義は、アメリカやイギリスのトーリー党の流れを

組む新保守主義に近いと言われている(Boles, 2006)。ハリス政権時にオンタリオ州教育相だったスノベレン(Snobelen, J.)は、州の保護者諮問機関(Provincial Parent Advisory Council)の代表として、アメリカ的で公教育に批判的な右翼団体のスポークスマンを指名した。このことは、アメリカ的な新保守主義と、オンタリオ州の教育政策が結びついたことを意味している(Boles, 2006)。そのような新保守主義路線をとるハリス政権下で実施されたカリキュラムの内容の特徴は「基礎へ帰れ」と、成果主義的な評価であり、新保守主義路線そのものであった。「基礎へ帰れ」の教育内容は、基礎基本の重視、すなわち読み・書き・計算の反復練習である。そして成果主義的な評価では、総括的な評価や、第三者機関による評価が優先される。このようなカリキュラムにおいて、ハリス政権が意図した価値規範とは、英文学に示される教養であろう。モーガン(Morgan, R.)が、シェークスピアを学ぶことが伝統的な「英語」の要件であると指摘するように(Morgan, 1998)、そして後述する1999・2000年版カリキュラムに示されるように、古典的英文学およびカナダ文学を学ぶことで、カナダ人としての規範意識をつくることを目指したのである。この方法は、先人の知恵を尊重し、そこから学ぶ社会秩序の維持を目指すという、新保守主義の性格に則っている。このような思想はメディア・リテラシー教育の性格と根本的に相容れなかったのである。

　ハリス政権の路線が根本的にメディア・リテラシー教育と相容れなかったことに加え、教育現場としては労力をメディア・リテラシー教育のような周辺的に位置づけられていた教育内容に手をつける余裕がなかったことも指摘されている。マッカーディー(McAdie, P.)とリースウッド(Leithwood, K.)は、「基礎へ帰れ」が求める量的内容の多さを「幅が広い上に、内容も細かい(mile-wide, inch-deep)」(McAdie & Leithwood, 2005, p.7)と表現している。またオンタリオ州英語科教員協会(the Ontario Council of Teachers of English: OCTE)の前会長であり、州教育省のアドバイザーの1人でもあるボロヴィロス(Bolovilos, J.)は、「新しい英語カリキュラムの内容が多すぎて、メディア・リテラシーのような余分な内容を取り入れる余裕はない」(Boles, 2006)と述べている。ボールズによれば、ハリス政権以前の1994年ごろから「オンタリオ州の教育制度において、経費削減が進み、給与未払いや、順法闘争、ストライキなどが起こった」(Boles,

2006）とされており、教員の労働環境が悪化していたことを物語っている[23]。教員が自身の生活にゆとりすら持てない中で、メディア・リテラシー教育のように、子どもに教えるために新たな学習を必要とするものは、教員にとってなるべく回避したいものであっただろう。

　その一方で、カリキュラムにおいてメディア・リテラシー教育が完全に否定されていたわけではない。ハリス政権は、メディア・リテラシー教育のうち、メディア操作スキルの習得を有用なものとして、以下のように理解していた。

　　中等教育におけるメディアコース※のおかげで、若い世代のメディア専門家が輩出されていた。1999年初頭、オンタリオ州教育省は、改訂版の第9・10学年のカリキュラムにメディアの基本的なスキルを導入した。その基本的なスキルは第11・12学年でも継続されるようだった。既に第1-8学年の新カリキュラムには、メディアの基本的なスキルが導入されることが決まっていた。そのため、初等学校教員に対して、メディア・リテラシーについての専門性を高める機会をつくる責任が政府にはあった。（Boles, 2007）
　　※「メディア科」を指す

　ハリス政権下の教育内容において、メディア操作スキルを習得できる教科・科目としては、1999年改訂の「技術(Technological Studies)」があった。しかし「技術」ではコンピュータ科学や情報科学などの内容が主であり、また建築学や輸送、観光、手工業といった、必ずしもメディア操作スキルを学習内容として含まないような内容も含まれていた。一方で「メディア科」では、テクスト分析の過程として、簡単なコンピュータ操作、カメラの撮影、映像編集などのメディア操作スキルの習得が必須だった。また、メディアについて学ぶことで、メディア産業への親近感や、そこで働きたいという意欲が生まれた子どももいたのである。このことは、情報産業が主要な産業として位置づけられるグローバル化した社会において、国際競争に打ち勝っていくという点ではメリットがあったのである。

　以上のことを整理すると、1990年代後半、ハリス政権下で改訂されたカ

リキュラムは、従来のカリキュラムと比較して多くのやるべき内容が盛り込まれた。教員は、カリキュラムが求める内容をこなすことに追われる状態で、それ以上のことを教える余裕がなかった。カリキュラムが求めた内容は、「基礎へ帰れ」、つまり基礎基本の反復である。「英語」の場合、1999・2000年版を見てわかるように、シェークスピアなどの文学を教えることに重点が置かれ、現代文化は想定されていなかった。教員養成に関して、1987年から導入されたメディア・リテラシー教育は、1990年代後半になっても、それを教えるための専門の訓練を受けた教員の数はまだ不十分だった。しかし、日々の教育活動に追われる教員には、メディア・リテラシー教育のための研修を受ける時間的・精神的余裕がなかった。全体的に教育現場が混乱するなか、メディア・リテラシー教育のような、まだオンタリオ州全体の教育現場としては追加要素的に考えられていた教育内容は、考慮される余裕が教員になかったのである。しかしメディア操作スキルの習得に関しては有用だとされ、「メディア科」は教育政策としては視聴覚・放送教育的にカリキュラムに残されたのである。

　よって、カリキュラムとしては、それまで「英語」全体や他の教科・科目でも導入されていたメディア・リテラシー教育が、「メディア科」のみになったということは、量的な「衰退」をもたらした。しかし「メディア科」においては、従来と同様の質でメディア・リテラシー教育が提供された。また、情報産業の需要の増大ということからすれば、メディア操作スキルの重点を置くメディア・リテラシー教育が必要とされたのも事実である。一方、「教員のメディア・リテラシーに対する無関心も、メディア・リテラシー教育を英語科に効果的に導入するための障害となった」(Boles, 2006)というように、とりわけ古典を重んじる英語教員に興味を持たれていなかったことがしばしば指摘されている。

　以上のように、1995年からおよそ8年間続いたハリス政権の教育政策において、メディア・リテラシー教育は1987年の導入時よりも内容が縮小することになった。しかし、ハリス政権が推進した新自由主義的な政策が、公共サービスの質の低下や学校教員のストライキを招いたことなどから、支持率が下がり、ハリス自身も進歩保守党党首の座を退いた。そして2003年のオ

ンタリオ州総選挙においてマギンティ（McGuinty, D.）率いる自由党が、1991年以来の政権与党となったことで、メディア・リテラシー教育もカリキュラムにおいて大々的に取り扱われることになった。自由党は、政治思想的には中道右派の進歩保守党よりもリベラルであり、左派の新民主党よりも中道寄りに位置するとされる。2003年から始まった自由党政権の教育政策は、まず進歩保守党政権によって受けた様々なダメージを回復することから始まった（平田・成島・坂本、2003）。すなわち、経済政策としては新自由主義から福祉主義に、教育政策としては伝統的な価値規範の学習から現代の子どもを取り巻く価値に対する「批判的」な学習へと変化したのである。1987年にメディア・リテラシー教育を導入した当時の政権も自由党だったこともあり、「英語」にメディア・リテラシーを全面的に復活させる動きが出てきたのである。その改訂された「英語」カリキュラムについて、次節で検討する。

第4節　「英語」におけるメディア・リテラシー教育の新旧比較

(1) オンタリオ州における現行カリキュラム

オンタリオ州のカリキュラム改革の変遷は、1980年代後半に設置された「学習に関する王立委員会」の出した報告書『学ぶことを好きになるために（For the Love of Learning）』において、1930年代からの詳細な記述がみられる。オンタリオ州では、『共通カリキュラム（Everybody's Schools: The Common Curriculum）第1-9学年』(1993)が登場するまで、いわゆる「統一カリキュラム」が存在しなかった。州政府からは、「ブックリスト」にすぎないガイドラインが示されていた程度だったという（平田、2007）。

オンタリオ州でいわゆる「統一カリキュラム」が作成されたのは、1990年の新民主党政権下であった。成果重視で公正さを強調し、学術的な学びを目標とした、自由党政権の教育政策を受け継いだ新民主党政権（Gidney, 1999）は、学校環境や学習内容における人権問題に着手するとともに、到達度を詳細に示した共通カリキュラムに基づく州統一テストの実施計画と、教員に対してそのテスト結果に応じた学習計画の策定を求めた（上杉、2008）。1995年から政権をとった進歩保守党は、成果主義的な教育路線を継続し、州統一カリキュ

第4章　オンタリオ州におけるメディア・リテラシー教育の導入と展開　159

表4-2　2007-2008年度の中等学校カリキュラム

芸術(2010)	第二言語としてのフランス語(1999)
保健体育(1999)	ガイダンスとキャリア教育(2006)
技術(2009)	総合的な学習(2002)
先住民言語(1999/2000)	英語(2007)
先住民についての学習(1999/2000)	第二言語としての英語と英語リテラシーの発展(2007)
計画策定と評価(2000)	ビジネス(2006)
科学(2008)	カナダ史と世界史(2005)
社会・人文科学(1999/2000)	数学(2005/2006)
古典語と国際言語(1999/2000)	コンピュータ・スタディーズ(2008年新設)

※括弧内の数字はカリキュラムが改訂された年を指す。年にスラッシュが入っている場合、前が第9～10学年、後が第11～12学年のカリキュラムの改訂年を指す。
http://www.edu.gov.on.ca/eng/curriculum/secondary/subjects.html　2013年6月26日確認　を基に筆者作成

ラム(The Ontario Curriculum)と州統一テストの実施に踏み切った。

1997年以降のカリキュラム改訂では、初等教育段階の第1-8学年と、中等教育段階の第9・10学年および第11・12学年が別々に改訂されるようになった。2003年に政権与党となった自由党は、州統一カリキュラムおよび州統一テストを、社会に対する教育のアカウンタビリティを果たすものとして、今日でも実施している。カリキュラムに関しては、進歩保守党政権下の1990年代後半から2000年代前半にかけて改訂されたものが、2005年以降、教科ごとに順次改訂されていっている。

2013年6月26日時点で、中等教育における現行カリキュラムは**表4-2**に示している通りになっている。計18教科のうち、いくらかの教科・科目は1999年および2000年に進歩保守党政権下で改訂されたものが未だに使用されており、「英語」のように2003年に自由党政権が誕生して以後の2005年から2007年の間に改訂・施行されている教科・科目もある。自由党政権の教育政策は、多様な科目の中から、生徒が将来の目標に応じた科目を受講し、進学や就職の役に立つような知識やスキルを習得することを目指しているようである。

(2) 1999・2000年版と2007年版「英語」

　自由党政権は、メディア・リテラシー教育を1987年の導入当時の状況にまで戻すことはできていない。つまり、導入当時は全教科においてメディア・リテラシー教育を必修化していたが、本書を執筆している2013年6月時点では、2007年改訂の「英語」と、2010年改訂の「芸術」にメディア・リテラシー教育に関係する記述がみられるのみである。しかし、「芸術」に関しては本書執筆時点でカリキュラムが改訂されたばかりであり、まだ検討を要する。一方「英語」では1987年以来継続してきた「メディア科(Media Studies)」の内容の充実に加え、「英語」で習得する基本的なスキル(strand)として、「オーラルコミュニケーション」、「読むことと文学」、「書くこと」と同列のものとして「メディア・スタディーズ」が設定されるようになった。

　基本的なスキルとしての「メディア・スタディーズ」は、進歩保守党政権下のカリキュラム(*The Ontario Curriculum Grades 9 and 10: English 1999, Grades 11 and 12: English 2000*、以下1999・2000年版)、でも記載されていたが、上述したように、いわゆるメディア・リテラシーではなく、メディア操作スキルとしての意味で記載されていた。その意味で、2007年に改訂された「英語」(*The Ontario Curriculum Grades 9 and 10: English 2007, Grades 11 and 12: English 2007*、以下2007年版)では、内容としてもメディア・リテラシーに近い(実際、2006年改訂初等教育版「言語」カリキュラムでは、同内容の基本的なスキルが「メディア・リテラシー」と表記されている)のだが、これまでのカリキュラムの記載の流れとして、そのまま「メディア・スタディーズ」と表記されていると考えられる。

　そこで本節では、メディア・リテラシー教育が主に教えられてきた「英語」を分析することで、本書執筆時点でのメディア・リテラシー教育の方針について検討する。特に、基本的なスキルとしての「メディア・スタディーズ」と、科目としての「メディア科」を区別した上で、進歩保守党政権下の「英語」と比較することにより、その特徴を浮かび上がらせていく。

　1999・2000年版と、2007年版の変化について、まず次頁の**表4-3**に示した両カリキュラムの目次を参照しながら検討する。

　1999・2000年版に比べ2007年版では「エヴァリュエーションとアセスメント」や「プログラム作成にあたって気をつけること」などの項目が加えられ

第4章　オンタリオ州におけるメディア・リテラシー教育の導入と展開　161

表4-3　1999・2000年版および2007年版の目次

1999・2000年版	2007年版
イントロダクション カリキュラムにおける「英語」の位置づけ	イントロダクション 「21世紀に向けての中等教育」・「リテラシー、言語、『英語』の重要性」・「『英語』の根底にある原則」・「『英語』の役割と責任」
「英語」のプログラム 「概観」・「指導方法」・「期待目標」・「基本的なスキル」	「英語」のプログラム 「プログラムの概観」・「期待目標」・「『英語』の構成」 エヴァリュエーションとアセスメント
必修科目 「第9/10学年英語(アカデミック・応用)」 「第11/12学年英語(大学準備・カレッジ準備・職業準備)」	「基本的な考え方」・「『英語』のアチーブメント・チャート」・「生徒の達成に関する評価と報告」・「学習スキルの報告」 プログラム作成にあたって気をつけること 「教育上のアプローチ」・「反差別教育」等13項目
選択科目 「リテラシースキル：読み書き」・「カナダ文学」・「メディア科」・「プレゼンテーションとスピーキングスキル」(第11学年) 「文学研究」・「作家の技術」・「商業・技術的コミュニケーション」(第12学年)	必修科目 「第9/10学年英語(アカデミック・応用)」 「第11/12学年英語(大学準備・カレッジ準備・職業準備)」
	選択科目 「リテラシースキル：読み書き」(第10学年) 「カナダ文学」・「メディア科」・「プレゼンテーションとスピーキングスキル」(第11学年) 「文学研究」・「作家の技術」・「商業・技術的コミュニケーション」(第12学年)

※括弧内は配当コースもしくは配当学年を指す。
The Ontario Curriculum Grades 9 and 10: English 1999, Grades 11 and 12: English 2000 および *The Ontario Curriculum Grades 9 and 10: English 2007, Grades 11 and 12: English 2007* を参考に筆者作成。

た。さらに科目における目標、テーマ、教員の発話例がより具体的に記載されるなど、大幅に内容が増加、詳細化した。またそれに伴って、頁数も約3倍に増えた。必修科目と選択科目における具体的な内容面での大きな変化は、「英語」における基本的なスキルが「書くこと」・「言語」・「メディア・スタディーズ」の3つから、「オーラルコミュニケーション」・「読むことと文学」・「書くこと」・「メディア・スタディーズ」の4つに変わったこと、「反差別教育」が加わったこと、「リテラシースキル：読み書き」の履修可能学年が第11学年から第10学年に引き下げられたこと、などが挙げられる。

(3)「メディア・スタディーズ」の新旧比較

既に述べた通り、「英語」では基本的なスキルとして「オーラルコミュニケーション」・「読むことと文学」・「書くこと」と並ぶスキルとして、「メディア・スタディーズ」が設定されている。1999・2000年版および2007年版の両カリキュラムにおける「メディア・スタディーズ」の内容は、以下の**表4-4**に示す通り、大きく変化している。

表4-4 「メディア・スタディーズ」の説明

1999・2000年版	2007年版
21世紀におけるメディア・コミュニケーションの知識と技能の理解に重点を置き、効果的に責任を持ってメディアを使うこと。	メディアの性質やメディアで使われる技法やその技法がもたらす影響について、情報に基づき、批判的に理解すること。そしてまた能動的・批判的方法でマスメディアを使い、理解する能力。

出典は表4-3に同じ

表4-4から、まず前節において述べた通り、進歩保守党政権下で改訂された1999・2000年版の「メディア・スタディーズ」は、「知識と技能の理解」や「メディアを使うこと」という記述に見られるように、メディア操作スキルとして設定されていたことがわかる。一方2007年版では「能動的・批判的な方法でマスメディアを使い、理解する能力」と説明されているように、メディア・リテラシーと同じスキルとして設定されている。このように、2007年版では1987年のメディア・リテラシー教育導入当時のカリキュラムのように、「批判的」にメディアを理解するスキルを養成することが求められている。

次に「メディア・スタディーズ」で学ぶ内容、すなわち表4-4で説明されている内容を具体的に説明した記述を、**表4-5**に示す。

1999・2000年版の「メディア・スタディーズ」の特徴は、2点あると言える。1点目は、これまでにも述べてきたようにメディア操作スキルとして「メディア・スタディーズ」が考えられていることである。この特徴は、「職業訓練のためのメディア利用」や、「メディアの作り手の立場の経験」といった記述から窺える。2点目は、カナダの文学を理解するスキルという特徴である。この特徴は「文学理解のためのメディア分析」や「文学作品が与えた価値観を学ぶ」といった記述に見られる。モーガンが指摘するように、メディア・リテ

第4章　オンタリオ州におけるメディア・リテラシー教育の導入と展開　163

表4-5　「メディア・スタディーズ」で学ぶ内容

1999・2000年版	2007年版
●世の中に氾濫しているメディアについて学ぶ。 ●職業訓練のためのメディア利用を学ぶ。 ●メディアの作り手の立場を経験することで、受け手の立場を理解する。 ●メディア言語、生産/流通、ターゲットオーディエンスについて学ぶ。 ●表現やコミュニケーション、様々なテクストを読み解いていくための文学学習、および文学理解のためのメディア分析を行う。 ●文学作品に影響した価値観歴史文化作者の背景、文学作品が与えた価値観を学ぶ。	●「英語」は言語学習が責任感と生産的なシチズンシップにとって必要不可欠であるという信条と、すべての生徒が成功した言語学習者になれるという信条に基づく学習である。 ●生涯学習としての言語スキルを学ぶ。 ●テクストに出てくる信条、価値観、アイデンティティに関する視点やバイアスを理解する。 ●文化の多様性多文化、女性に対する固定観念、移民や先住民について理解する。 ●「クリティカルリテラシー」を獲得する。 ●責任ある世界市民になる。

出典は表4-3に同じ

ラシー教育導入以前から、カナダの「英語」教員は、シェークスピアのような英文学を学ぶことが主な内容であると考えており、そのような教員がメディア・リテラシー教育導入時に戸惑いを見せたと言われる(Morgan, 1998)。他方、カリキュラムではカナダ文学の学習が推奨されており、新保守主義的な性格、すなわちカナダ的な価値観・道徳的規範を重要視していることがわかる。

　一方2007年版では「シチズンシップ」や「世界市民」のように、社会における市民の権利や責任といったことの学習を重要視する記述が見られる。また「テクストに出てくる信条、価値観、アイデンティティに関する視点やバイアスを理解する」や、「文化の多様性・多文化、女性に対する固定観念、移民や先住民について理解する」といった記述に見られるように、既存の価値観に対して「批判」を投げかけるスキルの習得が目指されている。

　そして2007年版において、特に習得を強調されているのが「クリティカルリテラシー」である。「クリティカルリテラシー」は2007年版の用語集(glossary)[24]において「テクストの完全な意味と作者の意図を分析し評価するべく、テクストの意味の中で何が顕在化し、何が隠されているのかを読み解く、

批判的思考力の一形態である。公正(fairness)、公平(equity)、社会的公正に関する諸問題に焦点を置くことで、従来の批判的思考力を乗り越えるものである」(Ministry of Education, Ontario, 2007, pp.206-207)と定義される。

このような「クリティカルリテラシー」が強調される背景として、カナダ全般の中等教育カリキュラムの曖昧さ、実生活と学校で学ぶこととのつながりの薄さ、そのような学習内容に伴う子どもの学習への意欲の低さといった理由が考えられる(Ungerleider, 2005)。また、人権や地域、消費といった物議を醸す社会問題を教育で扱うことに対して、教員自身が恐れていたことも指摘されている(Ungerleider, 2005)。よってこれらの問題を正面から扱うカリキュラムを、社会的公正や公平という考え方を扱う「クリティカルリテラシー」を導入することによって実現しようとしたと考えられる。

アンガーライダー (Ungerleider, C.)は、21世紀のカリキュラムに必要なのは、カナダ人が同じ権利や自由を共有している市民として意思決定や行動ができる能力であり、とりわけ事実と意見を区別できるようにならなくてはならないと主張する(Ungerleider, 2005)。オンタリオ州では1995年以降の進歩保守党政権下の教育改革でカリキュラムの標準化が進み、各学年において学ぶべき目標が明確化される一方、社会的公正のようにカリキュラムに入れるべき重要な領域として長年の問題とされてきた内容は、依然として放置されていた(McAdie and Leithwood, 2005)。カナダの中でも最大の多文化社会を抱えるトロントと、首都オタワの存在するオンタリオ州において、1990年前後の自由党および新民主党政権下では、人種問題など人権についての教育での取り組みに熱心だった。2003年に自由党政権になったことと、新保守主義的な前進歩保守党政権の反動もあり、メディア・リテラシーの基本原理を復活させ、「クリティカルリテラシー」を導入した2007年版の内容が作成されたと理解できる。

具体的に「クリティカルリテラシー」は、「メディア・スタディーズ」の「特定の目標(specific expectations)」において、テーマの事例とそのテーマに対応した教員の発問が例示されている。この例示はすべての学年、すべてのコース(大学進学、専門学校進学、就職)を通して設定されているため、ここでは第11学年の大学進学コースにおける記述のみを紹介する。第11学年の大学進学コー

第4章　オンタリオ州におけるメディア・リテラシー教育の導入と展開　165

スにおける「クリティカルリテラシー」では、「複雑なものを含む多様なメディア・テクストにおける明らかな視点の偏りを理解し、それらテクストが提起する信条、価値観、アイデンティティ、権力関係について疑問を投げかける」(Ministry of Education, 2007, p.56)ことが目標とされ、具体的には「そのキャラクターが『善』なのか『悪』なのか、どちらだと思っていましたか。またそれはなぜですか」、「メインストリームのテレビ番組における家族構成のリプレゼンテーションは、社会の期待をどのように反映していますか、そしてどのような社会を創り出すことが期待されていますか」(Ministry of Education, 2007, p.56)といった発問が例示されている。1999・2000年版の第11学年の「メディア・スタディーズ」の特定の目標は「メディアとメディア作品を分析する」、「メディア作品をつくる」の2つだけで、大まかな目標が数点例示されているにすぎない。そして2007年版での発問例のような記載はまったくない。このように、授業での具体的なテーマの取り上げ方についての記載は双方で大きく異なる。2007年版における発問例に関しては、以下の「メディア科」についての比較で詳述する。

(4)「メディア科」の新旧比較

　上記のように、「メディア・スタディーズ」を設定することにより、「英語」全般に渡ってメディア・リテラシー教育を実施することが目指されている。他方1987年から継続して「英語」に位置づけられた科目としての「メディア科」でも、メディア・リテラシー教育が実施されている。「メディア科」は「映画・歌・テレビゲーム・アクションフィギュア・広告・CDジャケット・衣服・看板(billboard)・テレビ番組・雑誌・新聞・写真・ウェブサイトのようなメディア・テクストを検討することで、マスメディアと現代文化の影響と効果を探究する」(Ministry of Education, Ontario, 2007, p.18)科目であると記載されている。メディア・テクストがどのように、なぜつくられるのかを理解することで、子どもはメディア・テクストに対して、「事実と意見を区別でき、情報源の信頼性を評価し、バイアスを理解し、個人と集団の差別的な描き方(例えば宗教・ジェンダーマイノリティや障害を持つ人々、老人のような社会的弱者)を見抜き、犯罪と暴力に対して疑問を抱くようになる」(Ministry of Education, Ontario,

2007, p.18)というのが「メディア科」で身につける能力なのである。具体的な「メディア科」の目標についての、1999・2000年版と2007年版の記述について、**表4-6**に示す。

表4-6　「メディア科」の目標

1999・2000年版	2007年版
多様なメディアとそれに対するオーディエンスの反応についての様式やメッセージの分析と、子どもが自分でメディアをつくることを通して、批判的思考力や審美的・倫理的判断、観る・表現する・聴く・話す・読む・書くといった技能を発展させる。	多様なテクストを分析することによって、マスメディアと現代文化の効果と影響を探究する。子どもは事実と意見を区別し、情報源の信頼性を評価し、偏り(bias)を理解し、女性とマイノリティを含む個人と集団の差別的な描写に対応し、暴力と犯罪の描写に疑問を投げかけるといったことなどができるようにならなければいけない。

出典は表4-3に同じ

　1999・2000年版ではメディアに対する理解を基盤にしながらも、「子どもがメディアをつくることを通して」という記述に見られるように、最終的にはメディアを使うことに重点が置かれている。また「批判的思考力」という言葉が用いられているが、1999・2000年版で使用されている批判的思考力の定義は、用語集では2007年版と同じ定義である。しかし批判的思考力の内容について、何を教えることでどのように育成するのかという具体性に乏しく、定義は同じでも2007年版より曖昧である。

　一方2007年版のメディア・スタディーズと「メディア科」では、分析や解釈に重点が置かれている。メディア・スタディーズの概念ではさらに①メディアを理解する、②メディアの様式・決まり／約束事・技術を理解する、③メディア・テクストをつくる、④スキルと方法を振り返る、の4つの下位項目が具体的な内容として示されている。「メディア科」の目標においては具体的にどのようなテーマを扱うのかも示され、それらテーマがどのような問題を内包し、自分たちの思考や価値観に影響しているのかを自ら問う力が求められている。メディアを使うスキルの習得も目指されてはいるが、より分析を深めるための手段であって、1999・2000年版のようにメディア操作スキルの習得が目的化されていたわけではない。以下のことからその理由が考えられる。

「メディア科」では、A.メディア・テクストを理解し解釈する、B.メディアと社会、C.メディア産業、D.メディア・テクストを制作し振り返る、という4つの基本的なスキルが示されている。このうち、基本的なスキル「D」ではメディア制作が活動として行われるものの、その後のメタ認知活動も制作活動と同様に重視されている。そのためメディア操作スキルの習得が最終目標となっているわけではない。また筆者が2005年10月26日に参加したメディア教員追加資格認定コースにおいて講師を務めたアンダーセンが、制作の意義について、スポーツ中継の解説者が必ずそのスポーツの元／現役プロ選手であることを例に出し、経験が分析に異なる視点を提供することを受講者に説明したことも、制作は目的ではなくその制作物をさらに分析するための手段であることを物語っている。

また2007年版では、メディアを映像や音声を含む多様な様式として捉え、文学も映像メディアも同列に扱われている。集中的に文学を学ぶ場は選択科目の「カナダ文学」や「文学研究」で設定されており、文学を軽視しているわけではない。このことから、文学と現代文化の区別、すなわちハイカルチャーとローカルチャーを区別せずに同等のメディアとして考えていることがわかるだろう。

このような改訂がなされた経緯として、初等学校カリキュラムと中等学校カリキュラムの関係も考えられる。初等教育段階でのメディア・リテラシー教育が一般的なものでないことは既に指摘されている（上杉、2008）。初等教育の「言語」[25]が改訂されたのは中等教育より1年早い2006年であり、中等教育「英語」は初等教育「言語」の構成に合わせた形になっている。つまり、今まで実質的に行われてこなかった初等学校でのメディア・リテラシー教育に実効性を持たせるためのカリキュラム改訂が初等教育では行われ、それに合わせた改訂が中等教育でも実施された[26]。このこともあってメディア・リテラシー教育がより具体的に中等教育「英語」にも記載されるようになった。このように、初等教育と中等教育におけるメディア・リテラシー教育の接続が考慮され、学校教育において一貫してメディア・リテラシー教育を行うことが目指された。

一方メディア・リテラシー教育における、「批判的」な思考力の育成方法と

して、学習者に「何を問うのか」が重要であることは第2章で述べた。2007年版では、教育内容の具体化に伴い、教員の問いの投げかけ方の例が示されるようになった。つまり2007年版の「メディア科」における問いの設定は、オンタリオ州の目指すメディア・リテラシー教育のあり方をそのまま表していると言える。次頁の**表4-7**は、1999・2000年版の学習内容（1999・2000年版には問いの投げかけ方の例がない）と、2007年版の学習内容および発問の例を比較したものである。

　1999・2000年版には、メディアにリプレゼンテーションされる信条や価値観について読み解くという目標が学習内容として記述されていたが、具体的な教員の発問に関してはまったく記載されていない。これは「英語」に限ったことではなく、他の教科・科目でも同様に簡素な記述の目立つカリキュラムになっている。確かに授業内容自体は各教員の裁量に任されるべきであり、「メディア科」の教員養成も体系的に実施されている（上杉、2008）とはいえ、「メディア科」のコースを受ける人間も多くはなく、メディア・リテラシー教育特有の問いについては、教員も意識しない限り自然発生的に可能になるとは考えにくい。このような記述から、メディア・リテラシー教育がこの時期、骨抜きにされていたことが窺えよう。

　一方、2007年版はより明確に多様な問いが示されていることがわかる。同性愛も含んだジェンダー、多文化社会における人種・民族、先住民、そして基本的人権や知る権利などについての問いが、様々なかたちで記載されている。多様な観点から、すなわち「批判的」に問うことが「メディア科」では求められているのである。メディア・リテラシー教育を通じてメディアと自分とのかかわりに気付き、メディアのリプレゼンテーションと自分の考え方を相対化することで、人種・民族・ジェンダー・経済問題などについて考えることにつながっている。カリキュラムで具体的に多様な問い方を記載することで、オンタリオ州のメディア・リテラシー教育のあり方、すなわち「批判的」にメディアについて考えるように求めていると言える。

　以上、1999・2000年版と2007年版の「英語」カリキュラムを比較することにより、1995年に発足した進歩保守党政権下でのメディア・リテラシー教育が、2003年に発足した自由党政権下でどのように変化したのかを述べて

第4章 オンタリオ州におけるメディア・リテラシー教育の導入と展開 169

表4-7 「メディア科」における学習内容と問いの投げかけ方の例

1999・2000年版	2007年版
● 個人および集団がどのようにメディア作品に表象されているかを分析し、その表象の正確さと影響について評価する。 ● 人々や集団が多様なメディア作品においてどのように表象されているか検討し、そういった人々の信仰や偏りが明らかにされ、メッセージが伝わっているか説明する。	学習内容の一例 ● ジーンズの広告における女性の身体のイメージについてどのような意味が付加されているか理解する。 ● 人気のあるテレビ番組の主役が、異なる社会経済的集団の人間だったり、民族集団の人間だったりしたら、番組のイメージはどう変わるか。 ● 先住民コミュニティの報道について検証し、それが先住民と先住民でない人間両方に与えうる効果について分析する。 ● 同性愛嫌いや人種差別を助長する発言がタブロイドやオルタナティブ系の新聞でどのようになされているかを検討し、その理由を考える。 ● 個人の権利の尊重と視聴者の情報を知る権利を満たすためのジャーナリストの権利の葛藤について説明する。 発問の一例 ●「先住民のコミュニティから来た人は、『ポカホンタス』をどのように解釈するでしょうか」 ●「メディアが表象する貧困やホームレスは、あなたのそれらに対する見方をどのように形成していますか」 ●「大人や青年や子どもといった異なるターゲット集団に対して、人種差別のような真剣な問題に取り組むマンガ本をどのようにつくりますか」　など

出典は表4-3に同じ

きた。ダンカンや上杉などが指摘するように、進歩保守党政権下ではメディア操作スキルが重視され、本書で定義してきたような「批判」の要素が失われていた。一方で自由党政権下のカリキュラムでは、1987年のメディア・リテラシー教育導入当時のような、メディアや自分たちのコミュニケーションについて「批判」を投げかけるようなメディア・リテラシー教育が目指されていることがわかる。カリキュラム上では、オンタリオ州は本書第1章および第2章で設定してきたメディア・リテラシー教育を目指していることが明らかになった。

(5) 2007年版「英語」カリキュラムの孕む課題

　ここまでに述べてきたように、2007年版の「英語」カリキュラムでは、「批判的」な思考力を育むためのメディア・リテラシー教育が目指されていることがわかった。しかしながら、カリキュラムとしての問題点がいくらかあるように思われる。

　例えば、教員としての専門性とカリキュラムで例示されているテーマの事例および発問例の兼ね合いである。カリキュラム上では、「メディア・スタディーズ」の説明において「特定の目標における事例や教員の発問は、各コースにおいて適切と思われる内容を紹介している。しかしながら必ずしもそれらに従う必要はない。教員は自分の担当する生徒の学習ニーズに基づき、取り扱う内容を専門的に判断するだろう」（Ministry of Education, Ontario, 2007, p.19）として、最終的には教員の専門職としての判断に基づいて教える内容を決定してよいことを明示している。しかし、州統一カリキュラムはオンタリオ州全域を通じて、教えられる内容をある程度統一し、「教育の質とアカウンタビリティに関するオフィス（Education Quality and Accountability Office: EQAO）」（次節で詳述）による州統一テストの結果をもって教育の説明責任とすることを目的としている。そのため、州統一カリキュラムを逸脱したテーマを扱うことは現実的には教員にとって困難なことであり、結局は例示されているテーマに従うほかない。特に、「メディア科」の資格を所持していない大半の「英語」教員にとっては、専門的な判断の下しようがないため尚更である[27]。つまり、形式上は教員の自由裁量を認めているが、実質的には具体的なテーマの事例と発問例が教員の裁量を狭めてしまっているという課題を指摘できる。

　また、生徒の評価方法に関しても曖昧であることが課題として指摘できる。州統一カリキュラムでは、州のスタンダードとして、達成レベルをレベル1未満からレベル4までで区別することと、おおよそのレベルの分け方が記載されている。そして評価の意義と評価方法の原則（すべての生徒に公平な評価をすること、評価を指導や改善に活かすことなど）や、評価対象とする項目（知識とその理解、批判的・創造的スキル、計画するスキル、推論するスキル、表現力、知識と理解の応用）について説明がなされている。しかし具体的な評価方法については一切述べられていない。このことについても、「教員は専門的な判断に基づ

いて、全体の目標に対応する特定の目標の達成について評価し、評価と指導をすべき項目、必ずしも評価を行う必要がない項目を決定する」(Ministry of Education, Ontario, 2007, p.22) と述べられているにすぎない。このように評価方法について曖昧な説明しかなされていないからこそ、メディア教員追加資格認定コースやトロント地区教育委員会のティーチングガイドにおいて具体的な評価方法についての指導や紹介がなされているとも考えられる。しかし最初の課題と同様に、「メディア科」の資格を所持していない「英語」教員や、メディア・リテラシー教育に興味がない、もしくは反対している教員は、必ずしも真正の評価を用いるわけではなく、場合によっては評価が大きく分かれてしまうことも考えられる。これは、州統一カリキュラムの求める「公平な評価」に反しかねない事態である。

特にオンタリオ州では、本章第2節(4)で述べたように、カナダの中でも際立って多様な人種・民族が居住するようになった経緯があり、人種・民族間での成績の差が問題視されるようになった。そこでテスト学力だけではない、学習過程の評価に力を入れること、すなわち真正の評価を採用することで、公平・公正な評価を目指すようになったのである。そこで次節では、本節で説明した「メディア・スタディーズ」および「メディア科」の目標を、学習者が獲得したかどうかをどのように教育現場において評価することが望ましいのかについて、オンタリオ州の教育評価議論を交えて述べていく。

第5節　オンタリオ州における教育評価

(1) 1990年代以降のオンタリオ州における教育評価の動向

ここからは、オンタリオ州における教育評価の動向について述べていく。本書執筆時点(2013年)に影響している、オンタリオ州における教育評価議論がなされたのは1990年代前半である。『学ぶことを好きになるために(For the Love of Learning)』(以下、「報告書」とする)において、教育評価に関連した記述がみられる。「報告書」においてラドワンスキ(Radwanski, G)は、「世界は農業時代から産業時代へと移行しているのであり、社会経済的な変化を考えなければならない。またモノを売り込むことよりも人間の知識の信用を重視する世

界に変化しているため、教育が重要な役割を果たす」(Fagan and Squrrell, 1995, p.4)と、基本的な教育の指針を提案した。この考え方は、個人の発達と同様に、社会経済的な幸福における教育の重要性に焦点が当たっている。

「報告書」の中では、様々な教育改革の課題の1つとして、教育評価に関しても多くの記述が見られる。とはいえ、教育評価はそれ自体が問題にされるとともに、カリキュラムなど他の教育問題と関連して議論されている。当時『トロント・スター』紙の編集長だったラドワンスキは、生徒が中等教育を修了できるようにするための一連の提言をした。それは早期幼児教育、州統一の標準テスト、「成果に基づいた教育(outcome-based education)」への移行、高校での脱能力別学級編成、単位制度を廃止と共通のコアカリキュラムの導入、などである。ラドワンスキの提言[28]のうち、いくつかは実現しなかったが、「多様な進度の生徒であっても能力別学級にはせず、一緒の学級で学ばせること」、「州および連邦レベルのテストの実施」などについては「報告書」発表後に実現した(Royal Commission on Learning, 1994a)。このうち、州統一テストの実施の是非については議論があった。なぜなら、カナダ全体の動向からすればオンタリオ州は州統一テストの実施に消極的だったからである。1960年から1977年にかけての一時期に、第13学年[29]は中等教育修了試験が必須だった。しかしそれ以外の学年には統一テストがなく、1977年から1990年代前半までは州統一テストはまったく存在していなかった(Fagan and Squrrell, 1995)。統一テストと評価の歴史は、「報告書」では以下のように整理して記述されている。

> オンタリオ州は標準テストの歴史がほとんどない。1950年代から1960年代にかけて、第13学年の卒業テストはすべての科目で行われていた。そのテストは大学入学の基盤ともなっていた。1960年代半ばになって状況が変わり、試験結果が教員の評価と結びつくようになった。1960年代末期、試験は中断し、教員の生徒評価のみが大学入学の基盤となった。当時は評価について教員の自律性に任されており、周囲もそれを認めていた。(中略)1970年代から1980年代初期にかけてはカナダの他の州やアメリカ諸州で、統一された評価プログラムが拡充した

時期だった。オンタリオ州は教育者レベルで評価プログラムが実施されていたが、州で統一されたものはなかった。(中略)オンタリオ州が初めて学校制度のパフォーマンスを評価する大規模な調査を実施したのは理科と数学で、1980年代だった。(中略) 1990年代になって共通カリキュラムが作成され、言語や数学においては「限定的(limited)」、「適切(adequate)」、「熟達(proficient)」の3段階で、第3・6・9学年の最後に成績がつけられた。(Royal Commission on Learning, 1994b, pp.3-6)

オンタリオ州がこのように統一テストによる評価に消極的だったのにはいくつか理由がある。まず学力テストというのは生徒の達成度を知る1つの簡単な方法であるが、テストでは生徒がどこでつまずいているのか、どのようにそれを克服すればよいのかということは明らかにできない。また、テストでは生徒に適した仕事や将来像を示すことができない。最も適切な評価方法は、保護者に生徒の状況について説明し、生徒の学力向上について有益な情報や教材を教員に提供するという方法である。生徒の学力向上のために必要な情報と手段を提供することが評価の目的であるとすれば、統一テストのような大規模な調査は必要ないのである。州で統一した評価を採用すれば、どんなに簡素化する努力をしても複雑にならざるをえないし、費用もかかる。また統一した基準で評価すれば、評価に向けた学習内容のみを教える可能性があり、生徒や教員の視野を狭めてしまう、などといった理由があった(Royal Commission on Learning, 1994b)。

しかし1980年代後半から、カナダ全土と同じく、オンタリオ州の教育評価に対する考え方も変化してきた。エンバイロニクス社の1993年の調査によれば、10人のうち7人のカナダ人が、連邦レベルのテストを受けることを希望しているそうである。しかしテストが必要だと答えた人間のおよそ半数が、カナダの背景を持たない(移民して間もない)子どもには、テスト内容が不公平であるとも答えている(Royal Commission on Learning, 1994a)。『第9回OISE調査(The Ninth OISE Survey)』では、1990年では59%、1992年では73%のオンタリオ州民が、子どもの学力を測るために州統一テストをすべきだと答えている(Royal Commission on Learning, 1994a)[30]。この社会的な変化は、TIMSSや

IAEP (International Assessment of Education Progress)[31]のような国際学力テストが注目されるようになったことと関係している。比較可能で長期間にわたる州のデータがオンタリオ州にはないため、多くのオンタリオ州民は国内・国際学力テストを、学校制度がうまく機能しているかどうかを測る重要な指標として考えている(Royal Commission on Learning, 1994a)。しかし多くの教育研究者は、カナダの教育は国際的に劣っているという国際学力テストの結果についての見解に同意しなかった。しかしながら結局、1993-1994年度から、すべての第9学年の生徒に読み書きのテストが導入された[32]。

同時期には、カナダ全土においても教育が果たすべき社会への説明責任と、その手段としての州統一テストの導入に関する議論が行われていた。既にオンタリオ州以外のほとんどの州では1980年代以前から、いわゆる標準テストが導入されていた(Fagan and Squrrell, 1995)。それらの州では説明責任のための教育評価として標準テストを採用していたそうだが、オンタリオ州の評価の方針は、「保護者や世間一般に対して、教育についてのオンタリオ州としての責任は果たさなければならない。教育制度が説明的(accountable)であるということと、生徒を評価するということは異なるということは断わっておく」(Royal Commission on Learning, 1994b, p.2)というように、説明責任と教育評価を別の物として考えている。また、「説明責任のために、学校・教育委員会・州を全体的に、そして生徒個人(の最終試験)を監査するために使われる大規模な評価は、個々の生徒を評価するのには有効的ではない」(Royal Commission on Learning, 1994b, p.7)という「報告書」の記述にみられるように、州統一テストのような標準テストによる学習者の評価と、日々の授業における学習者の評価は、性質の異なるものとして捉えられている。

「報告書」では、長年にわたって標準テストの実施に消極的だったオンタリオ州が、どのような評価方法を用いていたのかが、次のように述べられている。

> 学習の恒常的な部分を評価するのは不可欠である。オンタリオ州では、授業中の生徒評価は個々の生徒の学習を評価する典型的な要素である。教育者と生徒の日常的な経験は授業を構成する不可欠な部分である。(中略)授業中の評価は口頭での質問や教員がつくったテスト、ク

第4章　オンタリオ州におけるメディア・リテラシー教育の導入と展開　175

イズ、エッセイ、課題、試験、プロジェクトも、パフォーマンスや他の制作物の観察と同様に評価される。授業中の評価は頻繁に行われるので、生徒の知識や学習内容について単発のテストよりも、よりよく評価できる。教員は生徒が批判的に考えることを学んでいるかどうか、既存の知識と新しい知識のつながりができているかどうか、学ぶことに楽しみを見出しているかどうかを観察する機会を有している。(Royal Commission on Learning, 1994b, pp.7-8)

　また、「授業など、日ごろの教員の評価がパフォーマンスの向上に役立つと考える。世間一般への説明のための大規模な調査よりも、日常の評価活動のほうが学力向上に役立つ」(Royal Commission on Learning, 1994b, p.6)というように、学習者の日常の学習活動をいかに評価するかということに重点が置かれてきたのである。評価結果をいかに利用するかということについては、「生徒が今後より良く学習を進めていくためにはどうすればよいのかを発見すること」(Royal Commission on Learning, 1994b, p.6)と考えられている。そして、「日常の授業でのテスト結果や日常の授業課題を、ポートフォリオのような、課題に取り組む前後の努力がわかる指標も含めて、9月からの1年間を通じて検討する必要がある」(Royal Commission on Learning, 1994b, p.9)というように、長期的な視点で学習者を評価することが求められている。つまり、王立委員会としては標準テストを説明責任のために導入しつつも、オンタリオ州が従来取り組んできた、真正の評価による教育評価も重視する必要があると考えている。

　「報告書」では特に、パフォーマンス評価(performance appraisal)を行うことが推奨されている。パフォーマンス評価の目的は、まず、説明責任という目的のために実施されるものであり、基準を維持するものでなければならない。学校と学校制度に関する様々なデータを収集するのは、教員と管理者の仕事を機能的に収集することが大事であるという考えに基づいており、学校が期待されていることについて、世間に対して満足のいく説明を行うためである(Royal Commission on Learning, 1994c)。しかしもう1つの目的の方が重要であるとされている。それは、「パフォーマンスを評価するということは、評価

される側が自分のやっていることを継続的に向上させていくことである。つまり評価はうまくできているかどうかを認識することであり、より高いレベルのパフォーマンスに向けての活力剤である」(Royal Commission on Learning, 1994c, p.2)ということである。つまり、パフォーマンス評価は学習者の正当な評価につながるだけでなく、教員自身が自らを振り返るためにも必要であるとされているのである。

　オンタリオ州において、このように日常的な学習活動を評価することが重視されてきたのは、多文化社会という社会的背景が関係していると考えられる。「報告書」で、「評価は可能な限り偏りを排したものでなくてはならない。偏りとは性別、社会階級、人種、文化、障害などであり、否定的な要因として扱われてはならない」(Royal Commission on Learning, 1994b, p.16)とされているように、特に子どもの家庭的背景によって評価が歪められることがあってはならないのである。「オンタリオ州はカナダの他の州やアメリカ、イングランドよりも、マイノリティや移民への評価の偏りの影響について多大な注意を払ってきた。それは移民やマイノリティが貧困層と同様、特別な教育を必要とし、大学に進学しない流れを代表しているからである」(Royal Commission on Learning, 1994b, p.17)というように、オンタリオ州の多くの人種・民族集団が、偏り(この意味では「偏見」)に対して敏感である。

　その結果、1996年に進歩保守党政権下で設置されたEQAOが実施する州統一テスト[33]においては、人種や民族、家庭環境などに配慮したテスト作成が目指された。例えば、事前アンケートで家庭環境や保護者の社会経済的地位、文化資本などを調査し、テスト結果との関連を分析している(平田、2007)。また州統一テストでは、受験言語は英語かフランス語で、英語系(アングロフォン)とフランス語系(フランコフォン)の生徒はそれぞれの言語で受験することになる。それ以外を母語とする移民(アロフォン)の子ども、また身体障害者などは出題文の理解にハンデがあるのではないかという批判もあった。このような問題を持つ子どもに対しては、点字やオーディオ版による出題、それらに対応した解答の仕方や解答代筆者の許可などによって対応し、場合によっては受験の免除や、受験を1年遅らせるなどの例外措置も認めている(平田、2007)。

第4章　オンタリオ州におけるメディア・リテラシー教育の導入と展開　177

　以上で述べたように、オンタリオ州において結果的には教育目標を州で一律に定めた州統一カリキュラムと、カリキュラムの目標に基づいて量的指標で測られる州統一テストを、1990年代中盤には本格的に実施することになっていった。しかし、他方では教育委員会や教員が多様な視点で形成的に学習者を評価しようとする、従来からの真正の評価、パフォーマンス評価は維持されたのである。ボランテ(Volante, L.)らは、1980年代後半のオンタリオ州において、ポートフォリオのような形成的な評価の有効性を主張する研究が既になされていたことを指摘している(Volante, Beckett, Reid & Drake, 2010)。実際にトラウ(Traub, R.)らが1987年から1988年にかけて第13学年(2002-2003年度を最後に現在は廃止されている)担当の教員17名に実施した聞き取り調査では、「筆記テストの結果よりも、授業において生徒がどのように学習しているのかに評価の重きを置いている」(Traub et al., 1988, p.10)と結論づけられている。また、評価対象となる授業における生徒のパフォーマンスについては、17名の教員それぞれが多様なパフォーマンスを評価対象にしているため、「単純な比較は困難」(Traub et al., 1988, p.13)ともされている。

　このような先行研究を基にボランテらは、州統一テストが導入されて10年以上が過ぎても、依然として形成的な評価が必要だとオンタリオ州の教員が考えていることを、初等・中等教育の教員計20名への聞き取り調査から明らかにしている。調査対象となった教員たちが主に用いている真正の評価方法は、授業中の生徒とのやりとり、成績とは無関係のフィードバック(ポートフォリオ等)、自己評価、子ども同士の評価の4つだった(Volante, Beckett, Reid & Drake, 2010)。これらの評価方法のうち、自己評価と子ども同士の評価は、それだけでは信頼性に欠けるため、他の評価方法と組み合わせて使われる。そしてこれらの評価方法のなかで、最も重要視されていたのは子どもへのフィードバックだった。特に直接的な成績との関係を否定し、純粋に学習を行うためにフィードバックを利用することで「子どもの成長がまったく違ってくる」(Volante, Beckett, Reid & Drake, 2010, p.11)と、調査対象となった初等教員が述べている。このようなフィードバックと、授業中のやりとりは、1980年代から既に定着していた。具体的には、ブルーム・タキソノミー（Bloom Taxonomy）を利用した質問チャート(Q-chart)と、フィードバックのためのポートフォリオ

が利用されていたことが指摘されている(Volante, Beckett, Reid & Drake, 2010)。

　教員だけでなく、教育委員会も真正の評価を推奨していた。実際に、1990年代前半のノースヨーク教育委員会の子どもの評価に関するガイドラインでは、観察、子どもへの聞き取り、話し合い、自己評価、子ども同士の評価、発表、エッセイ、課題、保護者によるフィードバック、パフォーマンスチェックリストなどが、筆記テストと同列に評価方法として取り上げられている。そして記録を残す方法としてポートフォリオやビデオ映像、音声記録、写真、日記などが記載されている。またトロント地区に隣接するスカーボロ(Scarborough)教育委員会では、日記(Anecdotal records, teacher journals or log books)、パフォーマンスチェックリスト、発表、プロジェクト型課題、子どもへの聞き取り、子ども同士の評価、パフォーマンス課題、ポートフォリオ、自己評価、観察、記録映像・ビデオ・写真、筆記テストなどが、評価方法として推奨されている[34]。スカーボロ教育委員会は評価の目的を、教員、学校と子ども、保護者がコミュニケーションをとり、互いに理解を深めるための材料として考えており、特にポートフォリオのように学習過程を振り返るための記録を好んでいたようである。また、トラウらが述べているように、1980年代後半には既に各教員が独自に評価対象となる生徒のパフォーマンスを開発し、評価対象が多様になっていたと考えられる。メディアログ(ロッカー)のような評価方法は、そのような評価実践のなかで生まれたものであると考えられる。

　オンタリオ州がカナダの他州と異なるのは、カナダのなかでも特に多文化・多民族・多人種社会という背景があり、伝統的に標準テストに否定的だったことである。そのため、社会的要請として州統一テストを実施したが、標準テストの限界を認識し、少なくとも1980年代から真正の評価が重要視され続けていた。オンタリオ州のメディア・リテラシー教育においても真正の評価が重要視されていることを、以下で述べる。

(2) オンタリオ州のメディア・リテラシー教育における学習者の評価

　オンタリオ州が真正の評価を重視する方針は、メディア・リテラシー教育においても例外ではない。オンタリオ州の場合、州統一カリキュラムにおい

て、「メディア科」の目標や、授業の構成、テーマといったガイドラインが示されている。ここでは、英語科全体の評価の指針と、そのなかにあるメディア科の目標について述べていく。

　2007年版カリキュラムにおいては、「英語」の全体的な目標として、全体の目標(overall expectation)と、特定の目標(specific expectation)の2つが設定されている。全体の目標は、「英語」の各科目において、最終的に生徒が身につけるべき一般的な知識と技能を示している。その一般的な知識と技能とは、読む、話す、聴く、書く、観る(viewing)、表現する(representing)の6つである。これら知識と技能を身につけることによって、より効果的にコミュニケーションを行うことができるようになる(Ministry of Education, Ontario, 2007, p.12)。また特定の目標は、各科目や学年において、一般的な知識と技能に関連した、より深い知識と技能を示している(Ministry of Education, Ontario, 2007, p.14)。この特定の目標における記述の特徴は、目標についての記述そのものに加え、具体的な事例と、教員による発問の例が記載されていることである。事例を示すことによって、各目標が何を意図しているのかを、よりわかりやすく教員に理解させようというのである。また、カリキュラムで言われている知識と技能は、「知識と理解」[35]、「思考」[36]、「コミュニケーション」[37]、「応用」[38]の4つのカテゴリーに分けられ、それぞれのカテゴリーは相互に関係する(Ministry of Education, Ontario, 2007, p.21)。特に「思考」においては、批判的・創造的思考が含まれている。

　そしてカリキュラムは、これらの目標を達成できたかどうか、生徒のどのような知識と技能が伸び、何が身についていないのかを、どのように評価(evaluation and assessment)[39]するかについても述べている。この評価の方法が各教員によって統一され、信頼されるものとなるように、教員に対して11項目の注意事項を示している[40]。これら注意事項を理解した上で、特定の目標および全体の目標について評価を行う。生徒は最終的にレベル1〜4のランクで評価され、数字が大きくなるにしたがって、高いレベルを達成したことになる(Ministry of Education, Ontario, 2007, p.21)。なお、レベル3がオンタリオ州の標準的なレベルである。ここで、各レベルがどのような基準(criteria)にしたがって設定されているのかが問題となろう。カリキュラムにおいては、知

識と技能における各カテゴリーが、基準を規定するとされている(Ministry of Education, Ontario, 2007, p.23)。例えば「知識と理解」のカテゴリーの場合、基準は「内容の知識(knowledge of content)」[41]と「内容の理解(understanding of content)」[42]となる。この基準が、生徒の評価されるパフォーマンスの観点を規定する。「英語」における共通の評価指針は以上のようになっている。とはいえ、カリキュラムが示す基準についての説明や評価指針はガイドラインにすぎない。最終的には、各教員が全体の目標や特定の目標を理解した上で、専門的な判断に基づき、何を評価すべきで、何を評価すべきでないかを考えることとされている(Ministry of Education, Ontario, 2007)。

「メディア科」の全体の目標および特定の目標の設定は以下のようになっている。全体の目標は、「A.メディア・テクストを理解し解釈する、B.メディアと社会、C.メディア産業、D.メディア・テクストを制作し振り返る」の4つがあり、その中でさらに2つないし3つに分かれ、合計で9つの全体の目標がある。その9つの全体の目標に対し、それぞれ2～6つの特定の目標が設定されている。具体的には、次頁の**表4-8**のようになっている。

以上のように、「英語」としての評価の指針や、「メディア科」における目標がカリキュラムに示されているとはいえ、実際の現場の教員からすると、どのように生徒のパフォーマンスを評価すればよいのか判断に困るであろう。最終的な評価の判断は教員が考えるといっても、これまでに述べてきたように「メディア科」の歴史は浅い。また思想的に、教育内容を受け入れない学校関係者や教員もいる。しかしながら担当する教員は、カリキュラムに記載されている以上、実施しなければ説明責任を問われることにもなりかねない。そこで、トロント地区教育委員会の場合は、より詳細なテーマの取り扱い方、ルーブリックなどを示したティーチングガイドを2005年に発行し、所管する学校の教員に配布している。その内容については第3章第3節(4)で述べたとおりである。ティーチングガイドが、インタビューや、発表の機会を設け、生徒と作品の制作過程について話し合いながら、作品だけでなくその過程にも着目して評価することを奨励していることは、先述したオンタリオ州の教育評価の歴史を受け継いでいるものだと言える。インタビューや発表の機会は、授業中の生徒とのやりとりにあたり、フィードバックはポートフォリオ

表4-8 「メディア科」の全体の目標と特定の目標

全体の目標		特定の目標
A.メディア・テクストを理解し解釈する	1. メディア・テクストを理解し反応する（※1）	①目的とオーディエンス、②メッセージと意味、③オーディエンスの反応
	2. メディア・テクストを分解(deconstruct)する（※2）	①コードときまり・約束事、②言語と観点、③ジャンルと様式
B.メディアと社会	1. メディアの視点を理解する（※3）	①個人と集団、②時事問題、③行動と態度
	2. メディアが社会に与える影響を理解する（※4）	①カナダ人アイデンティティ、②健康と関係、③グローバルな気づきとグローバリゼーション、④プライバシー、⑤メディア技術使用の効果
C.メディア産業	1. 産業とオーディエンス（※5）	①ターゲット・オーディエンスの反応を調べる、②新技術と内容の伝達、③様式を超えたマーケティング
	2. 所有権と統制（※6）	①規律・規制、②所有権の集中とその効果、③技術と視点、④番人、⑤産業における新技術の影響
D.メディア・テクストを制作し振り返る	1. メディア・テクストを制作する（※7）	①目的とオーディエンス、②様式、③メディアのきまり・約束事と技術を使う、④言語と観点、⑤制作過程、⑥著作権と許可
	2. メディア制作におけるキャリア形成（※8）	①役割を決める、②キャリア形成の機会
	3. メタ認知（※9）	①メディアの消費者、②メディアの分析者、③メディアの制作者

（※1）多様なメディア・テクストに対する理解を示すことを指す。
（※2）コード、きまり／約束事、技術を理解しながら、そしてそれらがどのように意味を作り出しているかを説明しながら多様なメディア・テクストを分解することを指す。
（※3）人々・問題・価値観・行動についてのメディアのリプレゼンテーションを分析し批判することを指す。
（※4）社会におけるメディアの影響について分析し評価することを指す。
（※5）メディア・テクストのクリエイターがオーディエンスに焦点を当て、興味を引こうとする方法についての理解を示すこと指す。
（※6）規律・規制や所有権の影響と、アクセス・選択・表現の幅についてのコントロールといったことへの理解を示すことを指す。
（※7）効果的な様式・コード・きまり／約束事と技術を用いながら、異なるターゲットや目的に沿ったメディア作品をつくることを指す。
（※8）多様なメディア産業における役割とキャリアオプションを理解することを指す。
（※9）メディアの消費者、メディアの分析者、メディア制作者としての成長を振り返ることを指す。

Ministry of Education, Ontario, 2007, pp.151-161を参考に筆者作成

(メディアログ)にあたる。このように、メディア・リテラシー教育における評価はオンタリオ州における教育評価の流れに一致した真正の評価方法を採用しているのである。具体的にティーチングガイドのルーブリックを用いた事例の分析については次章で詳しく検討する。

　メディア・リテラシーの概念を示すものであるメディア・スタディーズが中心概念に含まれる以上、メディア・リテラシーも州統一テストで測られる技能ということになる。しかし、メディア・リテラシー教育の効果、すなわちメディア・リテラシーという能力を、量的な指標で評価するのは困難なことである。だからこそ、真正の評価が必要であり、ルーブリックが作成され、ポートフォリオ(メディアログ)評価が推奨されているのである。トロント地区におけるメディア・リテラシー教育の実践は、カリキュラムや授業方法、評価、支援体制などから考えて、理論と実践が有機的に結びついたものであると言えるだろう。

小　括

　本章では、まずカナダ全般における教育制度およびメディア・リテラシー教育の実施状況を概観した。カナダは州ごとに教育制度が異なるため、一概にその特徴を述べることはできない。メディア・リテラシー教育も1999年以降はすべての州および準州において実施されているが、その特徴は地域ごとに異なる様相を呈している。メディア・リテラシー教育の理論も、カナダ独自のものが発展しているわけではなく、主にイギリスで用いられている理論を用い、そこにマクルーハンのコミュニケーション理論を組み合わせつつ、実践において独自性を打ち出していると言える。特にオンタリオ州では教育実践が重要視されてきた。

　そこで、オンタリオ州におけるメディア・リテラシー教育の導入過程について考察した。マクルーハンの影響を受けた中等学校教員を中心にしたメディア・リテラシー協会などの団体の活動、アメリカ文化との関係、州政権の教育政策、多文化社会や多文化主義推進などの要因が重なったことがメディア・リテラシー教育導入の大きな要因だったことがわかった。

そして、1987年のメディア・リテラシー教育導入以降、1990年代後半のオンタリオ州で起こった、メディア・リテラシー教育「衰退」という議論について、保守主義や新保守主義の思想がメディア・リテラシー教育とどのように関係しているのかを考察し、ハリス政権下でのメディア・リテラシー教育をめぐる動向と関連させて検討した。その結果、ハリス政権が実施した新保守主義的な教育政策は、メディア操作スキルを重視したメディア・リテラシー教育となったことがわかった。
　次に2003年に自由党が政権与党となってから、メディア・リテラシー教育がその理念を取り戻して実施されるようになったことについて、1999・2000年版と2007年版の中等教育課程における「英語」の「メディア・スタディーズ」や「メディア科」におけるメディア・リテラシーの取り扱いについて比較検討することにより考察した。1999・2000年版の第11学年の「メディア・スタディーズ」の特定の目標は「メディアとメディア作品を分析する」、「メディア作品をつくる」の2つだけで、大まかな目標が数点例示されているにすぎない。そして2007年版での発問例のような記載はまったくない。このように、授業での具体的なテーマの取り上げ方についての記載は双方で大きく異なる。また「メディア科」の場合、1999・2000年版には、メディアにリプレゼンテーションされる信条や価値観について読み解くという目標が学習内容として記述されているものの、具体的な教員の発問に関してはまったく記載されていない。一方、2007年版はより明確に多様な問いが示されていることがわかる。同性愛も含んだジェンダー、多文化社会における人種・民族、先住民、そして基本的人権や知る権利などについての問いが、様々なかたちで記載されている。多様な観点から、すなわち「批判的」に問うことが「メディア科」では求められているのである。しかしながら、カリキュラムでは学習者の到達度は示されているものの、それをどのように評価するのが適当なのかについては述べられていない。
　そこで、カナダにおける教育評価の文脈を把握するため、1980年代後半からのオンタリオ州の教育評価議論を概観した。カナダ全体としては、1980年代以降、国際学力調査やアメリカのスタンダード運動による影響から、標準テストを求める動きが出てきた。これは、世間に対してカナダ連邦政府と

して教育の説明責任を示す必要性も強く意識されるようになったためである。オンタリオ州は、1960年代から州統一テストの導入に消極的だった。それは人種・民族構成が特に多様なオンタリオ州の社会であったり、子どもの学習の改善・向上には機能しないという認識があったりしたためである。そこでオンタリオ州が重視していたのが真正の評価である。具体的には授業中の教員と生徒のやりとり(発表やインタビューなどを含む)や、学習内容のフィードバックのためのポートフォリオが用いられていた。

　第3章で取り上げたトロント地区教育委員会のティーチングガイドが、インタビューや、発表の機会を設け、生徒と作品の制作過程について話し合いながら、作品だけでなくその過程にも着目して評価することを奨励していることは、このようなオンタリオ州の教育評価の歴史を受け継いでいるものだと言える。インタビューや発表の機会は、授業中の生徒とのやりとりにあたり、フィードバックはポートフォリオ(メディアログ)にあたる。このように、メディア・リテラシー教育における評価はオンタリオ州における教育評価の流れに一致した真正の評価方法を採用しているのである。

　以上のように、本章ではオンタリオ州におけるメディア・リテラシー教育について、カリキュラムへの導入から現在に至るまでの経緯、カリキュラムの内容、学習者の評価という一連の項目について述べてきた。次章では、実際にどのようなメディア・リテラシー教育が行われ、その中で学習者たる生徒は「批判的」な思考力を身に付けることができているのかについて、トロントにおける事例研究を基に検討を行う。

【註】
1　原語は"Constitution Acts"であり、小林他(2003)も「憲法法」と文献では記載しているため、本書でも小林らに従って「憲法法」と表記する。
2　次のような事項は認められる。
①教育事項を原則として州の管轄事項とした1867年憲法法93条が、州の立法府に対し、宗教系学校に関するいくつかの規定を有している。例えば、州は学校に関する権利・特権に不利な影響を及ぼす立法をしてはならない、など。②権利及び自由に関するカナダ憲章第23条(1-3項)の定める少数言語教育権に関わる問題について、「英語またはフランス語が母語であるか、英語またはフランス語で初等学校教育を受けた者は、子どもにその言語で初等・中等学校教育を受けさせる権利を有する」、「子どものうちの

いずれかが英語またはフランス語で初等・中等学校教育を受けている場合、その家族のすべての子どもに同一の言語で初等・中等学校教育を受けさせる権利を有する」、「これらの権利は当該州において少数言語教育を受ける子どもの数が十分いる場合に適用される」。(成嶋、2003、130-134頁)

3　カナダ全体の教育体系については以下の表のようになっている。

州(province)	教育体系
ニューファンドランド(Newfoundland)	3-3-3-3
プリンスエドワード島(Prince Edward Island)	6-3-3
ノヴァスコシア(Nova Scotia)	6-3-3
ニューブランズウィック(New Brunswick)	5-3-4(英語系)、8-4(仏語系)
ケベック(Quebec)	6-5
オンタリオ(Ontario)	8-4
マニトバ(Manitoba)	8-4
サスカチュワン(Saskatchewan)	5-4-3
アルバータ(Alberta)	6-3-3
ブリティッシュ・コロンビア(British Columbia)	7-5
ユーコン準州(Yukon)	7-5
ノースウェスト準州(Northwest Territories)	6-3-3
ヌナブト準州(Nunavut)	6-6

小林他、2003、x vi頁を基に筆者作成。

4　中等教育を卒業する生徒は3分の2程度で、2003-2004年度は68%であった(http://www.premier.gov.on.ca/english/news/GraduationRates101405.asp　2005年11月13日)。しかし2009-2010年度は81%となっており、6年間で10%以上卒業率が上昇している。
(http://news.ontario.ca/opo/en/2011/03/81-per-cent-of-high-school-students-graduating.html　2011年10月21日確認)

5　中等学校は単位制で、卒業要件は最低30単位必修(18単位、選択12単位)が必要とされている。

6　「教科書」は活字に限らず、電子メディアおよび活字と電子メディアの組み合わせによってなるものも含まれる(Ministry of Education, Ontario, 2008)。

7　Andersen et al, 2000, pp.3-8およびMNetホームページ
(http://www.media-awareness.ca/english/teachers/media_education/index.cfm　2008年11月17日確認)より。

8　マニトバ州、サスカチュワン州、アルバータ州、ブリティッシュ・コロンビア州、ユーコン準州、ノースウェスト準州が共同で作成した、K-12の基礎的な教育の共通カリキュラムのこと。共同で行われる様々なプロジェクトに加え、数学、言語、国際言語のカ

リキュラムの枠組みとその学習成果の共有を目指している。2000年にはヌナブト準州も加盟した（Westren and Nothern Canadian Protocol ホームページ　http://www.wncp.ca/english/wncphome.aspx　2009年9月6日確認）。

9　1966年に国連が3月21日を「人種差別撤廃デー」を定めた。カナダは最初にそれを支持した国の1つである。これを受けて遺産省が1989年から始めたキャンペーンを指す。10〜20歳であれば応募できる（参加は5人までのチームなので、同じ学校で複数応募も可）。子ども自身で脚本から撮影、編集まですべて行って45〜60秒の反人種差別をテーマにした作品をつくることを目的としている。なお、2011年からはMathieu Da Costa Challenge and the Racismというキャンペーンに名称を変更している（http://www.cic.gc.ca/english/games/challenge.asp　2011年10日21日確認）。

10　ただし、教員個人レベルではメディア・リテラシー教育を厳密に実施している可能性がある。

11　読み・書き・計算の基礎学力を重視する教育方針へ戻るという運動。

12　John Pungente, *The second spring: media literacy in Canada's schools,* 21 October 2006 (http://interact.uoregon.edu/MediaLit/JCP/articles/secondspring.html　2008年11月17日確認）より。

13　2005年10月14日、ダンカンへのインタビューより。

14　アメリカ放送企業のカナダ進出は進んでおり、近年では2004年にFOX Newsがカナダ支局を立ち上げた。この立ち上げに関してはカナダ国内で反発があった。その理由はFOXが保守主義的な報道内容を行っていることであったが、結局CRTC（Canadian Radio-television and Telecommunications Commission）はFOXが申請を行った2004年同年にカナダ進出を認める結果を出した（宮原淳「カナダにおける米国メディアの影響—デジタル化と国境を越える報道」2005年9月日本カナダ学会年次大会報告）。

15　2005年10月14日、ダンカンへのインタビューより。
16　2005年10月14日、ダンカンへのインタビューより。
17　2004年9月23日、プンジャンテへのインタビューより。
18　2004年9月24日、トロント地区教育委員会メディア教育コンサルタント（当時）のアンダーセンへのインタビューより。
19　なお、カナダ出身の社会学者で、サンフランシスコ大学メディア・スタディーズ学科准教授（当時）のキッド（Dorothy Kidd）も2006年6月27日の面談時に同様の証言をしている。
20　*The Ontario Curriculum Grades 9 and 10: English 2007, Grades 11 and 12: English 2007.*
21　2004年9月23日、プンジャンテへのインタビューより。
22　9つの理由は以下の通り

　①メディア・リテラシーは、生徒に、権威を疑い、破壊すべきと考えられるイデオロギーについて授業で議論することを促すから。特に、教員は生徒に左翼的プロパガンダを吹き込むことに興味を持っていると信じている、右翼でもさらに右寄りの人々はそう思っている。

　②同様に、右翼の人々は、政治的左翼が、メディアは基本的に経済的エリートの社会・

政治的主張を伝えていると思っているから。
③メディア・リテラシーはしばしば、消費主義を助長するビジネスとその役割に疑問を投げかけるから。この疑問は、教育界にも入り込んできている、今日の新保守主義的な考え方と相容れないから。
④多くの人々は、メディアが若者に、堕落した、否定的なモデルを印象付け、非行に走らせると思っているから。メディアを授業に持ち込むことは、敵と一緒に寝ているとみなされている。
⑤いくらかの学校の管理職の人々は、メディア・リテラシーの活動が必然的に高価な機材を必要とし、予算を消耗する原因になると考えているから。
⑥管理者はしばしば、授業でのメディア・テクストの使用について、厳格な規制を投げかける。その規制の言い分として、著作権と信頼性という言葉を用いる。しかし本当の理由は、授業で教員がテクストについて教える内容について不安を感じており、管理したいからである。
⑦効果的なメディア・リテラシー教育は、教員と生徒両方にとって楽しいものであることだ。これは新保守主義的な教育の考え方とは相容れない。新保守主義は、学習は痛みを伴うことに価値があると考えているからだ。
⑧メディアについて教えられる資格を持った教員が少ないから。興味を持った教員に対して、必要な訓練を提供する機会が限られているから。
⑨「基礎へ帰れ(back-to-basics)」を主張する保守派は、英語の教員は伝統的な文学や聖典だけを教えるべきだと信じており、また、授業において印刷物以外は排除されるべきだと考えているから。彼らは、メディア・リテラシーが基礎的な書く技能を損なわせ、メディア・リテラシー自体不必要で無駄なものであり、学術的な精密さと品位に欠けていると考えているから。

23　トーリー党が政策のスローガンとして用いる「より良いものをより安く('to do better for less')」(Gidney, 1999, p.244)がまさしく当てはまっていた。
24　「英語」の巻末についている、カリキュラム内で用いられているキーワードや概念の説明およびその説明を補足する具体例を記した箇所のこと。
25　初等教育における国語のカリキュラム名は「言語」(Language)である。
26　2006年9月25日、トロント地区教育委員会メディア・リテラシー教育コンサルタントであるエスコバルとシンクレア(Sinclair, D. D.)に行ったインタビューより。
27　2007年11月19日に、「メディア科」の教員資格を持つトロント市の初等学校教員にインタビューした際、「2006年から始まる初等『言語』で、メディア・リテラシーが必修項目になるとトロント地区教育委員会所属の初等教員が説明を受けたとき、全員が『それは無茶だ』と言って驚いた」と述べていた。
28　報告書の中で、たびたび引用されているラドワンスキの教育改革の最初の提言は次の通りである(Fagan and Squrrell, 1995)。
「オンタリオ州における教育哲学の強調は過程から結果へと移行しており、また教育の対象はすべての子どもによって示される特定の知識や技能の獲得の観点から定義される」(Ontario, Ministry of Education, 1987, p.195)。「オンタリオ州における教育政策は、

各学年における明確な成果目標を位置づけている」(Ontario, Ministry of Education, 1987, p.198)。「中等教育におけるコアカリキュラム科目と同様に、少なくとも読解、書くこと、数学、推論と問題解決、学習技能についての州統一テストは、すべての初等・中等教育段階の子どもに、学期を通じて適切な間隔で、行われるべきである」(Ontario, Ministry of Education, 1987, p.199)。

29　従来、大学進学者は事実上の第13学年を終える必要があった。しかし、1年多く学んだオンタリオ州の生徒と、4年間で中等学校を卒業した他の州の生徒を比べても学業的にあまり差がないことなどの理由により、州政府は1999年から第13学年を順次廃止し、4年制カリキュラムとした。このため、2002年には第13学年は完全になくなった(平田、2007)。

30　この割合は中等教育段階で特に高かった。

31　数学および科学分野の国際学力テストのこと。

32　初めてのテスト問題とその分析の結果は1994年の6月30日に報告された。Globe and Mail紙は「オンタリオ州の生徒は輝けなかった」と報じた一方、『トロント・スター』紙は「生徒は目標に達していた」と報じた(Royal Commission on Learning, 1994a, p.59)ように、マスコミによって評価が大きく分かれた。

33　EQAOのテストは第3学年および第6学年生対象の読解、作文、数学テストと、第9学年対象の数学テスト、そして10年生以上を対象として2000年度から実施されている「オンタリオ州中等学校リテラシーテスト(Ontario Secondary School Literacy Test: OSSLT)」がある。第3学年対象のテストは1996年から、第6学年は1998年から実施されている。テストは選択肢式と自由記述式の併用(選択のほうが多い)で構成される。成績はレベル4から1で判定され、レベル3が州標準となる。EQAOのホームページで過去の結果や採点基準、アンケート結果の概要などが閲覧できる。第9学年対象数学テストは1998年から実施されており、「アカデミックコース用」と「応用(applied)コース用」の2種類がある。成績に関しては他の学年と同じである(平田、2007)。

34　ノースヨーク教育委員会およびスカーボロ教育委員会のガイドラインは、ともにFagan, Lenora P. and Squrrell, D. (1995). *Evaluating achievement of senior high school students in Canada: a study of policies and practices of ministries and school boards in Canada.* Toronto: Canadian Education Association.の付録を参照した。

35　各科目に特有の内容(知識)と、その内容についての意味・意義の理解を指す。

36　批判的かつ創造的な思考のスキルないし過程の使用を指す。具体的には、「計画(planning)スキル」、「プロセススキル(例えば、推論、解釈、分析など)」、「批判的・創造的な思考過程」である。

37　多様なテクストの様式を通じて意味を運ぶことを指す。

38　多様な文脈の中や文脈間をつなげるために知識と技能を用いることを指す。

39　assessmentとevaluationの違いについて、カリキュラムでは次のように説明がなされている。

　　　assessmentは、様々な資料(課題、発表、企画、パフォーマンスとテストを含む)

から得られた情報を集める過程である。生徒が各科目においてカリキュラムの目標をどの程度達成できたのかを適切に判断するために行う。assessmentの一部分として、教員は生徒に対し、記述によるフィードバックを提供する。これは向上・改善のための指針を生徒に与えるためである。evaluationは基準に基づいて生徒の活動の質を判断する過程である。また、活動の質を表現するための基準を割り当てる過程でもある。(Ministry of Education, 2007, p.20)

40　カリキュラムには、評価にあたって「生徒が何を、どのように学んでいるのかを観る」、「知識と技能のカテゴリーおよび達成レベルの記述についてのチャートに基づいて評価する」、「各学校やクラスの状況に応じて臨機応変に対応し、生徒が自分の学びをすべて表現できるような機会を提供する」、「学習活動、指導の目的、生徒のニーズや経験に対応して適切に評価すること」、「すべての生徒に対して公平であること」、「特別な教育ニーズを必要とする生徒に対しては、個別の教育計画(Individual Education Plan)に沿って対応すること」、「(英語やフランス語について)特別な言語の指導を必要とする生徒に対しては、その生徒のニーズに応じること」、「各生徒に、学習の向上や改善について明確な説明を行うこと」、「生徒が自分の学習や特定の目標について、自己評価できる能力を促進すること」、「達成レベルの証拠を示すため、生徒の作品をサンプルとして利用すること」、「各科目や年度の開始にあたって、生徒と保護者にコミュニケーションをとること。そして学年を通しての適切な対応について話し合うこと」の11項目について考慮するよう記載されている(Ministry of Education, 2007)。

41　例えば、文学における専門用語、概念、理論など。

42　例えば、概念、思想、意見、事象間の関係など。

第5章

トロント市の中等学校における事例研究

トロント市内のある中等学校のメディア・リテラシー教師の教室

本章では、筆者が観察したトロント地区教育委員会管轄内の2校の中等学校のメディア・リテラシー教育について事例研究を行う。観察したそれぞれの学校(X校、Y校)について、学校の特徴、観察した授業の内容、授業において得られた資料についての各評価対象(パフォーマンス)の分析について、生徒に「批判的」な思考の獲得がみられるのかについて述べていく。学校の特徴については、トロント地区教育委員会のホームページから参照できる学校紹介のサイトを主に参照した。授業観察については、授業を録音したテープ、授業中に生徒に配布された資料、生徒の作品を写真に収めたものを資料として用いている。なお、生徒に対する公式なインタビューは、調査上の制約から一切行わなかった。ただし一個人同士としての日常的な会話は行っており、その生徒を理解するための参考としている。

第1節　リサーチ・デザイン

(1) 分析の枠組み

本章では、本書で設定した課題の5つ目にあたる、「学習者が、メディア・リテラシー教育における「批判的」な思考力を、授業を通して獲得しているのか。また、獲得しているのであればどのように獲得しているのか」について検討する。学習者(生徒)の具体的な「批判的」思考力の獲得状況を観察するため、指標を設定する必要がある。そこで本書では、トロント地区教育委員会が設定するルーブリックを指標として用いる。

トロント地区教育委員会は、ティーチングガイドにおいて、**表5-1**のように生徒のメディア・テクストの分析能力を評価するルーブリックを提示している。

ただし、表5-1はあくまで全体的なルーブリックであり、これ以外にも活動やテーマごと(例えば「新聞を読み解く」や、「制作活動」など)にルーブリックが作成される。各教員の授業内容によってどのようなルーブリックを用いるのかが異なってくる。しかしながら、トロント地区教育委員会としては、最終的に表5-1のような目標について、生徒に達成してほしいと考えている。第4章で検討したオンタリオ州の2007年度版のカリキュラムでは、メディア・

スタディーズ、すなわちメディア・リテラシー教育の目的について、以下のように記述していた。

> メディア・テクストがどのように／なぜつくられるのかを理解することで、子どもはメディア・テクストに対して知的に責任を持って接することができるようになる。子どもは事実と意見を区別でき、情報源の信頼性を評価し、偏り(bias)を理解し、個人と集団の差別的な描き方(例えば宗教・ジェンダーマイノリティや障害を持つ人々、老人のような社会的弱者)を見抜き、犯罪と暴力に対して疑問を抱くようにならないといけない。(中略)メディア・スタディーズはメディアを理解し、創造し、批判的に理解する能力を子どもが発達させることに焦点が置かれる。メディア・スタディーズでは、イメージ(動画と静止画)、音声と言葉が、独立して、もしくは組み合わさって、どのように意味を創り出しているのかを検討する。メディアにおける特定のきまり／約束事と技術の使用と意義を探究し、意味を創り出すということにおいて、観る者とつくる者がどのような役割を果たしているかを考える。メディア分析によって得た知識とスキルを、子どもは自分でテクストをつくるのに応用する。(Ministry of Education, 2007, pp.18-19)

　表5-1の項目は、カリキュラムが規定するメディア・リテラシー教育の内容と対応している。すなわち、表5-1の5つの目標を、カリキュラムの記述と関連させて簡潔に表現するとすれば、以下のようになろう。

①知識・理解	メディアおよびメディア様式に関する知識と理解
②思考・探究	テクストにリプレゼンテーションされる価値観や思想についての解釈
③コミュニケーション	メディア言語の理解
④コミュニケーション・応用	協働作業への参加および根拠を持った意見の提示
⑤思考・探究(制作活動)	メディア分析の制作活動への応用

　トロント地区教育委員会が求めている、このような評価は第1章および第2章で得られたメディア・リテラシー教育学者の知見とほぼ一致していると

表5-1 テクスト分析を評価するためのルーブリック

	①知識・理解	②思考・探究(inquiry)	③コミュニケーション
目標	プリントおよび電子テクストにおける情報、アイデア、テーマ、議論を分析・解釈する。多様なメディア形式が技術、形態、言語によってどのような意味を創り出しているかを説明する。	テクストにおける明示的・暗示的な思考や価値、観点と、自分の思考や価値、観点を比較する。メディア作品とオーディエンスの関係を分析する。	テクストにおいて言語と構造がオーディエンスにどのよう意味を創りだしているのか分析する。作品やデザインが、様式、目的、オーディエンスと制作者によってどう選択されるのかを、知識を使って説明する。
レベル1未満 (0－49%)	異なるメディアがどのように意味を創り出すかについてかなり限られた知識しかない。	多様な観点の効果およびテクストとオーディエンスの関係についてまったく分析できていない。	メディア言語に対する分析的・創造的な思考の使用がかなり限られている。
レベル1 (50－59%)	異なるメディアがどのように意味を創り出すかについて限られた知識しかない。	多様な観点の効果およびテクストとオーディエンスの関係について限られた理解しかない。	メディア言語に対する分析的・創造的な思考の使用が限られている。
レベル2 (60－69%)	異なるメディアがどのように意味を創り出すかについてある程度知識がある。	多様な観点の効果およびテクストとオーディエンスの関係についてある程度理解がある。	メディア言語に対して分析的・創造的な思考をある程度している。
レベル3 (70－79%)	異なるメディアがどのように意味を創り出すかについてかなりの知識がある。	多様な観点の効果およびテクストとオーディエンスの関係についてかなりの理解がある。	メディア言語に対して分析的・創造的な思考をかなりしている。
レベル4 (80－100%)	異なるメディアがどのように意味を創り出すかについて十分な知識がある。	多様な観点の効果およびテクストとオーディエンスの関係について十分な理解がある。	メディア言語に対して分析的・創造的な思考を十分にしている。

	④コミュニケーション・応用	⑤思考・探究(制作活動)
目標	様々な目的に応じて大・小の班で会話する。その際、主要な意見とその意見を支持する具体的な事実を知り、他人と自分の意見を区別し、適切な学問的・理論的言語を用い、関係性、正確さ、偏見のような基準を用いながら暗示的・明示的な意見を評価する。	プリントおよび電子テクストにおける情報、アイデア、テーマ、議論を分析・解釈する。本学習で考察した意見、テーマ、課題に基づいて作品をデザイン・制作する。
レベル1未満 (0－49%)	議論、偏見、固定観念についてまったく会話できない。	作品に様式、内容、オーディエンスの関係性の理解がまったくない。
レベル1 (50－59%)	議論において主張、偏見、固定観念についてほとんど理解してない。	作品に様式、内容、オーディエンスの関係性の理解がほとんどない。
レベル2 (60－69%)	議論において主張、偏見、固定観念についてある程度理解がみられる。	作品に様式、内容、オーディエンスの関係性の理解がある程度みられる。
レベル3 (70－79%)	議論において主張、偏見、固定観念についてかなり理解がみられる。	作品に様式、内容、オーディエンスの関係性の理解がかなりみられる。
レベル4 (80－100%)	議論において主張、偏見、固定観念について十分に理解がみられる。	作品に様式、内容、オーディエンスの関係性の理解が十分にみられる。

(Toronto District School Board, 2005, p. 76を基に筆者作成)

考えられる。例えばバッキンガムの場合、4つの基本概念(「リプレゼンテーション」、「言語」、「生産・制作」、「オーディエンス」)が、5つの目標にある程度対応している。「リプレゼンテーション」は②に対応し、「言語」は①と③、「生産・制作」は①と⑤、「オーディエンス」は②と④に対応していると考えることができる。実際に、メディア・リテラシー教員の追加資格認定コースでは、バッキンガムやマスターマンの主張を採用しており、それらを基盤としたメディア・リテラシー教育について教えている。トロント地区教育委員会の目標、2007年版「英語」、バッキンガムの基本概念の対応関係については、次頁の**表5-2**のようになっている。

表5-2　目標①〜⑤と2007年版「英語」、バッキンガムの基本概念の対応関係

トロント地区教育委員会の目標	2007年版「英語」	バッキンガムの基本概念
①メディアおよびメディア様式に関する知識と理解	「メディア・テクストがどのように／なぜつくられるのかを理解する」、「メディアにおける特定のきまり／約束事と技術の使用と意義を探究」	「言語」、「生産・制作」
②テクストにリプレゼンテーションされる価値観や思想についての解釈	「個人と集団の差別的な描き方を見抜き、犯罪と暴力に対して疑問を抱く」、「意味を創り出すということにおいて、観る者とつくる者がどのような役割を果たしているかを考える」	「リプレゼンテーション」、「オーディエンス」
③メディア言語の理解	「イメージ(動画と静止画)、音声と言葉が、独立して、もしくは組み合わさって、どのように意味を創り出しているのかを検討」	「言語」
④協働作業への参加および根拠を持った意見の提示	「事実と意見を区別でき、情報源の信頼性を評価し、偏り(bias)を理解」	「オーディエンス」
⑤メディア分析の制作活動への応用	「メディアを理解し、創造し」、「メディア分析によって得た知識とスキルを、子どもは自分でテクストをつくるのに応用する」	「生産・制作」

　よって本章では、上記のメディア・リテラシー教育における5つの目標(以下、目標①〜⑤と表記)を、学習者が授業を通じて獲得することができているかどうかを検討することを通じて、メディア・リテラシー教育の学習者が「批判的」な思考を獲得しているかどうかを考察する。

　そして目標①〜⑤を、学習者が獲得しているかどうかを評価する視点を以下のように設定する。

　(A)授業における教員と生徒、および生徒同士でのやりとり
　(B)授業実施者(担当教員)による評価
　(C)生徒のパフォーマンス(ポートフォリオ、授業中に課題として制作した作品、発表)

これは、第3章で述べた真正の評価の立場に立った評価方法であり、トロント地区教育委員会が推奨している授業評価の方法でもある。実際にトロント地区教育委員会は、メディア・リテラシー教育の一般的な評価方法について、生徒へのインタビュー、発表、作品およびそれに対する注釈といった活動を推奨しており、その際にルーブリックを明示するように促している(Toronto District School Board, 2005)。

　上記のような5つの目標および評価の視点から、本書における学習者の評価の観点を整理すると、以下の**図5-1**のようになる。

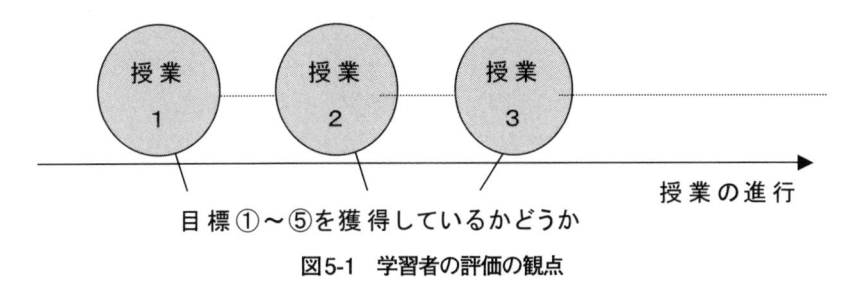

図5-1　学習者の評価の観点

(2) 調査校の選定

　第4章で述べたように、オンタリオ州でメディア・リテラシー教育を教えるためには、「メディア科」の教員資格が必要である。教員資格を設けることにより、メディア・リテラシー教員の質を制度的に規定しているとも言える。例えば、カルチュラル・スタディーズの枠組みを用いたメディア分析の手法や、真正の評価に基づく学習者の評価を行っていることは共通の授業方法である。つまり、授業で分析対象とするテクスト(教材)は教員によって異なることがカリキュラムに明記されているとはいえ、メディア・リテラシー教員としての共通の基盤は、資格を持っている教員すべてに備わっていることが保障されている。特に本書で分析対象とするトロント地区は、メディア教育コンサルタントを中心とした地区教育委員会の主導により、現職のメディア・リテラシー教員に対しての研修がしばしば提供されている。研修ではメディア・リテラシー教育の最新の動向や、メディア教育コンサルタントが開発した教材を用いての実践の説明を行っている。このような研修を通じて、教員

の実践をオンタリオ州教育省が要請する内容に統制していると考えることができる。よって、本書で分析対象としたトロント地区の学校は2校であるが、オンタリオ州における代表性を有していると考えられる。

　上記の理由から本研究においては、調査校の選定において第1に、「メディア科」を教える教員資格を持っている教員がいる学校を要件として選んだ。しかし教員資格を持っていても、実際に授業を担当していなければ授業を観察できない。そこで観察の時点で「メディア科」に関係する授業[1]を担当している教員のいる学校であることを第2の要件とした。第4章の「英語」カリキュラムの分析で述べたように、オンタリオ州におけるメディア・リテラシー教育は、「英語」の授業と、選択科目としての「メディア科」で教えられている。そこで、「英語」としてメディア・リテラシー教育を教えている教員と、「メディア科」としてメディア・リテラシー教育を教えている教員1名ずつを代表として選定することとした。さらに調査対象とする学校の生徒は、トロント地区ではごく平均的な生徒が多く、人種・民族的にも多様である学校[2]を選定対象とした。また、各学校における調査対象の学年もそろえることにした。

　以上のような要件を満たす教員は複数いる[3]が、筆者は、まずこれまでの調査を通じて知り合ったトロント地区教育委員会の教員2名(互いに学校は異なる)に対して2009年1月に直接口頭で調査内容を説明し、さらに同年2月に電子メールでも調査依頼を送付し、内諾を得た。また同時期にトロント地区教育委員会のメディア教育コンサルタントである、エスコバル(Esquivel, I.)とも連絡をとり、調査に対する協力を得られることになった。メディア教育コンサルタントは、初等教育と中等教育に1人ずつおり、2009年6月の時点では中等教育をエスコバル、初等教育をシンクレア(Sinclair, D. D.)が担当していた。彼らに調査対象とする学校や教員を紹介してもらった。

　筆者が内諾を得た教員2名は、本調査を行うまでの時点で既に何度か授業観察を行った経験のある教員である。X校のA教諭はこれまでの観察において、「英語」の「メディア・スタディーズ」を担当することが多かったため、本調査においても「英語」を担当していることを確認し、承諾を得ることにした。またY校のB教諭は、「メディア科」を担当していることが多かったので、本

第5章　トロント市の中等学校における事例研究　199

調査の時点で特設科目に類する「メディア科」関連の授業を担当しているかどうか確認した。その結果、「メディア科」に類する授業としての「映画科」を担当していたため、授業を観察する承諾を得ることにした。両教諭とも複数の学年の授業を担当していたが、学年をそろえるため、両教諭が共通して担当していた、第12学年の授業を観察対象とした。

(3) 観察調査

　本研究は、序章で述べたように参与観察の方法で行われた。調査対象となったX校とY校の特徴やデータに関しては、本章のケース内分析において述べることとする。本調査は2009年10月14日から同年12月17日(冬休み前最後の授業)まで行われた。授業自体は9月から始まっているが、後述する外部研究審査委員会の規定により、9月は年度初めで学校側が多忙なため、相当の事情がない限り調査が禁じられている。X校、Y校ともに40コマ程度の授業を観察した。観察の前後を含め、筆者が観察できなかった授業内容についてはA教諭とB教諭に対するインタビューによって補足を行った。

　X校、Y校の各校において、平日は毎日授業があり、教員が出張もしくは病欠で不在の日や、学校全体でのイベント(保護者面談や記念日等)のある日を除き、ほぼ毎回授業を観察した。観察では授業の様子や教員と生徒の発言内容をフィールドノートに記入した他、同意を得てICレコーダーで音声を録音した。2009年10月から同年12月まで行われた観察の中で、10月は全体を見渡しながら、その後どの生徒に焦点を絞っていくかという判断基準をつくる段階とした。11月および12月は、選定した生徒に焦点を絞り、本研究における評価指標と照らし合わせながら活動内容を分析することとした。なお、本調査は、トロント地区教育委員会の「外部研究審査委員会(External Research Review Committee: ERRC)」に申請書を提出し、許可を得た下で行ったものである[4]。

(4) インタビュー

　本研究においては、授業から得られる学習者の評価指標を補完するものとして、当該授業を行った教員に対してインタビューも実施した。これは学習

者が実際に学びえた内容と、教員の意図の両方を理解することによって、メディア・リテラシー教育の全体像をより把握しやすくするためである。また、第4章で述べたように、基本的に教員は2007年度版の内容に沿った授業を展開しなくてはならないが、扱うテーマや教材は教員の裁量に任されている。「メディア科」の教員資格を持っており、筆者もこれまで何度か授業観察を行ったため、本章までに行った分析の枠組みと大きく異なることはないと思われる。しかし「メディア科」教員としてどのように授業を構築しているのかを確認するための意味もあり、インタビューにそのような内容を含めることにした。

　インタビューの内容は大きく3つの項目に分かれる。最初の項目は、単元に関する内容、つまり2009-2010年度全体のメディア・リテラシー教育の授業をマクロなものとして捉えた場合、各単元はミクロなものとして捉えられる。各単元において、メディア・リテラシー教育の知識として教えるべき項目と、その知識を基にして生徒が「批判的」に考えているかどうかを判断するための、教員としての評価指標を確認する内容となっている。次の項目はメディア・リテラシー教育全体の構想、つまりマクロな内容である。これは授業全体の構想の中で、各単元がどのように位置づけられているのかを確認するための項目である。また、「メディア科」教員がどのように授業全体の構想を練っているのかを理解するための項目でもある。最後は教員のキャリアに関する項目である。教員としての勤続年数を考えた場合、やはり若手教員と中堅、ベテラン教員の間では授業に対する考え方や生徒との関わり方が異なってくるはずである。その考え方を知るために、各教員のキャリアについて聞くことにした(インタビュー項目については巻末資料1を参照)。本インタビューは、高度に構造化されたインタビューと、半構造化されたインタビューの2つを組み合わせて行われた。

第2節　授業観察の内容

(1) X校の特徴

　トロント地区教育委員会のホームページで公開している2008年度のデー

タによれば、X校はトロント市の郊外に位置し、創立50年以上が経つ。生徒数は1200人程度で、男女比はほぼ1対1である。また英語を母語としない生徒は全生徒の半数以上を占める。カナダに移民してきてから5年未満の生徒も20％近く在学している。なお、オンタリオ州の州統一テストであり、中等学校修了要件にもなっている、「オンタリオ州中等学校識字テスト(Ontario Secondary School Literacy Test：OSSLT)」の2008年度の合格率は、初めて受験した生徒だけで計算すればおよそ90％で、トロント地区教育委員会管轄の学校平均(89％)および州全体の平均(93％)とほぼ同じである。一方で一度以上不合格になった生徒の再受験者も含めた平均は75％であり、トロント地区教育委員会管轄の学校平均(82％)および州全体の平均(85％)と比較するとやや低い数字である。つまり、テスト学力だけでみればトロント地区教育委員会の学校の中で平均よりもやや低い生徒層ということになる。

(2) X校の授業内容

　筆者がX校で観察したのは「英語―メディア科(English-Media Studies)」という授業である。これは、特に印刷媒体以外の多様なメディアを教材とした「英語」の授業にあたり、「メディア科」の資格を持つ教員にしか担当できない科目である。授業を担当しているA教諭は、教員になった時から既に「メディア科」を教えており、「メディア科」もしくは関連科目を教えて22年になる。本科目の大学進学コース(University Course：以下University)と、要件を満たせば誰でも受講できるコース(Open Course：以下Open)の2つのコースを担当している。授業は毎日の午後の4時間目と5時間目に行われる。1クラスあたりの時間は4時間目が80分、5時間目が70分だが、4時間目には学校全体で20分間の読書時間が設けられており、実際には60分となる。ただし、授業進度の関係で、読書時間を授業時間に充てることもあった。また毎週火曜日は短縮時間の曜日であり、4時間目、5時間目とも55分になる。また曜日によってUniversityとOpenがどちらの時間になるかが入れ替わる。Universityは在籍者が34名、Openは10名(うち1名は11月になってから編入)だった。UniversityとOpenでは、授業の内容にほとんど違いはないが、Openでは少人数であることを活かしてフィールドワークに出ていた。またUniversityでは大学進学を

想定して、レポート提出や分析活動、議論の頻度が高かった。

　授業はどの単元においても、基本的にメディア・テクストを分析しながら教員と生徒、および生徒同士で議論を行い、最終的に何らかの課題を提出する、という流れで進んでいく。授業中の議論への参加や提出物などの平常点が全体評価のうち70％であり、学期の最後に課すレポートが残りの30％として評価される。

　筆者が観察した「英語―メディア科」は、年度の初めに教員が生徒に配布したシラバスによれば、「芸術」、「英語」、「メディア科」を融合した科目であり、第11学年選択科目「メディア科」の延長に位置づくとされている。この点で、第11学年に設けられている「メディア科」ではなく、「英語」における「メディア科」に位置づく。この科目全体を通しての授業予定は、「ブランド」、「メディア・メッセージを脱構築するための枠組み：メディア・トライアングル」、「現代文化」、「マーシャル・マクルーハン」、「説得の技(The Art of Persuasion)」、「リプレゼンテーション」、「地球市民」となっている(各単元と実施時期、内容については次頁の**表5-3**を参照)。これら単元のうち「メディア・メッセージを脱構築するための枠組み：メディア・トライアングル」と「現代文化」、「地球市民」と「ブランド」は融合された形で実施された。これら単元は明確に分離しているわけではなく、相互に関連しあっている(授業での具体的な活動内容は巻末資料2を参照)。

(3) Y校の特徴

　Y校はトロント市の南西、ダウンタウンから近い位置にある、120年近い歴史を持つ学校である。2008年度のデータでは、生徒数は600名程度であり、男女比はほぼ1対1である。母語を英語としない生徒がおよそ6割であり、移民してきて5年未満の生徒も3割近くを占めるため、X校と同様、多様な人種・民族が学習している学校である。Y校で観察した授業を担当するB教諭は、教員になって11年になる中堅の教員である。もともと映像系の美術を専攻して教員になった[5]ため、写真やビデオ撮影などの映像技術に関しては専門の知識を持っている。その知識と経験を活かして、Y校では映画クラブの顧問を務めており、昼食時間や放課後には、クラブの生徒と打ち合

表5-3 「英語―メディア科」の授業内容

単元名	期間	教材	授業内容
「メディア・メッセージを脱構築するための枠組み：メディア・トライアングル」・「現代文化」・「ブランド」	9月～10月上旬	メディア・トライアングル	メディアを分析するための枠組みとしてしてのメディア・トライアングルについて学習した。生徒が各自で流行のCMや映画、テレビドラマのワンシーンを選び、テクスト、オーディエンス、生産・制作の3つの観点から分析した。
「地球市民」	10月中旬～10月下旬	『オンラインで成長する子どもたち(Growing Up Online)』というドキュメンタリー	『オンラインで成長する子どもたち』を視聴して、事実と意見の区別を考えた。FacebookやMySpaceなどの「社会メディア(social media)」について、グループで調べ、発表した。
「マーシャル・マクルーハン」	10月末～11月中旬	マクルーハン関連のビデオ、雑誌論文、インタビュー記事	マクルーハンが主張した、メディアについての4つの理論の学習および、ホットなメディアとクールなメディアについての学習。
「説得の技」(「テクスト・メッセージとサブテクスト(subtext)・メッセージ」)	11月中旬～11月末	ポスター広告、雑誌広告、CM、『説得者たち(The Persuaders)』というドキュメンタリーなど	サブテクスト・メッセージとは「ジェンダー」、「関係性(relationship)」、「パワー」、「人種・民族」、「地位(status/class)」などのいわゆる価値観を指し、これらのサブテクスト・メッセージについて、各メディア広告を分析した。
「リプレゼンテーション」	11月末～12月中旬	『ベッカムに恋して(Bend It Beckham)』、アラブ系がハリウッドの映画やドラマでどのように表象されてきたかについてのドキュメンタリー、など	教材を分析し、人種や民族がどのように表象され、人々はそれについてどのように受け止めるのかについて考察した。

わせや撮影を行うことが頻繁にあった。なお、B教諭がY校に赴任したのは2007-2008年度からであり、観察の時点では3年目だった。

　2004年から2009年にかけてのOSSLTの初回での合格者は80％前後であり、トロント地区教育委員会全体の合格率に比べておよそ10％近く低い。2回目以降の受験者の合格率も、この5年間で60％から80％まで上昇してきてはいるものの、これでようやくトロント地区教育委員会全体の合格率とほぼ同じになったという成績である。つまり学校のテスト学力のレベルとしてはトロント地区教育委員会の中でも平均より少し下のレベルであり、X校とはほぼ同じレベルだと言ってよい。

(4) Y校の授業内容

　B教諭の授業シラバスによれば、「映画科」では、学習者が他人の考え方やその偏りを知り、自分の観点や思考の偏りに気づくことがまず目指される。そしてオルタナティブな観点を理解し、文化の多様性を尊重し、「批判的」かつ寛容な態度を、映画の分析と共同制作を通して獲得することが目指されていた。これらの「批判的」思考力を学習者に獲得させるため、カリキュラムは「テクスト分析(Textual Analysis)」、「映像の理論と歴史(Film Theory and History)」、「創造的な過程—制作の技術と組織(Creative Process- Techniques and Organization of Production)」の3つのパートから構成されている。

　「映画科」の受講者15名であった。活動は基本的にグループで行われ、グループの人数は4名以内と定められている。少人数の活動の中で、各メンバーが様々な役割を果たし、活動についてじっくりと話し合うことが求められている。生徒はこれらの活動を通じて、完成作品の意味がどのようにメディア言語によって構成されるのかを理解し、自身の作品を批判的に評価し、脱構築することが求められている。以上のように「映画科」では、映像についての歴史を知り、映像制作を行い、既存の作品や自分たちの作品を批判的に評価することを通じて、「批判的」思考力を養うことが期待されている。「映画科」の単元と実施時期、授業内容については次頁の**表5-4**のようになっている。

　実際に筆者が観察した授業内容は「ドキュメンタリー」、「カメラワークショップ」そして「編集(editing)」だった。このうち「カメラワークショップ」は

表5-4 「映画科」の授業内容

単元名	期間	教材	授業内容
「メディア・トライアングル」	9月中旬〜10月中旬	トロント地区のメディア・リテラシー教員向けティーチングガイドの一部	メディアを分析する方法として、「テクスト」、「オーディエンス」、「生産・制作」の3つの観点から分析するという分析の枠組みがあることを学ぶ。
「ドキュメンタリー」	10月中旬〜11月下旬	雑誌記事、ドキュメンタリー数本、過去の生徒作品	ドキュメンタリーの歴史について学習した。そして、具体的に生徒自身がドキュメンタリー制作を行うにあたり、どのような手順で制作し、どのような手続きが必要になるのかを考えた。最終的にドキュメンタリー制作を行い、全体に発表し、議論した。
「カメラワークショップ」	11月下旬〜11月末	専門家仕様のビデオカメラ	授業で使用する専門家仕様のビデオカメラの扱い方について、グループごとに調査し、発表した。
「編集 (editing)」	12月〜2010年1月	『編集者は何をやっているのか (What do editors do?)』、実際の映画のワンシーン、映画監督へのインタビュー記事、『トゥモロー・ワールド (Children of Men)』	今日の映像制作における編集作業の意味について学習した。教材を分析し、編集効果がどのような意味を創りだしているのかを考察した。また、映画業界において一般的に使用されている編集効果についても学習した。本単元の課題として、実際の映画の一場面を各生徒が選んで分析し、その考察をレポートにして提出した。

単元というよりも、調査課題に近かったので、実際の単元としては残りの3つということになる。B教諭は、Y校に来る前の赴任校では、第11学年「メディア科」を担当しており、筆者も当時その授業を観察したことがある。また、授業開始直後には「メディア・トライアングル」について学習している。「メディア・トライアングル」とは、「テクスト」、「生産・制作」、「オーディエンス」という3つの視点から、メディア・テクストを分析する方法であり、トロント地区教育委員会のティーチングガイドや、メディア教員追加資格認定コースでも取り扱われている。B教諭によれば、授業の当初に「メディア・トライアングル」を扱うのは、その分析枠組みが「映画科」の授業を進めていく上

でも、生徒にとって重要であり役立つ視点であると判断し、授業に取り入れたそうである[6]。

第3節　授業における教員と生徒、および生徒同士でのやりとり

本節では、目標①～⑤と授業内容がどのように関わっているのか、すなわち授業各単元のねらいが目標①～⑤のどれにあたるのかを明らかにする。

(1) 授業序盤(9月～10月中旬)

まず、A教諭、B教諭ともに、学年の最初の単元において、「メディア・トライアングル」という授業を行っている。ここではトロント地区教育委員会のティーチングガイドにも記載され、メディア教員追加資格認定コースでは必ず教えられる、メディア・テクストに対する分析枠組みを生徒に教えている。「メディア・トライアングル」の授業では、「テクスト」、「生産・制作」、「オーディエンス」の3つの分析の視点をただ教えるだけでなく、実際にテクストを用いて分析を行っている。例えばX校では、3つの分析の視点について教えた上で、最終的に生徒に分析するテクストを自分で選ばせ、Universityではメディア・トライアングルの分析の視点に加えて「流行」という観点でレポートを作成させていた。またOpenではポスターを作成させ、分析したメディア・テクストに対して3つの視点からどのようなことが言えるのかを考察させていた(巻末資料2参照)。

一方Y校でも、トロント地区教育委員会のティーチングガイドのメディア・トライアングルの説明が記述されたページのコピーを生徒に配布し、具体的な映画の一場面を分析対象として、カメラワークや音声技法といったテクスト分析(textual analysis)を行い、その分析内容について全体議論をすることで、「オーディエンス」の視点からの分析も行っていた。また、「映画科」の生徒は全体的に映画産業や映画で使用される効果[7]についての知識もある程度所持している生徒が多かったので、それら知識について確認しながら議論を進めていた。このような活動は「ドキュメンタリー」の単元の前半部分まで継続していた。「ドキュメンタリー」の前半はドキュメンタリー作品の分析活動

であり、20世紀におけるドキュメンタリー作品の歴史や、用いられている技法の変遷について知識として学習していた。この段階になると、制作活動を意識したメディアに関する知識についても、映像分析を行いながら教員が生徒に考えさせるようになっていた。例えばB教諭は「ショットサイズはかなり重要です。もし1人に対してインタビューをするとき、ミディアム・ショット[8]であればその後ろに他の通行人が多く映りますね。カップルや家族のような複数へのインタビューであれば、ロング・ショットなどを使わないと、全員が画面に入らないでしょう。どのショットを使うのかは状況によります」のように、実際にカメラで撮影するときの知識について説明していた。つまり、Y校でも目標⑤について学習を行っていた。

以上のように、X校、Y校ともに授業の最初の単元においてメディア・リテラシー教育における分析の基本について学習していた。これは目標①の「メディアおよびメディア様式に関する知識と理解」に焦点を当てた授業であると考えられる。また、両校とも目標⑤「メディア分析の制作活動への応用」の活動も行っている。ただし両校において基本的には個人的な分析活動を行っており、また具体的なメディア言語についても教えておらず、価値観やイデオロギーについてはまったく扱っていないことから、目標②〜④についてはほとんど触れられていなかった。

(2) 授業中盤(10月下旬〜11月中旬)

授業中盤になると、X校では目標③と④について焦点を当てるような授業内容になっていた。「地球市民」の単元では、ソーシャル・ネットワーキング・サービス(SNS)に関するドキュメンタリー作品の分析を行った上で、実際に生徒が普段利用しているようなSNSに関してグループで調べ、発表するという授業を行っていた。発表の準備にあたってA教諭は、特に「誰がそのサイトを運営しているのか」、などといった、サイトに関する知識と、そのサイトがどのように利用者に対してアピールしているかの分析を必ず行うように発表者に求めた。これは、発表の準備作業を通じて、目標①・④を達成するねらいがあるとともに、発表とそれに対する全体議論を通じて目標③・④を達成するねらいもあると考えられる。このように、この時点で初めて目標

③についても考えるようになった。

さらにX校では、「マーシャル・マクルーハン」の単元において、目標①に焦点を当てた授業を行っていた。この単元ではマクルーハンに関する専門的な理論について学習したため、Openの授業では扱われなかった。「マーシャル・マクルーハン」の授業では、1980年代以前のメディアを各自で選び、そのメディアについて、(ア)そのメディアが拡張した器官は何か、(イ)そのメディアの登場によって、何が退化したか、(ウ)そのメディアの登場によって、私たちが補完したものは何か、(エ)そのメディアが限界に来たとき、取って代わったメディアは何か、(オ)そのメディアはホットかクール[9]か、どのようにしてその区別ができるか、という5つの問題を各自が考えた。この単元はマクルーハンのコミュニケーションに関する理論をメディアに関する知識として学ぶものであり、また高校生にとっては理解が困難と考えられるような理論に対して、グループで意見を出し合いながら考える作業も含まれている。その意味で目標④「協働作業への参加および根拠を持った意見の提示」の活動も行われていた。

一方Y校では、生徒がドキュメンタリー作品を制作する活動を通じて、目標③・④を達成するねらいがあったと考えられる。制作活動を行う中で、B教諭は常に生徒に対して、「そのテーマを明らかにするために、作品の中でそのような人をインタビュー対象に選んだのはなぜか、インタビュー全体の中でなぜその部分を選んだのか、他の映画からその場面を引用したのはなぜか、視聴者に対してテーマが理解できるような構造になっているか、欠けている視点はないか」などといった問いを投げかけていた。これは目標③である、メディア言語の創り出す意味について、生徒に制作活動を通じて経験的に理解してもらおうとする意図があると考えられる。

以上のように、授業の中盤においては、メディアに関する知識や理解(目標①)から、メディア・テクストに表現されているメディア言語の意味について考えるようになっていた。またX校では単元の最後にポスターやレポートの制作活動を行っており、Y校でもパソコンの編集ソフトを用いたドキュメンタリー制作を行い、目標⑤についても理解を進めていた。さらに目標④については恒常的に授業の中で行われており、グループ議論や全体議論を通

してテーマに対する理解を生徒が深めていくようになっていた。しかしながら、この段階ではまだ目標②についてまったく扱われていなかった。

(3) 授業終盤(11月下旬〜12月)

　まずX校では、「説得の技」という単元が実施された。実際は「テクスト・メッセージとサブテクスト(subtext)・メッセージ」というテーマで授業が進められていた。「テクスト・メッセージ」とは、表面的なメッセージ、すなわち一般的な広告においては企業イメージや企業の商品を「売る」というメッセージのことを指す。一方、「サブテクスト・メッセージ」とは、暗示的であり、表には出てこないメッセージ、つまり一般に価値観(value)と呼んでいるものである。具体的には、「ジェンダー」、「関係性(relationship)」、「パワー」、「人種・民族」、「地位(status/class)」といった項目に分けられる。つまり、この時点で初めて抽象的な概念である価値観や固定観念、イデオロギーといったテーマを扱う[10]ようになり、目標②に関係する内容になっていた。

　「テクスト・メッセージとサブテクスト・メッセージ」の授業では、Universityでは多様なテクストを分析して全体議論を行いながら、目標③についての理解を深め、さらに目標②についても踏み込んでいた。またOpenでは、目標③を理解しているかどうかを確認するため、お菓子のCMを分析対象にした小テスト[11]を実施し、生徒の理解についてA教諭は確認しようとしていた。最終的にUniversityでは、制作課題として企業広告のパロディとなるようなポスターを制作して、それに対する自分の評価を記述するという課題[12]が出された。一方Openでは、異なる広告を切り貼りして、意味が新しく創られるような広告を作成し、それについての評価を記述するという課題[13]が出された。どちらの課題でも、目標③についての理解ができているかどうかが確認できるような内容になっている。

　X校の次の単元である「リプレゼンテーション」では、目標②について直接的に扱う内容となっていた。授業では、広告やテレビ番組などの複数のメディア様式を分析対象としながら、価値観や固定観念とは何かについて、生徒の既存の認識と、社会に存在するその他の認識についてグループや全体議論を通じて考えるという活動を行っていた。活動の中では、「固定観念と反固定

観念」という表をグループで模造紙に書く活動を行っており、制作活動も含まれている。つまり、目標②の達成を主眼にしながら、目標④と⑤についても理解を引き続き進めていたということになる。さらに、目標②の理解を深めるために、目標③の理解も求められていた。この時点では、目標①については授業中に大きく扱われることがなくなっており、授業中に必要があれば補足的にメディアに関する知識をA教諭が提供するという形になっていた。

　一方Y校では「編集」という単元を通じて、映画における編集の意義について理解することが大きなテーマとなっていた。まず『編集者は何をやっているのか』[14]を視聴し、実際の映画制作現場について知ることや、編集の歴史についての学習を行った。そして「どのように編集を行えばどのような意味が創り出されるのか」という問いをB教諭は生徒に考えさせることを通じて、目標②・③についての理解を促していた。このテクスト分析の活動についてB教諭は「生徒はまず5分の映像分析を行って、メディア言語と同様に、ジャンル、リプレゼンテーションや社会経済的文脈の観点から映画を分析しなければなりません。つまり脱構築するのです」[15]と説明しており、教員も目標②・③を意識していたことが窺える。またグループ議論は行っていないが、教員と生徒全体で議論を行うことにより、目標④についても理解を進めていた。

　また宿題としてこの時期に生徒に出されたテクスト分析[16]においては、目標③の理解についても問われている。さらに「ドキュメンタリー」の作品発表を終えてから「編集」に入るまでに、クリスマスイベントとしてY校で上映するためのミュージック・ビデオ[17]の制作を行っていた。B教諭はこの活動を土台にして編集作業の意義について生徒に考えてもらうことも意図しており、この点で目標④・⑤についても取り扱っている。以上から、「編集」では目標①以外を主に取り扱っていた。

　以上のように、X校、Y校ともに、授業終盤になるとメディア・テクストにリプレゼンテーションされる価値観やイデオロギーについて授業で取り扱うようになっていたことがわかる。また、価値観やイデオロギーについて分析する上で、メディア言語に関する理解ができていなければならないことも要件になっていると考えられる。この点で目標②・③が達成されるべき目標になっていた。さらに、授業序盤から引き続いて目標④・⑤についても理解

を深めるような活動がなされている。すなわち、目標④に関しては授業方法として恒常的にグループ活動や全体での議論が実施されることを通じて達成が図られており、目標⑤に関しては制作する規模の大小(映像作品やポスター制作など)はあるが、単元中の課題として少なくとも1回は制作活動が実施されることにより、達成が図られている。最後に目標①に関しては、授業終盤にもなると補足的な事項として扱われるようになり、授業のメインテーマとしては位置づけられなくなってきている。

(4) 考察

　以上、X校とY校のメディア・リテラシー教育について、授業全体を通じて目標①〜⑤がどのように達成されることが目指されているのかを分析してきた。

　X校、Y校ともに授業序盤ではメディア・リテラシー教育における分析の基本について学習していた。これは目標①の「メディアおよびメディア様式に関する知識と理解」に焦点を当てた授業であると考えられる。また、両校とも目標⑤「メディア分析の制作活動への応用」の活動も行っている。ただし両校において基本的には個人的な分析活動を行っており、また具体的なメディア言語についても教えておらず、価値観やイデオロギーについてはまったく扱っていないことから、目標②〜④についてはまったく触れられていなかったと言える。

　次に授業中盤においては、メディアに関する知識や理解(目標①)から、メディア・テクストに表現されているメディア言語の意味について考えるようになっていた。つまり目標③の達成についても踏み込むようになっていた。X校では単元の最後にポスターやレポートを制作する活動を行っており、Y校でもパソコンの編集ソフトを用いたドキュメンタリー制作を行い、目標⑤についても理解を進めていた。さらに目標④については恒常的に授業の中で行われるようになり、グループ議論や全体議論を通して、授業テーマ(ドキュメンタリー制作やインターネットのSNSなど)に対する理解を生徒が深めていくようになっていた。しかしながら、この段階ではまだ目標②についてまったく扱われていなかった。

最後に授業終盤になると、両校ともにメディア・テクストにリプレゼンテーションされる価値観やイデオロギーについて授業で取り扱うようになっていたことがわかる。つまり、目標②をメインテーマとして取り扱うようになっていた。また、価値観やイデオロギーについて分析する上で、メディア言語に関する理解ができていなければならないことも要件になっていると考えられる。その意味で目標③も重要な達成目標となっていた。さらに、授業序盤から引き続いて目標④・⑤についても理解を深めるような活動がなされている。すなわち、目標④に関しては授業方法として恒常的にグループ活動や全体での議論が実施されることを通じて達成が図られており、目標⑤に関しては制作する規模の大小(映像作品やポスター制作など)はあるが、単元中の課題として少なくとも1回は制作活動が実施されることにより、達成が図られている。最後に目標①に関しては、授業終盤にもなると補足的な事項として扱われるようになり、授業のメインテーマとしては位置づけられなくなってきている。

第4節　授業実施者(担当教員)による評価

前節では、筆者による授業観察の内容と目標①～⑤の関連性を検討した。本節では、授業実施者である教員が、生徒をどのように評価したのかを検討する。

(1) 具体的な評価

A教諭は、基本的に「『思考と探究』、『知識と理解』、『コミュニケーション』、『応用』という4つの項目に基づいて生徒を評価します。具体的にはオンタリオ州教育省の評価チャート(Achievement Chart, 2004)を使っています」[18]としている。つまり、表5-1で示した項目に則って評価を行っている。また、通知表(Report Card)作成のため、「英語—メディア科」の評価に関しては自身のカリキュラムの内容に合わせた評価項目を設定している。本書の観察の範囲内でA教諭が採点した、「英語—メディア科」Openの生徒CおよびDの評価は**表5-5**のようになっている。なお、この評価は全体の評価(100%)のうちの平

表5-5　観察範囲内のOpenの生徒CおよびDの評価

NO.	評価項目	生徒Cの点数	生徒Dの点数
1	映画ポスター発表	7/10	7/10
2	「メディア・リテラシーとは？」ポスター	0/10	10/10
3	映画ポスター分析	0/20	0/20
4	現代文化タイムラインノート	6/10	5/10
5	基本概念クイズ	10/20	20/20
6	基本概念のレビュー	5/5	0/5
7	振り返りノート	5/5	0/5
8	現代文化分析	25/40	34/40
9	ウェブサイトノート	7/7	0/7
10	「オンラインで成長する子どもたち」振り返り	0/10	0/10
11	「説得の技」ノート	5/5	0/5
12	パブリック／プライベートスペース	5/5	0/5
13	広告の切り貼り課題	8/10	8/10
14	広告の切り貼り課題振り返り	14/20	15/20
15	広告の切り貼り課題での授業態度	3/5	4/5
	合計	100/182	103/182

A教諭が筆者に提供した資料を基に筆者作成

常点による評価(70%)であり、期末試験(15%)と授業の最終プロジェクト(15%)を含んだ最終的な生徒の評価ではない。

　表5-5の評価項目のうち、多くは生徒にあらかじめ提示されている評価項目を事前に生徒に示すのは、真正の評価の特徴である(Wiggins, 1998)。具体的に示すため、ここでは表5-5のNO.8「現代文化分析」と、NO.13〜15の「広告の切り貼り課題」について抽出する。「現代文化分析」の課題は、生徒が自分で分析対象を選び、それをメディア・トライアングルの観点から分析し、社会の流行とどのように関わっているのかを考察するポスターをつくるというものであった。「現代文化分析」のルーブリックは**表5-6**のようになっている。

　「現代文化分析」と目標①〜⑤の関係性について言えば、「理論と基礎」、「解釈、評価、影響、結果」が目標①にあたり、「流行の図示」および作品の全体的な出来栄えが目標⑤、そして、単元ではあまり目標とされていなかったが、

表5-6　現代文化分析ルーブリック

目標(各10点満点)	レベル1	レベル2	レベル3	レベル4
「理論と基礎」物語、決まり／約束事、固定観念、登場人物などの理解	分析が当たり前。テクストの概念があまり理解されていない。	分析が適切。テクストの概念が理解されている。	分析が明確。テクストの概念が明確かつ十分理解されている。	分析が真に迫っている。テクストの概念が洗練されている。
流行の図示	流行についていくらか触れられている。	流行について触れられている。	流行について触れられ、説明されている。	流行について十分議論されている。
「過程と方法」ターゲットは誰かを理解し、説明できている。人々がどのようにテクストを消費しているかを考察している。	オーディエンスの分析がありきたり。ターゲットについていくらか理解され、説明されている。	オーディエンスの分析が適切。ターゲットについて具体的に議論され、消費についても述べている。	オーディエンスの分析が明確。ターゲットについて具体的に議論され、消費についても明瞭に分析している。	オーディエンスの分析が真に迫っている。ターゲットについてかなり具体的に議論され、テクストの消費の過程が十分に考察されている。
「解釈、評価、影響、結果」テクストの流通と、人々の得る利益、技術の使われ方とそれが及ぼす影響の分析を表現している。	あまり調べずに制作している。流通と技術の分析があまりなされていない。	よく調べた上で制作している。流通と技術の分析が適切になされている。	明確に調べた上で制作している。流通と技術の分析が十分になされている	真に迫って調べた上で制作している。流通と技術の分析が洗練されている

授業中に生徒に配布された資料を基に筆者作成

「過程と方法」の内容は目標②、すなわち「メディア作品とオーディエンスの関係を分析する」ことと関係している。

　この「現代文化分析」の課題において、生徒Cは『スター・ウォーズ　エピソードⅡ』を分析した(資料5-1参照)。生徒Cの点数は各項目10点満点で合計40点満点中25点だった。点数の内訳は、まず、「流行の図示」についてはほとんど触れられていないので2点、「解釈、評価、影響、結果」については「原作が先に書かれ、その原作をルーカスが原作者とともに映画にしたものである」というようによく調べているので9点、「理論と基礎」は「老人は賢く、若者はいろいろな問題を引き起こす愚かな存在である(赤＝悪、緑・青＝善)」のよ

うに、テキストの内容がわかる程度に書かれているので8点、「過程と方法」は「僕はファンタジーが好きだから僕にアピールしているし、SFという題材で他の人の感覚にもアピールしている」のようにターゲット・オーディエンスについて分析がされているので6点であった。これを目標①・②・⑤の観点から分析すると、目標①についてはかなり達成されているが、目標⑤についてはほとんど達成できておらず、目標②についてもありきたりな分析に留まっている。そのため6割程度の点数になっていると考えられる。

一方生徒Dの「現代文化分析」の作品は資料5-2のようになっており、「T・I」というミュージシャンの分析を行っている。生徒Dは40点満点中34点と採点されている。点数の内訳は、まず、「流行の図示」については作品左側に「流行」についての項目が示されており、8つの分析内容が書かれた上で、「"クール"になること」という結論が示されているので9点、「解釈、評価、影響、結果」については「このメディアはワーナー・ミュージックとYouTubeによって配信され、T・I自身と企業にとって利益を産み出している」とか、「私は買ったり買わなかったりというやり方で、このメディアに影響できる」というようによく調べ、かつ自身の意見を述べているので8点、「理論と基礎」は「このミュージック・ビデオはT・Iの最高の状態と最悪の状態について焦点を当てている」のように、テキストの内容がわかる程度に書かれているので8点、「過程と方法」は「このミュージック・ビデオのターゲットは、R&Bやラップ、ヒップホップ好きな10代や若者である」、「そういったターゲットにアピールするような歌詞が含まれている」のようにターゲット・オーディエンスと、なぜそう考えられるかの分析がされているので9点であった。生徒Dの場合、目標①・②・⑤については全体的に高い達成を示していると考えられる。

一方「広告の切り貼り課題」の内容についてA教諭が生徒に説明した際、**表5-7**のようなルーブリックと点数の内訳についても説明がなされた。特に「広告の切り貼り課題振り返り」の配点が高いことについて、A教諭は「テクスト・メッセージとサブテクスト・メッセージについての理解がしっかりとできているかどうかを評価するためです」と生徒に対して説明している。

表5-5に示した各生徒の通知表の成績と、目標①〜⑤との関係について、

表5-7 「広告の切り貼り課題」ルーブリック

	配点	レベル1	レベル2	レベル3	レベル4
広告の切り貼り課題	10点	重要な要素が欠けている。	表示すべき内容が1つ以上欠けている。	新しい広告が作成され、振り返りがあり、タイトルが表示されている。	新しい広告が作成され、振り返りがあり、タイトルが表示されている。内容が創造的で目新しい。
広告の切り貼り課題振り返り	20点	サブテクスト・メッセージについてほとんど理解していない。	サブテクスト・メッセージについていくらか理解している。	サブテクスト・メッセージについてかなり理解している。	サブテクスト・メッセージについてほぼ完璧に理解している。
広告の切り貼り課題での授業態度	5点	授業に欠席、もしくは効果的に時間を使っていない。	授業時間の使い方がいささか非効率的。	授業時間を有効に使っている。	授業時間の使い方が非常に効率的で、高い生産性がある。

授業中に生徒に配布された資料を基に筆者作成

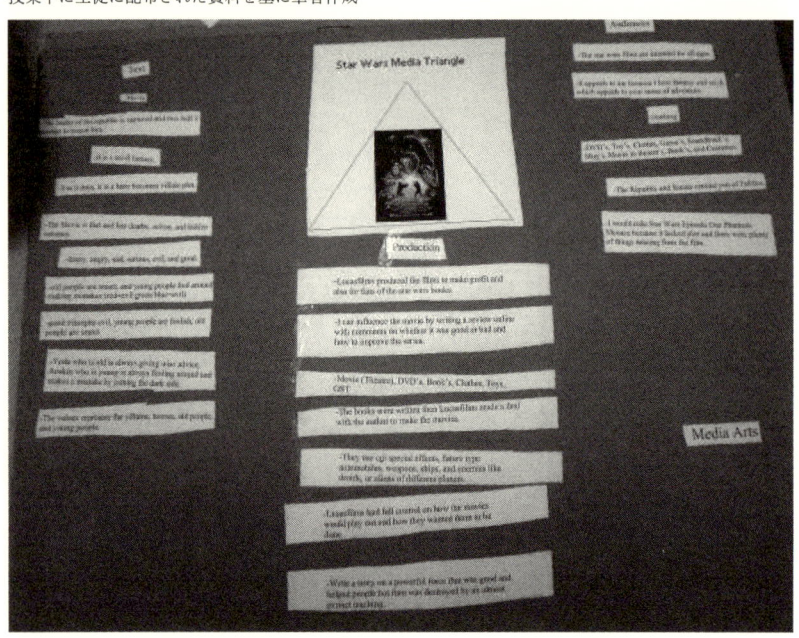

資料5-1 生徒Cの「現代文化分析」作品

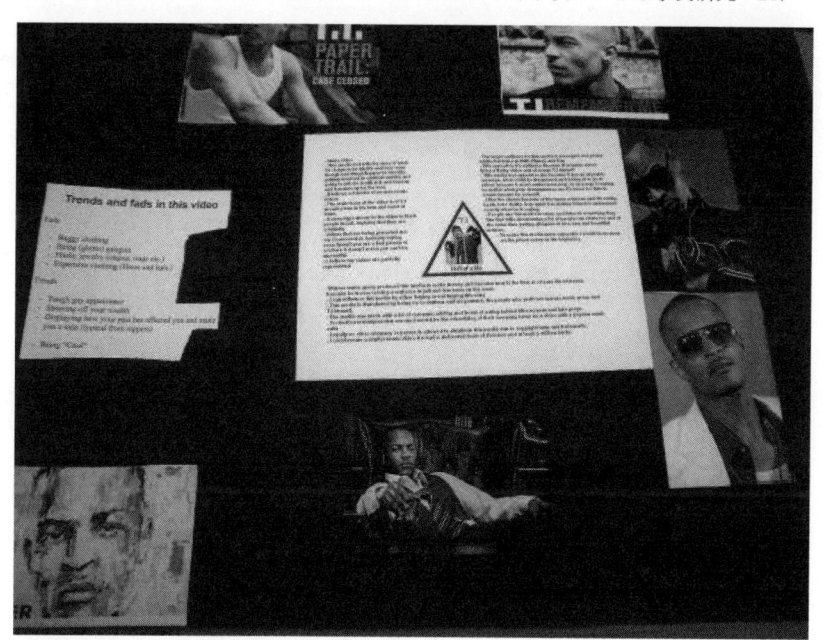

資料5-2　生徒Dの「現代文化分析」作品

　A教諭は次のように考えている。まず、NO.13の「広告の切り貼り課題」は作品そのものの評価であるため、目標⑤にあたる。次に、NO.14の「広告の切り貼り課題振り返り」は、「テクスト・メッセージとサブテクスト・メッセージ」の理解と関わっているため、目標③にあたる。最後にNO.15の「広告の切り貼り課題での授業態度」は目標④にあたる。なぜなら、「広告の切り貼り課題」は、制作活動に加え、前段階としてグループで試しに作品を少なくとも10点つくりながら、お互いに評価するという活動も行っていたためである。

　生徒Cは、授業には参加していたものの、他の生徒と私語をしながら作業をすることが多く、作業自体は行っていたが、あまり積極的ではなかった。また、試作品を数点しか作っておらず、1、2点の作品のみについて他の生徒と議論していた。そのため平均的な得点(3点)しかつかなかった。一方、提出用の作品自体(**資料5-3**参照)には欠けている要素はなかった。しかし作品の質としては独創的とは言えず、意味があまり通らない作品もあったた

資料5-3　生徒Cの「広告の切り貼り課題」作品

作品に対して生徒Cがつけた説明
私の一番良いと思う作品は、ColgateとFootlockerの広告を組み合わせたものです。なぜなら、Footlockerの広告に出ている家族は歯が白く、きれいで、読者はいつも彼らが歯医者に通っているかのような気になります。もう1つの理由は、これら2つの広告を組み合わせると、読者はColgateのような歯磨き粉を使っていれば、この家族のようなきれいな歯を手に入れられるという気になると思うからです。この点で利益が産まれると思います。さらに、赤ん坊を使っていることで、無邪気さや純真さが演出され、よりクリーンなイメージを打ち出せていると思います。

め、2点減点されている。最後に振り返りに関しては、2つの広告を組み合わせて新しく制作したポスターが、どのように意味を創り出しているか、という基本的な理解はできているため、レベル3には到達していると判断された。ただし、自分以外のオーディエンスと、作品との関係性、つまり自分以外のオーディエンスであれば、テクストに示されるメディア言語の意味をどのように読み解くかという分析は、生徒Cの振り返りにはみられなかった。そのためレベル4には到達していない。

　しかしながら、生徒Cに関して言えば、「広告の切り貼り課題」の前に行った映像分析よりは成長がみられる。映像分析の小テスト(註10を参照)で生徒Cは、「女性がまったく出てこないので、男性支配的である。黒人と白人し

か登場していない。男性(「ミスター・T」)が強靭であり、まったく痛みを感じないことを表現している」と解答した。この解答は7点中3点と評価されている。A教諭は点数について、「黒人と白人しか出てこないことが何を意味するのかを説明してほしい」ということと、「『ミスター・T』は痛みを感じていないが、サッカー選手はすごく痛がっている設定を説明してほしい」と生徒Cの解答用紙にコメントした。つまりメディア言語の説明として具体性に乏しいため、平均以下(レベル2)と評価されたのである。それと比べて生徒Cの「広告の切り貼り課題振り返り」では、「赤ん坊を使っていることで、無邪気さや純真さが演出され、よりクリーンなイメージを打ち出せていると思います」という記述は、赤ん坊というメディア言語が創りだす意味についての分析ができており、「サブテクスト・メッセージ」の理解ができるようになったとA教諭は評価している。とはいえ、この後の「リプレゼンテーション」の授業において、先住民族の固定観念について議論を行ったときに、生徒Cは自分の固定観念について客観的に考えることができず、「先住民族についての偏見があるのは、自分は理解しているが、他の人には他の人の理解があるため、問題ではない」と主張し、A教諭から様々な立場から考えるようにと、再三注意を受けていた。

　一方生徒Dは、授業態度は積極的であり、10点程度の試作品を作成して他の生徒に内容について説明したり、A教諭に提出する作品の候補をみせて、A教諭に改善点などのアドバイスをもらっていたりした。そのため、4点という評価がついたものと考えられる。また、作品自体(**資料5-4参照**)の質については生徒Cと同様であり、特に作品に欠落している部分は見当たらないが、組み合わさった作品の意味が独創的とは言い難いため、生徒Cと同じく8点がついたと考えられる。ただし、作品の振り返りについては、「この新しい広告は、女性と、『最も良い妥協はまったく妥協しないことであることが稀にある』というテクストの組み合わせが暗示されている。これはダイエットをする際に、味気ないものや栄養的に不足するような食べ物を選ばなくてもダイエットができるということである。この広告はもともとの広告とはまったく意味が異なっており、普通の牛乳のみを飲んでダイエットに妥協しなくても、おいしいチョコレートミルクを飲んで子どもが幸せに栄養を採れ、よ

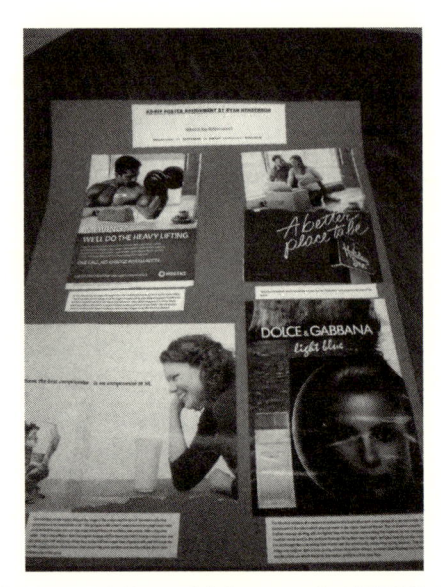

資料5-4 生徒Dの「広告の切り貼り課題」作品

作品に対して生徒Dがつけた説明
右上の広告→「これは私が一番良いと思う作品であり、ポスターの背後に『reflection』を発見することができます」
左上の広告→「この作品は、マッチョな男性が、『俺は重いものを持ち上げられる』ということを言っている広告ですが、Rogersが新居を建てる際にスムーズなサービスを何でもあなたは受けることができますよ、という大企業のパワーを暗示していることにつながっています。Rogersの元の広告は、若いカップルが新居を建てる際に希望に満ちた家族生活を期待しているというものです。元の広告は、Rogersが単にカップルに対してサービスを提供するというメッセージにすぎませんでしたが、新しく組み合わせることによって、それ以上のパワーを産み出しています。

り幸せになれることを示している」(左下の作品についての振り返り)というように、元々の広告の意味と比較しながら、新しく作成した広告について評価をしている。ただし、生徒D自身が「最もうまくできた作品」とA教諭に述べていた右上の広告に関して、ただ「これは僕が一番良いと思う作品であり、ポスターの背後に『振り返り』を発見することができます」としか記述されていないため、その作品の振り返りに対する点数がほとんどつけられなかったと考えられる。つまり振り返りに関しては右上の作品を他の作品と同様に分析していれば、ほぼ満点が採れていたと考えられる。

よって、生徒Dに対する目標①〜⑤の評価に関して言えば、「広告の切り貼り課題」にあたる目標⑤については生徒Cと同様にほぼ達成できている。次に、目標③にあたる「広告の切り貼り課題振り返り」は、ほとんど記述がなされていなかった作品の振り返りを除けば、ほぼ完全に達成されている。最後に目標④にあたる「広告の切り貼り課題での授業態度」は、積極的な態度がみられたため、ほぼ達成されていると評価できる。なお、生徒Dは、パフォーマンス自体は高い評価を受けることが多かったが、課題を提出しないことも多かった。そのため表5-5の多くの評価項目において0点がついている。そのため、課題さえ提出していれば、全体的な評価は生徒Cよりも高いはずだったと考えられる。

(2) 考察

以上のように、A教諭に関して言えば、単元で扱った事項について、課題や授業中の活動の中で、扱ったテーマに関するなんらかの理解がみられれば、目標を達成できていると評価している。そして課題や授業中の活動の中で、表現に具体性が増していけば、より高いレベルへの達成が見られるという評価をしていると考えられる。また、目標①や⑤に関しては、知識や作品について要求した内容が満たされていれば高評価をしている。しかしながら、目標②〜④の評価は目標①・⑤に比べてより厳格である。例えば目標④に関して言えば、「広告の切り貼り課題での授業態度」では、積極的に試作品を作り、それを周りの生徒にどれだけ評価してもらって議論をしているかで点数が異なっている。また目標③に関して言えば、生徒Dの「広告の切り貼り課題振り返り」で、きちんと記述していなかった1つの作品の振り返りについてほとんど点数をつけていない。他の作品はそれなりに分析できているため、その作品についても分析ができているはずであるが、それが表面に出てこない以上、評価しないという態度をA教諭は採っている。目標②についても、「現代文化分析」での生徒CとDの点差にみられるように、自分の思い込みで意見を断定していないか、事実に基づいてオーディエンスと作品の関係を分析できているかどうかで、評価が大きく変わっている。

授業を通じての目標①〜⑤の達成という観点では、生徒Cについて言えば、

10月中旬に実施された「現代文化分析」から、11月下旬に実施された「広告の切り貼り課題」までの間に、目標の達成の向上がみられる。表5-5はNO.1からNO.15まで、基本的に時系列に沿って番号が割り振られている。つまり生徒Cは、授業序盤は低いパフォーマンスしかみられないことが多かった（生徒Cはすべて課題を提出しており、授業にも参加しているため、0点がついている項目はパフォーマンス自体が0点だったことになる）が、授業中盤から終盤にかけて高い評価を得られることが多くなっている。すなわち、目標①～⑤の達成が見られるようになってきたということである。

　一方生徒Dは、課題を提出しないことも多かったが、課題を提出したとしても0点がつけられていることがいくつかの項目にみられる。一方で、「現代文化分析」や「広告の切り貼り課題」に関する一連の項目のように、高い評価を得ている項目もいくらかある。すなわち、目標①～⑤は達成されているはずであるが、パフォーマンスの質の善し悪しが極端であると考えられる。このことから、目標①～⑤を達成しているとしても、常に高いパフォーマンスを示せるわけではないということが言えよう。

第5節　生徒のパフォーマンス

　前節では、A教諭が、生徒CとDについて、どのように目標①～⑤が達成されたのかを評価しているのかについて考察した。本節では、生徒CとD以外の授業を受けていた生徒(Y校も含む)が、授業を通じて目標①～⑤を達成できていたのかを、生徒のポートフォリオや作品、議論の分析によって考察する。

(1) 授業序盤(9月～10月中旬)

　X校のUniversityの生徒Eのポートフォリオの最初のページには、「すべてのメディアは構成されている」というメモが書かれ、ハリウッド女優のゴシップ雑誌が、「なぜ雑誌として認識されているのか」がメモされていた。例えば、「ゴシップ雑誌には大量の写真や広告があり、また見出しや記事があることなどから判断される」という記述がなされていた。これは、授業の初期

段階においてメディアの性質について生徒が学習していたことを示している。つまり目標①について生徒が学習していたことがわかる。さらにこの生徒は、2009年9月19日に、「メディア・リテラシーとは何か」という、個人的なメディア・リテラシーの定義を記載していた。これはA教諭が各生徒に個人的に定義を書くように求めたためである。この生徒のメディア・リテラシーの定義は、「個人的にメディア・リテラシーとは、閉ざされたドアの向こうにあるものを知ることである。メディアが、物語をいかに変化させうるかということである。メディアが人々の声を取り去ったり、その周囲にあるものを消し去ったりしてしまう」というものであった。これは、メディアが「現実」を構成しているという、メディア・リテラシーの基本概念のうちの1つを生徒がある程度理解していたことを示している。しかしながら、「メディア科」の主要目標である、価値観やイデオロギーを読み解くこと、つまり目標②に関してはまだ理解できていなかったことが窺える。

　また生徒Eの「メディア・トライアングル」の課題として、ロス(Roth, Asher)というヒップホップ歌手の『カレッジが好き(I Love College)』というミュージック・ビデオを分析した記述があった。課題では、生徒が各自選んだメディア・テクストについて、テクスト、オーディエンス、生産・制作、流行の4つの観点から分析をするように求められていた。生徒Eは、「私は彼がカレッジで得た特定の流行を流行らせようとしているとは思わない。なぜなら歌詞ではそういったことに関して何も言ってないからである。私はすべての人がこういったビデオに影響されるとは思わない。これはAsherの個人的な意見にすぎない。この変化をみることができる唯一の方法は、パーティの場面をまったく見せないことであるが、そんなことはほぼ不可能であろう」というように、ミュージック・ビデオの描写や歌詞を根拠にしながら、自分の意見を述べている。つまりミュージック・ビデオや制作者に関する知識と理解(目標①)を基にしながら、自分の意見を述べている点で、目標⑤についての達成がみられる。しかしながら、目標②～④についての達成はみられなかった。

　一方Y校の生徒Fのポートフォリオでは、まずイタリアにおける映画の新リアリズムについての記述が最初にみられた。例えば「映画の内容を現実的なものに引き戻す動きが出た」とか、「映画界の動向はオーディエンスと関係

している」といった内容である。その次の内容として、メディア・トライアングルの説明がなされていた。メディア・トライアングルはトロント地区教育委員会のティーチングガイドに掲載されているものをコピーしたプリントがそのまま綴じられており、プリントには「構成されている(constracted)」と、「脱構築(de-constracted)」というメモが書かれていた。またメディア・トライアングルの分析の視点(「オーディエンス」、「テクスト」、「生産・制作」)のうち、「テクスト」の「価値観」という項目に下線が引かれていた。さらに「価値観」の説明については、「モラルや信条のシステム」であり、「オーディエンスが自分の価値観を映画に投影する」と記述されている。さらに「※映画を撮る方法と、それをどのように解読(decode)するかは、その個人次第である」という記述も見られた。このようにY校でもメディアに関する基礎知識や、メディア・リテラシーの分析の枠組みに関して生徒が学習していたことがわかる。つまり目標①を達成していたことが窺えるが、その他の目標については学習の様子が見られなかった。

　よって、授業序盤で生徒が学習したことは主に目標①であり、締めくくりの課題として目標⑤の達成も目指されていた。なお、目標①の達成の程度に関しては、生徒CやDの「現代文化分析」における評価を考慮すれば、生徒EとFに関しても同程度の評価が得られているはずであると考えられる。すなわち、レベル3以上の達成がこの時点で既になされていると考えられる。これは現代の子どもが既にメディアに関して多くの知識を有しているという見解[19]とも一致している。しかしながら、目標②〜④についてはこの時点ではほとんど学習していなかったことがわかる。

(2) 授業中盤(10月下旬〜11月中旬)

　X校の生徒Eのポートフォリオでは、「地球市民」に関する記述において、広告がインターネットにシフトしてきていることや、現実と広告の区別が曖昧になってきていること、一部の人間にとって、インターネットが否定的に作用していることなどが書かれていた。つまり引き続き目標①の達成が目指されていた。

　次にX校の「マーシャル・マクルーハン」の課題[20]において、生徒Eのポー

トフォリオでは、Play Station 3（以下PS3）について分析している（資料5-5参照）。マクルーハンのコミュニケーションのサイクルの理論を用いて、PS3の説明をポスターに表現しており、「退化(obsolete)」について「なぜコンピュータを持っていたとしてもPS3を使うのか？なぜならPS3でもコンピュータとまったく同じことができ、PS3の方が機能的に快適だからである」というように、マクルーハンの理論の学習を作品に表現するという、目標⑤の達成が見られた。しかしながら、作品の中で述べている意見の根拠については、生徒Eの思い込みにすぎない記述も多く、目標④についての達成度合いは低かった。

　一方Y校の生徒Fのポートフォリオでは、メディア・トライアングルの観点を用いてバイク映画の分析について記述していた。しかしこの時点では、主にカメラワークについてのみ分析を行っており、「登場人物の目を通して見ていることをわからせる。他の登場人物との区別を行う」といったカメラワークの解釈がなされていた。また、バイク映画の分析を終えた後で、他の映画における象徴的な場面や事物の分析を行っていたが、その次に行った2本目のバイク映画の分析でもカメラワークの分析に中心が置かれていた。2本目のバイク映画の分析では、オーディエンスや音楽にも分析が及んでいたが、「メロドラマ的な音楽は、感情を付け加える」、「音楽は人物の感情を反映している」といった分析だった。つまりY校ではこの段階からメディア言語についての学習（目標③）についての学習に取り組み始めていた。Y校での授業中盤の活動は、前節でも述べたようにドキュメンタリー作品の制作と発表であり、目標④と⑤の達成に中心が置かれていた。生徒Fのグループは「愛とは何か(What is Love?)」という5分程度のドキュメンタリー作品を制作しており、カメラワークや、BGMと音声の入れ方に知識の活用が見られた。しかし、生徒Fは制作途中の段階では、B教諭からなぜそのような作品の構成にしたのか質問された際に「この方が観る人が絶対に驚くから」と、自身の思い込みの理由しか答えていなかった。この点で目標④の達成度合いは低かったと言える。

　以上から全体的に授業中盤では、目標①・④・⑤を中心に生徒が獲得していったことがわかる。特に目標①については様々なメディアについての知識（マクルーハンの理論など）の獲得と、理論の理解を進めており、そこで得た知識

資料5-5　生徒Eの「マーシャル・マクルーハン」作品

作品に対して生徒Eがつけた説明

右下(reverse)
1. PS3は人々をおとなしく(obese)させてしまった。これはSonyの意図したことではない。人々は24時間、画面に張り付いている。郵便箱に入っている新しいPS3マガジンを取りに行くのも面倒なほどである。このように、一日中家に引きこもり、食事をしている人を見ると、PS3がいかに人々をおとなしくさせているかがわかる。
2. PS3は人々の生活をいともたやすく堕落させてしまう。PS3は人々をおとなしくさせてしまっているので、心臓病や他の病気を引き起こしやすくしてしまっている。また、PS3は大きな魅力を持っているので、家族や友人を無視することにつながる。人々はPS3の快適さを手放したくないのである。離婚の原因にもなるだろうし、家族と長いこと会話をしないことにもつながるだろう。

右上(何と置き換わったかretrieve)
1. (PS1&2) PS2ではPS1のゲームソフトも遊ぶことができたが、PS3になってそれまでのソフトは遊べなくなってしまった。プレイヤーはPS3のみで遊ぶか、PS2も持っておくか、選ばなければならない。
2. (computer) PS3の情報は、コンピュータとも置き換わった。プレイヤーはオンライ

ンで情報をやりとりできる。Sonyは基本的に、PS3のように、それがあれば他の何も必要とせず、すべてのことができるようなシステムやコンピュータを開発しようとしている。

左上（enhance）
1．聴くという行為を拡張している。「ゲーマー」の人たちは、ゲームをするときにゲームにかなり意識を集中させているからである。
2．画面も同様に聴くという行為を拡張させている。ゲームに集中しているときは、ゲームで起こった出来事を記憶しようとしている。
3．記憶を拡張している。ゲームをするときはすばやく正確に記憶することが求められる。PS3の課題をこなすときは、記憶することに集中しなくてはならない。
4．反応時間も増やしている。ゲームにおいてはすばやい判断が求められる。そうしなければ時間がかかるからである。再開しなければならず、ずっとやっていなくてはならない。
5．人とのつながりを拡張する。Facebook、MySpace、Twitter、Hotmailなどをコンピュータと同じように使えるからである。そのようなSNSを介して知り合った人々と友人になることもできるし、いつでも彼らと遊ぶことができる。

左下（obsolete）
1．PS3が登場したため、他のゲームで遊ぼうとする人間が減ってしまった。PS3はそれまでにない画質やシステム面での向上があり、またオンラインゲームもすることができるためである。
2．なぜコンピュータを持っていたとしてもPS3を使うのか？なぜならPS3でもコンピュータとまったく同じことができるし、PS3の方が機能的に快適だからである。
3．人々が手書きの手紙を書こうとしなくなった。PS3では電子メールを送ることができ、電子メールだと返信もすばやくできるからである。手書きの手紙はもはや絶滅の危機に瀕している。
4．人々は従来型の携帯ゲーム機で遊ぶこともあまりなくなった。PS3の画質の方が綺麗だからである。従来型の携帯ゲーム機は画面も小さく、ゲームソフトもおもしろくなく、画質も劣るからである。
5．PS3はすぐに野外活動から置き換わるだろう。これは既に証明されている事実である。PS3は発売されると同時に、瞬く間に普及したからである。友人と外で遊ぶ人は少なくなっている。世界中で、室内でゲームで遊ぶ人が増えている。

を協働作業(目標④)と制作活動(目標⑤)に活用していた。少なくとも生徒EとFに関しては、知識と制作内容が有機的につながっており、目標⑤に関しては平均以上のレベルで達成されていると考えられる。しかし生徒E、Fともに作品中の自身の意見が事実を根拠としていない思い込みであり、目標④の達成度合いは低かった。また部分的に目標③について学習している場面も見られるが、この時点では本格的に取り組んでいるわけではなく、目標①であるメディアに関する知識の延長上の学習程度であると言える。なお、目標②についてはまったく学習していなかった。

(3) 授業終盤(11月下旬～12月)

X校の生徒Eのポートフォリオにおける11月下旬の「テクスト・メッセージとサブテクスト・メッセージ」の記述では、CMの映像分析が書かれていた。また、映像分析の後にグループで行った、雑誌の広告の分析についてもメモがとられていた。分析の方法は、広告の制作者、読者、テクスト・メッセージ、サブテクスト・メッセージに項目分けされて書かれていた。生徒Eはサブテクスト・メッセージについて、「白人男性」、「中産階層の男性」、「自転車を抱えて走っている」、「筋肉がすごい」といった内容をメモし、議論における自分の意見として述べていた。つまり、目標③について意識しながらメモをとっていたことがわかる。

次の「説得の技」の課題において生徒Eは、広告として、丸い、ウィスキーのボトルのような物体に、細い手足が生えているイラストを描いた(**資料5-6参照**)。生徒Cはこのパロディ広告を使い、「軽い」飲み口のビールの広告について分析した。生徒Cはまず「軽い」ビールが流行になっている事実に対して、「社会における私たちの意識が、体重を気にするようになってきた」ことを挙げている。そして、「軽い」とか「重い」といった表現次第で、売れ行きが左右されるビール業界のあり方に対して「狭いものの見方しかできていない」と意見している。そして「軽い」ビールであることが宣伝文句になっていても、「私はビールを飲むことの長期的な効果について調べ、その結果、軽いビールなどというものは存在せず、長期的に服用していけば、体重の増加や不健康という大きな効果をもたらすことを知った」と、自らが調べた事実に基づ

いて意見を述べている。これらの記述から、まず調べた事実に基づいて意見を述べるという目標④について達成がなされていることがわかる。さらにこの単元で学習したサブテクスト・メッセージの意味を理解し、それを制作課題に応用していることもわかる。よって目標⑤についても達成されている。

そして生徒Eは「人々がビールのブランドやボトルに対して持つイメージは、普遍的であり大きな効果を持つと思う。子どもでさえ、それがビールのボトルであるということを知っているのである。このように異常なほどに人々に認知されているビールのデザインに目を向けたとき、人々は、ビールのボトルがいかに自分たちの興味(our interest)を惹いているかということに気づくだろう」と、自分の価値観と社会一般の価値観の両面から自らの作品を評価している。このように、目標②が達成されていることがわかる。

最後の「リプレゼンテーション」の単元における『カナダを責めよう(Blame Canada)』というアニメの分析では、カナダの否定的なイメージを利用する新聞社の論評に反論している。まず、アニメにおいて表現されている人物や象徴的なモノ、またアニメでの登場人物の発言に対して、それがどのような意味を持つのかを説明している。さらにアニメにリプレゼンテーションされているカナダの否定的なイメージに対して、自分の知識や価値観と照らし合わせて、アニメにおけるカナダに対する否定的なイメージを否定している。つまり、目標③の達成とともに、目標④についても高い水準で達成していることが窺える。

他方、Y校の「ドキュメンタリー」制作発表会では、「愛とは何か」という課題設定をした生徒Fのグループの議論において、その他の生徒から「女性が男性とどのように異なる回答をしているのかわからない」などといった意見や感想が出された。またB教諭は「より多様な世代に聞いていくほうが良かったかもしれません」と、意見を述べた。このような議論を通じて、生徒Fは、「私たちはもっと多様な年齢、性別、階層の人々を登場させるように気をつけておくべきでした。実際には1つのタイプしか登場していません」とか、「階層や、性別はあまり作品には反映されていなかった」などといった振り返りを行っていた。そして、改善点をB教諭が制作グループの生徒に考えさせると、「基本的にはいろいろな形の愛があって、愛という言葉は1つでも、性

資料5-6　生徒Eの「説得の技」作品

作品に対して生徒Eがつけた説明
　この広告は、アルコール飲料、特にビールの本当の効果を宣伝したものである。元々のポスターは、このビール (Bud Light Beer) がいかに「軽い」飲み物であるかを強調している。しかしながら、他の食べ物や飲料と同様に、それがいかに身体に対して重くない食べ物であるかを私たちに思い込ませようとしている。その理由は、私たちの社会における意識が、体重を気にするようになっているからである。他に私が考えたこの課題の案としては、ビデオゲームやマクドナルドの食べ物があった。その理由は、これらは毎日私たちが直面している商品だからである。ソニー製品やマクドナルドの宣伝を目にしない日、聞かない日が果たしてあるだろうか。今や世界中で遊ばれているPlaystationを生産している人々は、適度にゲームで遊ぶことが脳を刺激すると言っている。しかしながら、過度にゲームで遊びすぎると、健康的なライフスタイルを崩壊させる可能性がある。なぜなら、1日あたりにゲームで遊ぶ時間と、運動をする時間のバランスが取れなくなってしまうからである。このような主張は、適度にビデオゲームで遊ぶ長期的な効果に関するイメージやメッセージを、良いメッセージに置き換えてきた。もう1つの案である、マクドナルドのパロディは、不健康な食べ物が蔓延していることに対する問題を提起するものである。このパロディは決して難しいものではなかったが、多くの人々に対して、ゆっくりとマクドナルドに対するイメージを変

化させるものだろう。なぜなら、マクドナルドは大企業だからである。このような、マクドナルドに対するパロディは、これまでにもしばしばなされてきた。そのため、私は他の広告を選ぶことにしたのである。アルコールの広告を見たときに、私は特にビールの広告に対して、なんて狭いものの見方しかできていないのだろうと思った。

　自分が新しく作成したアルコール飲料に対するメッセージは、独特だと思う。私なりの広告を作ろうと思ったときに、アニメ的でない描写の対象を、何か人間的なものに作り変えてはどうか、という考えが浮かんだのである。ビール瓶が立っている描写を見たときに、私の頭に人間が立っているかのようなイメージ、「Beer Belly」が浮かんできて、その次の段階へと構想が進んだ。キャラクター的な特徴をつけようと思ったのである。私はビールを飲むことの長期的な効果について調べ、その結果、軽いビールなどというものは存在せず、長期的に服用していけば、体重の増加や不健康という大きな効果をもたらすことを知ったのである。このメッセージは、ビールの種類に関わらず、同じなのである。このメッセージは、自分の体重を気にはしているが、よくビールを飲む人たちが、このことを考え始めたときに有効だろう。ビールについて不健康だという考えに至ったとき、すぐに行動に移せるはずである。しかしながら清涼飲料水を飲んだり、止めたりすることがこの状況を促進し、体重を気にすることが、そのような馬鹿げたものの見方を妨げるのである。私の作った広告は、そのような事態を現実的に考えるのに効果的である。私の作った、この人間の格好をしたビールのキャラクターは、頭がなく、棒のような手足で、他の部分に比べて腹が異常に膨れ上がっている。頭部がないことは、ビールをよく飲む人であってもそうでない人でも、誰にでも当てはまるということを表現しており、依然としてビールを飲みすぎることの効果を表現している。私の広告は、知られざるビールの効果や、人々が無視しようとする傾向にある真実を知らせようとするときに、特に力を発揮するだろう。このような問題に取り組むとき、私の広告は人々に対して意識を啓発しようとするのである。

　人々がビールのブランドやボトルに対して持つイメージというのは、普遍的であり大きな効果を持つものであると思う。子どもでさえ、それがビールのボトルであるということを知っているのである。このように異常なほどに人々に認知されているビールのデザインに目を向けたとき、人々は、ビールのボトルがいかに自分たちの興味を惹いているかということに気づくだろう。私が作った広告が、人々にビールについて会話を始めるきっかけとなり、私のメッセージが広く伝わっていくことを願っている。BudやCoorsなどのビールメーカーは、特に「軽さ」を強調したビールを作っている。私のメッセージが伝われば、それら企業の売り上げには大きな影響が出るだろう。肉やアルコールのような、人間の身体をいろいろな方法で壊していく食料を減らす、「スリムな社会(slim society)」を確かなものにするためには、それはなされるべきことであろう。人間の身体に害をなすような食生活をなくしていくためにも、私たち1人ひとりが意識を持って、自分の生活を管理していく必要がある。

的な愛とか、友情とか、ペットへの愛とか、家族愛とか、そういったことを示すことができればよかったと思う。多様であることは重要だと思うし、異なる愛が存在するのは大切だと思います」と答えた。つまり、発表会の目的は、全体議論やグループでの議論を通じて、主題に対してメディア・テクストに表現されていることを根拠に意見を述べ、評価することであり、目標④のねらいがそのまま授業になっていることがわかる。またテクストの構成によって、視聴者に対する意味がどのように創りだされているのかを理解することも目指されており、実際に生徒Fは作品の構成に対する自分の考えと、その他の生徒の考えが異なることにこの時点で気づいている。この点で授業中盤よりも目標③についての理解が進んでいる。

　さらに生徒Fは、最終的な映像分析についての口頭発表[21]において、レッジョ（Reggio, Godfrey）監督の『コヤニスカッツィ（Koyaanisqatsi）』（1982年、アメリカ）を分析対象に選んだ。生徒Fは作品中盤の5分程度の場面を分析し、「レッジョはあまり多くのコードをこの映画には含めなかった。特定の意味や価値観、自分自身の意味や価値観を含めなかったのである。そのため、この映画は視聴者によって異なる解釈が生まれやすいようになっている。制作者が特定の意味や価値観を直接的に言わないことで、視聴者が自分自身の解釈を行うようにしている」と、映画全体のテーマは自然と人間の対比でありながら、具体的な解釈は視聴者自身に任せられていることを述べている。その根拠として、映像技法と音声技法を挙げている。映像技法に関して言えば、「特定のカメラ視点や、異なるスピードでのカットの切り替えが、むしろ特定のメッセージを産み出すのではなく、視聴者が自分自身の解釈をする手助けになっている」とし、音声技法に関して言えば「ナレーションや台詞をあえて入れないことにより、映像と併せて、解釈が視聴者に委ねられるようになっている」としている。つまり、メディア言語の意味について考えられている点で目標③を最終的に達成できている。さらにテクストにリプレゼンテーションされている物事の解釈が、最終的には視聴者それぞれに委ねられていると理解し、メディア作品とオーディエンスの関係を分析できていることから、目標②についても高い水準で達成できている。

　以上から、授業終盤においては主に目標②・③についての達成がなされて

いることがわかる。また、授業中に他の生徒から出された意見や、自分で調べた事実に基づいて意見を作品やポートフォリオに表現するようになっており、目標④についての達成もみられる。さらに制作活動を頻繁に行っているX校の場合、単元の締めくくりとして、単元で学習したメディアやテーマについての内容を作品に表現していることから、目標⑤についての達成もみられた。しかしながら、この時点では基本的なメディアについての知識や、メディア様式の違いによる意味の違いについてはほとんど扱われておらず、目標①についてはほとんど考慮されていない、もしくは目標②〜⑤を達成するための前提条件として、目標①だけが取り出されて評価されていないことがわかる。

しかしながら、すべての生徒が目標②・③を高いレベルで達成できていたわけではない。X校の「リプレゼンテーション」の授業では、生徒CやDは自分が形成しているイメージを相対化できない場面が議論でみられることがあった。また、Universityにおいて人種や民族の固定観念と反固定観念を考えるという授業においても、生徒Eを含めてすべての生徒が「カナダ人」について考えている視点がないとA教諭から指摘され、他の人種・民族について議論ができても、そこから自分たちの価値観を相対化することができている生徒はほとんどいなかった。Y校においても、「編集」において固定観念についての議論を行ったが、「何が問題なのかわからない」という生徒も数名おり、すべての生徒が目標②・③についてレベル4を達成できているわけではない。

(4) 考察

以上、生徒のパフォーマンスという側面から、授業の各段階によって、生徒がどの目標を達成するようになっているのかを考察した。授業序盤で生徒が学習したことは主に目標①であり、締めくくりの課題として目標⑤の達成も目指されていた。しかしながら、目標②〜④についてはこの時点ではほとんど学習していなかった。

次に授業中盤では、目標①・④・⑤を中心に生徒が獲得していった。部分的に目標③について学習している場面も見られるが、この時点では本格的に取り組んでいるわけではなく、目標①であるメディアに関する知識の延長上

の学習程度であると言える。また、目標②についてはまったく学習していなかった。

最後に、授業終盤においては主に目標②・③についての達成がなされていることがわかる。また、授業中に他の生徒から出された意見や、自分で調べた事実に基づいた意見を作品やポートフォリオに表現するようになっており、目標④についての達成もみられる。さらに制作活動を行う場合、単元の締めくくりとして、単元で学習したメディアやテーマについての内容を作品に表現していることから、目標⑤についての達成もみられた。しかしながら、この時点では基本的なメディアについての知識や、メディア様式の違いによる意味の違いについてはほとんど扱われておらず、目標①についてはほとんど考慮されていない。もしくは目標②～⑤の達成と、目標①の理解が別個に扱われていることがわかる。

つまり、生徒はまずメディアを分析するためのメディア・リテラシーの分析枠組みであるメディア・トライアングルについて、授業の最初の1ヵ月程度で集中して学習し、「オーディエンス」、「生産・制作」、「テクスト」の3つの視点からメディアについて分析することを学習する。その過程で、メディア様式についての知識やメディア産業についての知識も学習するのである（目標①）。この時点で既に多くのメディアに関する知識を持っている生徒は高い評価を得ている。また制作活動を通じて、制作者として学習内容を表現し、分析だけでなく制作の視点も学習する（目標⑤）。ここでは作品と知識が有機的に結合しているかどうかが評価され、学習内容の理解ができていれば、作品の評価も高くなる。他方で、グループ活動を通じて他人の意見を聞いたり、自分の意見を他人に説得力を持って聞いてもらうために学問的根拠や事実を調べ、その根拠に基づいて意見を述べたりすること（目標④）に関しては授業中盤までは達成度が低い生徒が多く、授業終盤になって自身の意見を相対化することができるようになってくると達成度が高くなる。そして、目標①・④・⑤がある程度達成された時点、すなわち授業の中盤の最後のあたりから授業終盤にかけて、メディア言語の意味（目標③）やリプレゼンテーション（目標②）について考えるようになる。それまでに培ってきた分析方法や、グループ活動、制作活動を通じて、自身の価値観と世間一般の価値観や

意味解釈を照らし合わせることによって、最終的に目標②・③が高水準(レベル3以上)で達成されるようになっていると考えられる。
　しかしながら、目標②・③については、すべての生徒が高水準で達成できているわけではなく、多くの生徒はレベル3の中程度からレベル2の間にあるのではないかと考えられる。

小　括

　本章では、「学習者が、メディア・リテラシー教育における「批判的」な思考力を、授業を通して獲得しているのか。また、獲得しているのであればどのように獲得しているのか」について、トロント地区教育委員会のルーブリックを評価の根拠にしながら、授業内容、担当教員の評価、その他の生徒のパフォーマンスという3つの観点から検討してきた。
　結論から言えば、A教諭の評価内容や生徒のパフォーマンスを根拠にすると、生徒は目標①〜⑤、すなわち「批判的」な思考力を獲得していったということが言える。そこで、どのようにして「批判的」な思考力の獲得ができたのかを検討する必要がある。まず、授業内容から言えば、授業序盤は目標①のようにメディアに関する知識を学習することが目指されている。次に授業中盤では、引き続き目標①も達成を目指しながら、グループ活動や制作活動を通して目標④・⑤の達成をねらいとしている。さらに目標③のメディア言語の学習に取り掛かり始めている。そして授業終盤では、メディア言語や価値観についての学習という、抽象的な概念についての分析を通じて、目標②・③を達成することが主に目指されている。なお、授業終盤でも目標④・⑤は引き続き達成目標になっている。
　次に、教員としてはオンタリオ州教育省やトロント地区教育委員会の示すルーブリックに従い、自身の授業内容と照らし合わせながら単元や活動ごとにルーブリックを作成し、通知表の採点と合わせて生徒を評価していた。そして評価においては、授業内容についての理解が制作物や授業中のパフォーマンスに表現されていればある程度の達成がみられたものと解釈し、表現に具体性が増していくほど達成レベルが上がっている。まじめとは言えない生

徒でも、毎回のように授業に出席し、課題をそれぞれこなしていけば、少なくともレベル3の達成がなされると考えられる。また、授業において「批判的」に考えているような様子が生徒にみられても、その思考が作品とリンクしていない場合、もしくは作品にその思考が見られない場合、目標⑤に関してはほとんど評価されていない。思考と同様に、メディア言語の性質を理解して創造的に表現すること、すなわち目標③の達成度の上昇は、目標⑤ともつながっている。また、各メディアの特性やテクストに関する知識の理解(目標①)や、事実に基づいて意見を述べることができているかどうか(目標④)が、授業序盤から評価されており、授業全体を通じてそれらが高い水準で達成されていなければ、その他の目標についての評価も高い水準では達成されていない評価内容になっている。つまり授業においては、知識だけでなく、その知識を用いたコミュニケーションが重視されており、自分の作品や意見を他人の意見と交流させて議論ないし制作を行うことで、自身の意見を相対化し、最終的に自身の価値観について多面的に考えること(目標②)を高い水準で達成しようとしていると考えられる。

　生徒のパフォーマンスの観点では、授業序盤において、メディア・トライアングルというメディア分析についての枠組みについて、細かく学習していた。この分析枠組みについては授業終盤まで利用されたが、授業終盤では学習内容というよりも、むしろ目標②・③を達成するための前提条件のようになっていた。次に授業中盤では、メディアに関する知識を増やしていきながら、グループ活動を通じて他人の意見を聞いたり、根拠を持って自分の意見を言ったりする場面がみられた。すなわち目標①・④の達成がなされている様子がみられた。また、頻繁な制作活動を通じて目標⑤を達成しようとしていた。しかし目標④の達成はこの時点では低かった。授業終盤では、グループ活動や制作活動を通じて、社会におけるリプレゼンテーションの意味と、その意味に対する自分の価値観の比較を行うことにより、目標②・③を達成していく様子がみられた。この時点で目標④の達成が高い水準の生徒は、目標②・③への理解も進んでいる様子がみられた。

　以上の本章で得られた分析について、考察を行いたい。まずトロント地区教育委員会のティーチングガイドでは、目標①〜⑤が並列的に記載されてい

たが、実際のメディア・リテラシー教育の授業の流れをみると、目標に分類が存在し、また上位概念と下位概念が存在することがわかる。まず、目標①～③と目標④・⑤に分類できる。目標①～③は授業内容として学習するテーマと大きく関わっている。目標①は結果的にメディア・トライアングルを意味し、目標③はメディア・トライアングルによって形成される意味についての理解を指し、目標②はメディア・トライアングルによって形成される意味を学習者がどのように考察するかということである。一方目標④・⑤は授業の進め方、学習活動と関わる。そのため目標④を達成するためのグループ活動は毎回のように授業で実施されており、目標⑤を達成するための制作活動はほとんどの場合単元の最後の課題として実施される。

また、各目標の達成の度合いが他の目標の達成とも関連している。目標⑤は、結局目標①～③(授業の内容により、どれか1つの目標に焦点が当たることもあれば、複数の目標が含まれることもある)の理解とリンクしており、目標①～③が達成できているほど、目標⑤の達成も高い水準になっていく。また、目標④は他人の意見を聞き、事実と意見を区別し、科学的事実を根拠にすることの重要性の理解と関わっていることから、目標②・③の達成と関連する。さらに、自身の価値観を相対化する(目標②)ためには、メディア言語の構造とオーディエンスの関係(目標③)について、メディアについての知識を活用(目標①)して考える必要があり、目標①・③・④の達成ができている生徒ほど、目標②の達成も高い水準になっていく。

以上の各目標の関係性について図示すると、**図5-2**のようになる。

そして、目標①～⑤の達成の結果として「批判的」な思考力が獲得される。このような目標①～⑤の達成の流れから、メディア・リテラシー教育のカリキュラムの全体像が浮かび上がる。すなわち、まずはメディアとメディア様式に関する知識や、メディア・トライアングルのようなメディア・テクストの分析枠組みを、1ヵ月程度の時間をかけて学習し、メディア分析の基礎的な土台を築く。次に、テクスト分析を繰り返しながら、分析スキルを向上させるとともに、メディア言語が創り出す意味について考えるように教員が促していく。そして、メディア言語が創り出す意味を考える過程を通じて、自分自身の価値観を相対化し、テクストにリプレゼンテーションされる事柄や、

目標①メディアおよびメディア様式に関する知識と理解
目標②テクストにリプレゼンテーションされる価値観や思想についての解釈
目標③メディア言語の理解
目標④協働作業への参加および根拠を持った意見の提示
目標⑤メディア分析の制作活動への応用

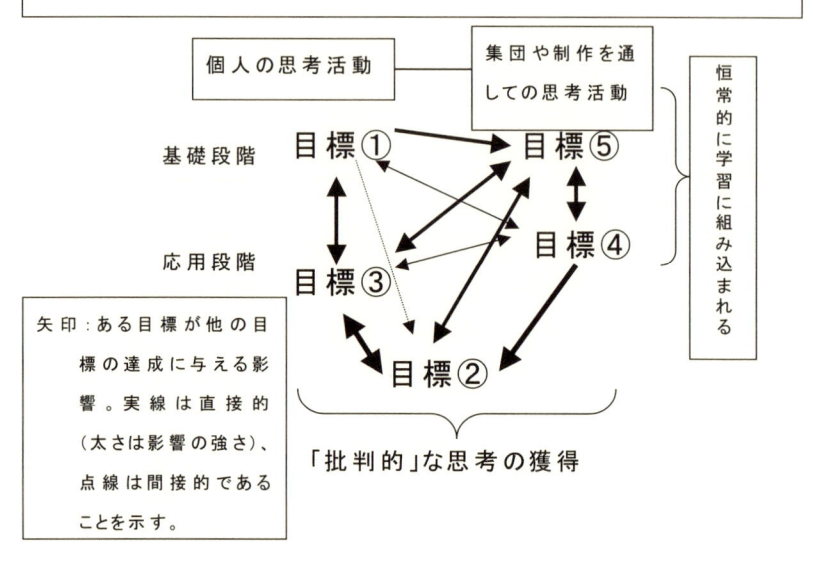

図5-2　目標①〜⑤と「批判的」な思考獲得の関係性

　そのリプレゼンテーションに対する解釈が人によってなぜ異なるのかを、自分自身の価値観に照らし合わせながら考察するようにするのである。そして、これらの授業方法として、頻繁にグループ活動を行い、グループ内で、もしくはクラス全体と教員による議論を重ねるのである。また、単元の締めくくりや、途中の節目の段階では制作活動を行い、分析活動を通して学習した内容を、自らが制作者となって表現し、その作品について自分で評価するという活動を行う。このような一連の過程を繰り返し行うことで、メディア・リテラシー教育における「批判的」な思考が獲得されるのである。既存の知識を利用しながら、現在の価値観やイデオロギーが、誰にとってどのように理解され、自分はそれに対してどのように考えるのかを、他人とのコミュニケー

ションや、制作活動での表現を通じて考えられるようになることが、メディア・リテラシー教育のカリキュラムの中心だと理解できる。

　しかしながら、目標①を達成してメディアに関する知識を身につけ、それを考える材料としながら、目標④のグループ活動を通じて他人の知識、意見と突き合わせ、目標⑤の制作活動によって自分で意見を表現してみるということを積極的に行わなければ、目標③のようなメディア言語の創り出す意味について考えることができず、また最終的に目標②の価値観やイメージについての考察を達成することもできないと考えられる。ただし、あくまで中等教育レベルの生徒が対象であることを考えれば、教員も評価の達成についてあまりに高いレベルを期待しているわけではなく、自分の意見を相対化して考えている根拠が少しでもみられれば、レベル3以上の評価をしているのだと考えられる。つまり、トロント地区教育委員会のルーブリックにおけるレベル3の「かなり」という表現は、学習者が自分の意見を相対化している根拠が見られるというレベルであると考えられる。

　以上のようなメディア・リテラシー教育のカリキュラムの構造と、実際の授業観察を通して得られた学習者の「批判的」な思考の獲得状況は、これまでの研究において明らかにされてこなかった。その理由として、以下のことが挙げられる。まずどの先行研究においても、メディア・リテラシー教育を通じて獲得する「批判」について具体的に説明されていなかったことが挙げられる。マスターマンやバッキンガムは「基本概念」を獲得することについて述べていたが、「基本概念」をカリキュラムにどのように位置づけ、全体的な構想を組み立てるかについては述べていなかった。よって、カリキュラムのどの段階で、どのような「基本概念」を獲得し、最終的に「批判的」な思考を獲得するのかについては検討していなかったのである。本書では、トロント地区教育委員会の定めるルーブリックおよび教員の具体的な評価指標を用い、これらの問題の克服を試みた。

　また、バッキンガムは、「対話→省察(振り返り)→行動(制作)」というメディア・リテラシー教育の学習のサイクルについて述べていた。本書で検討した授業も、基本的にはこのようなサイクルに沿って授業が進んでいた。しかし、本書で観察した授業では、「行動(制作)」の後にも「省察(振り返り)」が行われて

いた。つまり、「対話→省察(振り返り)→行動(制作)→省察(振り返り)→対話→……」というサイクルがメディア・リテラシー教育では繰り返されることが重要である。これは、単元の中でも行われ、また1年間、複数年間という中長期的な期間でも同様である。このサイクルを繰り返すことにより、「批判的」な思考の達成が洗練され、定着していくものと考えられる。

次に、マスターマンは、3つの方法によってメディア・リテラシー教育の「批判」が獲得されるべきだと述べていた。その方法とは、(ア)具体的なメディア・テクストやテーマについて、深く考察を加える、(イ)分析対象とするメディア・テクスト自体だけでなく、そのテクストに関係する様々な情報からも考察を加える、(ウ)ある特定のメディア・テクストとその背景だけを分析するのではなく、似たような別のテクストも比較対象として同様の分析を行う(Masterman, 1985)であった。これは、トロント地区のルーブリックでは、目標②・④にしか該当していない。マスターマンが制作活動に消極的だったことは第1章および第2章で述べた通りであり、目標⑤が含まれないのは当然であるが、特に目標②を達成するための目標③の獲得にはマスターマンは言及していない。つまり、バッキンガムやマスターマンは、「基本概念」の関係性や、その関係性がカリキュラム上にどのように位置づくことにより、学習者に「批判的」な思考が形成されるのかについて分析していなかったと考えられる。よって本章において、目標①〜⑤の関係性と、カリキュラムの構成における目標の位置づけを明らかにしたことには意義があると言える。

次章では、序章で提起した5つの課題に対して、それぞれについて考察を加えた上で、総合的な議論を行う。

【註】
1 少なくともトロント地区教育委員会管轄の学校においては、*The Ontario Curriculum* に沿った枠組みでの科目であれば学校独自に設定してよいことになっているので、「メディア科」の名称でなくとも、類似した科目を設定している学校もある。
2 2006年の国勢調査によれば、トロントの人口のうち45.7%が移民(永住権を持つ者)であり、54.1%が英語のみを母国語とする者である(Staticics Canadaホームページ http://www12.statcan.gc.ca/english/census06/data/trends/Table_1.cfm?T=CMA&PRCODE=35&GEOCODE=535&GEOLVL=CMA 2009年9月6日確認)。カナダ全体で見た場合、移民は19.8%であり、英語のみを母国語とする者は57.2%である(Staticics Canada

ホームページ　http://www12.statcan.gc.ca/english/census06/data/trends/Table_1.cfm?T=PR&PRCODE=01&GEOCODE=01&GEOLVL=PR　2009年9月6日確認）。このデータを見る限り、トロントはカナダのなかでも特に移民の割合が高い地域であることがわかる。

3 　オンタリオ州教員協会（Ontario College of Teachers）によれば、2010年現在、メディア・リテラシー追加資格認定コースを終えている人数は以下のようになっている。パート1修了者：9275名（英語）、18名（仏語）　パート2修了者：499名（英語）、5名（仏語）　パート3修了者：275名（英語）、仏語修了者なし

4 　ERRCは、学術研究としての教育研究の重要性は承知しているが、「その研究が子どもの学習の妨げになることがあってはならない」（Toronto District School Board, 2008, p. 1）としている。そのため、基本的にトロント地区教育委員会の管轄にある学校およびその関係者に対する調査はすべてERRCの許可を得なければならず、調査も博士論文、修士論文、そして政府関係機関などが承認した科学研究などの公的な研究に限定している。また、ERRCによる調査許可と、調査対象による直接の許可はまったく別のものである。つまり、個人的に学校や教員から調査許可を得ていたとしても、ERRCの許可がなければ調査ができない。その反対に、ERRCから許可を得ていたとしても、調査対象から調査許可を得られなければ調査が実施できない。要するにERRCと調査対象の両方から調査許可を得る必要がある。

　　筆者は、トロント地区教育委員会の教員2名およびエスコバルから内諾を得た後、ERRCの調査申請書類を作成し、2009年7月1日に正式な調査許可証が発行された。調査においては、生徒の氏名をすべて匿名にすること、写真などの記録映像を写す際は生徒の作品のみを写し、本人は一切撮影しないこと、生徒本人を特定できないように音声のみを録音すること、を条件とした。また、本調査で得られたデータについては博士論文および学術論文でのみ使用できることとし、その他の公的な文書や記事においては一切使用しないこととした。また、本調査の報告書を2011年8月までにトロント地区教育委員会に提出することになった。報告書は2010年5月6日に筆者が電子メールで担当者に提出し、受理された。

5 　B教諭によれば、もともと芸術系私立学校から教員としてのキャリアが始まり、2年後にトロント地区教育委員会の所属に変更したということである。

6 　2009年12月11日にB教諭に実施したインタビューより。

7 　例えば「ケン・バーンズ効果（Ken Burns Effect）」のような、映像制作における一種のスタイルについての知識。

8 　ミディアム・ショットは被写体が何かが適度にわかるような距離で撮影すること。ロング・ショットは遠くから映すこと。反対にクローズ・アップは至近距離から映すこと。主な編集用語および技法については、巻末資料3を参照。

9 　「ホットなメディア、クールなメディア」は、メディアの性質について区分したものである。これらの区分は、「ホットなメディアとは、単一の感覚を高精細度で拡張するメディアであり、クールなメディアとは、全身的な感覚を低精細度で拡張するメディア」（吉見、2004、75頁）であるとされる。また、ホットなメディアは情報量が多く、クー

ルなメディアは情報量が少ないという特徴があるとされている。
10 「テクスト・メッセージとサブテクスト・メッセージ」の単元では、CM、ポスター広告、雑誌広告、風刺画、フィギュア（ジェンダーの事例としてA教諭がG.I.ジョーやバービー人形を取り上げた）、インターネット（オンラインショッピングでの、男女用セーターおよびユニセックスのセーターの事例を紹介した）などの多様なメディア様式を分析対象としながら、メディア言語についての理解も深めていた。例えば香水のポスター広告における男女の位置関係や、香水のボトルの形状などを根拠に、男女の社会的な地位に関する分析を行っていた。また、物理的な力関係と社会的地位の関係について考察するため、タレントが軍人に扮して登場するお菓子のCMにおけるメディア言語の意味について分析していた。
11 10点満点の小テストであり、お菓子の15秒のCMについて、問い①「商品名」、問い②「ターゲット・オーディエンスは誰か」、問い③「テクスト・メッセージ」、問い④「サブテクスト・メッセージ」について解答するというものである。問い①〜③は一問一答で各1点となっている。問い④「サブテクスト・メッセージ」が10点中7点を占めており、「パワー」、「ジェンダー」、「人種・民族」、「地位」、「関係性」、「文化」の6つの価値観が、CMにおいてどのように表象されているかを自由記述するという内容である。
12 A教諭が出した課題の条件は、まず広告作成について、必ず誰もがそれを見て理解できるようなブランドもしくはロゴを用いることである。あまり有名でないブランドなどを使っても、何を風刺しているのかがわかりにくいためである。さらに、複数の広告を作成し、最終的に選んだ広告について、なぜそれが最も分析に値するのかを考察に記述するように求めた。そして考察部分については、「なぜその企業を選んだのか」、「他に考えた広告は何か」、「あなたが理解した、元の広告の主張は何か。どのようにその主張を風刺しようとしたか」、「自分で作成した広告についてどう思うか。どのようにして作成したかの過程を説明すること」、「なぜそのパロディ広告が効果的なのか。さらに効果的にすることはできたか」、「どのようにそのパロディ広告が力を発揮するか」、「どのようにパロディ広告のメッセージを広めることができるか」、「あなたのメッセージのように社会がなっていくべきか。反対する人はいるか。そういった人々はなぜ反対するだろうか」、「もっと他に何かできたか。何かできるとしたら、やっただろうか。できたとしたらなぜか。なぜできなかったか」について記述するように設定された。
13 「広告の切り貼り課題（Ad-RIP assignment）」と名づけられた課題である。この課題においては、雑誌広告の中から生徒がそれぞれ気に入った広告を切り取り、さらにその1つの広告を商品のキャッチコピーの部分とそれ以外の写真の部分に分割する。そして分割した広告を別の広告同士でちぐはぐにつなぎ合わせ（ただし組み合わせるのは2つの広告であり、3つ以上を組み合わせてはならない）、新しく自分で創った広告が、広告として機能するか、意味を成すかを考えるという課題である。提出するのは、各自が作成したいくつかの新しい広告と、自分がその中で一番良くできたと思う作品についての説明である。
14 ハリウッドの映画監督や編集担当者へのインタビューを交えて、編集の意味について説明しているという内容のドキュメンタリー。

15　2009年12月11日にB教諭に実施したインタビューより。
16　このテクスト分析のレポートでは、(a)分析した作品の概要（作品名、監督、公開された年、制作された場所、作品のあらすじ）、(b)生徒が分析した場面（5分前後のひとまとまりの場面）についての説明、(c)分析した場面で使用された編集技法の意味の説明。また、もしそのような編集技法を使わなければ、他に表現の仕方があったか、その場面をより効果的に表現する方法があるか、その場面の意味はどのように変わるか、(d)社会経済的文脈におけるその作品に対する評価と、映画史におけるその映画の意義についての自分自身の意見、という4つの事項に対して回答するようにB教諭は生徒に求めていた。特にB教諭が重点的に評価したのは、(c)および(d)の事項である。
17　日本では「プロモーション・ビデオ（PV）」と一般的に呼ばれているものであり、販売している曲をBGMとして、ストーリー性のある映像を撮影している作品を指す。北米の場合、男女の性的な描写が含まれることが多く、青少年問題として取り扱われることもある。
18　筆者の質問に対して、2011年6月14日に届いたA教諭の電子メールによる。
19　http://teacher.scholastic.com/products/instructor/nov04_mediasavvy.htm　2011年7月7日確認、およびBuckingham, 2003
20　A教諭が授業中に提示した問題は、①そのメディアが拡張した器官は何か、②そのメディアの登場によって、何が退化したか、③そのメディアの登場によって、私たちが補完したものは何か、④そのメディアが限界に来たとき、取って代わったメディアは何か、⑤そのメディアはホットかクールか、どのようにしてその区別ができるか、という5点であり、課題においてはこれらの問題のどれか（複数を選んでもよい）に対する考察を示すことが求められた。
21　筆者の授業観察が終了した後の2010年1月末に行われたが、音声記録をB教諭から入手したため分析可能となった。この発表課題では、各生徒が課題として指定されたいくつかの映画から1本を選び、その映画の中から5分程度の場面を選んで、分析対象とした場面の説明と、その場面の映画全体における意味の説明、そして映画の社会・経済・文化的文脈からの考察を行うことが求められた。

終　章

「批判的」な思考力を獲得する
メディア・リテラシー教育実現に向けて

メディアAQコースの受講生（2010年）が作成した、メディアロッカー収録用の作品

本書では、メディア・リテラシー教育を通して、学習者が、「批判的」な思考力をどのように獲得しているのかを明らかにするため、以下の5点の課題について検討してきた。まず1点目は、メディア・リテラシー教育の目的および成立の過程である。メディア・リテラシー教育は、多様な学問の成果を礎にして成立したものであるため、その内容も多様である。そこで、本書が定義するメディア・リテラシー教育について検討した。2点目は、メディア・リテラシー教育における「批判」についてである。「批判」も多義的な言葉であるため、本書における「批判」の意味を、学問的根拠から定義することを目指した。3点目は、メディア・リテラシー教育における評価のあり方である。メディア・リテラシー教育で育成される「批判的」思考力は、いわゆる学力テストのような量的指標で、その成果を測ることは不適当であると考えられる。そこで「真正の評価」の評価の立場について検討した。4点目はオンタリオ州におけるメディア・リテラシー教育の展開である。世界で初めて公的なカリキュラムにメディア・リテラシー教育が導入された背景や、カリキュラム自体について明らかにしてきた。最後の5点目は、メディア・リテラシー教育によって、学習者に「批判的」な思考力が獲得されるのか、獲得されるのであれば、どのような過程を経て獲得されるのかを、トロント地区における2校の中等教育学校の事例の分析から検討した。

　本章では、各章で検討した、それぞれの課題に対してその回答を提示していく。その上で本書の目的である、メディア・リテラシー教育を通して、学習者が、「批判的」な思考力をどのように身につけているのかについて、検討を行う。

第1節　メディア・リテラシー教育の目的および成立の過程

　1つ目の課題は、メディア・リテラシー教育の目的および成立過程について、社会学、特にカルチュラル・スタディーズと批判的教育学に関する検討から導くことであった。そもそもメディア・リテラシー教育がどのような経緯で現在に至り、どのような経緯をたどってきたからこそどのような要素を含むべきなのか、ということに関してはほとんど明らかになっていなかったので

終章 「批判的」な思考力を獲得するメディア・リテラシー教育実現に向けて　247

ある。そこで、従来はあまり議論されてこなかった批判的教育学からの議論と、実際に行われた教育プログラムについても検討しながら、本書で議論するメディア・リテラシー教育とは何かについて定義した。

　本書では主にマスターマンとバッキンガムのメディア・リテラシー教育に関する論考を参考としながら、結果としてメディア・リテラシー教育は、フランクフルト学派の批判理論、カルチュラル・スタディーズを中心とした社会学の理論、フレイレの解放の教育学の理論と実践、そしてフレイレの背景にある教育哲学や言語心理学、マルクス主義など、様々な学問領域が複雑に絡み合って生成してきたものであることを導出した。結果的にメディア・リテラシー教育は、フランクフルト学派やカルチュラル・スタディーズを基盤とした批判理論を主軸としながら、実際の教育方法論はフレイレの対話型教育を参考にし、デジタル技術の一般的な普及によって可能になったメディア制作をも取り入れて、現在のような幅広い内容の教育活動として成立することとなったことがわかった。

　他方で、メディア・リテラシー教育のこのような成立過程が、文脈や思想による教育内容の違いを生じさせている。また実践レベルでも多様な解釈が生じてくるという多義性が、メディア・リテラシー教育自体の理解を困難にしていることがわかる。しかしながら、メディア・リテラシー教育はその理論的基盤を社会学の諸理論に置いていることは明白である。諸理論とは、アメリカの大衆文化産業を批判的に考えることから始まったフランクフルト学派の批判理論、その影響を受けたカルチュラル・スタディーズ、ブルデューの再生産理論などがそれにあたる。問題は、そのような諸理論を教育実践においてどのように学習者に対して教授するかということであった。

　そこで、メディア・リテラシーの理論が実践に移されるにあたり、フレイレの教育実践が参考にされたことが明らかになった。つまり実践においてメディア・リテラシー教育は学習者の解放・エンパワーを目的とするようになったのである。学習者を、支配的なイデオロギーから解放するためには、イデオロギー伝達装置であるメディアを意識的に読み解けるようになる必要がある。意識的にメディアを読み解けるようになるためには、メディアによって媒介される情報を「批判的」に考えられるようになる必要がある。「批判的」に

考えるということは、換言すれば学習者が自らを振り返るという行為であり、バッキンガムはメディア・リテラシー教育の重点を振り返りに置いている(Buckingham, 2003)。

　印象論や感想だけを述べていても、メディアを意識的に読み解くという行為にはつながらない。そこで自らを「批判的」に考えたり、振り返ったりするための手段として用いられるのが、記号論の手法とフレイレの「対話」であることが明らかになっている(Masterman, 1985; フィスク、1987)。映像や音声をコード化し、文字情報として置き換え、その解釈についてグループで議論することにより、自らを振り返る材料とするのである。メディア・リテラシー教育独自の教育内容として取り上げられるのが制作活動である。制作活動を通して、制作者としての視点を学び、分析者としての自分を別の角度から振り返れるようになることが目的だった。最終的にメディア・リテラシーを習得することで、様々なメディアを通して情報が伝えられる今日の社会において、情報について考え、選択的に受容し、その情報を元に行動する「市民」を育成することが、今日的なメディア・リテラシー教育の目的であることがわかった。

　ただし、実践レベルでは地域的、文化的、時代的な文脈などによって教育内容が変化する可能性がある。そのため、第4章および第5章においてオンタリオ州という特定の地域に焦点を当て、メディア・リテラシー教育の学校教育導入の経緯や、その理念と実践について具体的に考察したのである。

　いずれにせよ、メディア・リテラシー教育の理論的要素の中で、中核となるのは「批判的」な視点だった。マスターマンにせよ、バッキンガムにせよ、そして他のメディア・リテラシー教育研究者にせよ、キーワードとして用いているのは、学習者がメディアに対して「批判的」になること、もしくはメディアを「批判」することである。「批判的」な視点を持ち、メディア社会に生きる市民になることが、メディア・リテラシー教育では目指されることが本書での検討から明らかになった。しかし、「批判(的)」という言葉は、解釈や文脈によって意味が異なってくる、多義的な言葉である。そこで、「批判(的)」という言葉の意味について、次の課題として検討した。

第2節　メディア・リテラシー教育における「批判」

　2つ目の課題として、メディア・リテラシー教育の中で学ばれるべき「批判的」な思考とは何を意味するのかを検討した。今日、様々な場面で用いられる批判および批判的思考力という言葉は、建設的な意見を意味する場合から、否定的な意味まで、使われる場面や使う人間によって、意味するところが多様である。よって、メディア・リテラシー教育という場面で用いられ、獲得が目指される「批判的」な思考が、果たしてどのような要素をもちうるのかを検討した。さらに、従来取り組まれてきた批判的思考力の育成が、どのようなアプローチによってなされてきたのかも考察した。

　全体的に、メディア・リテラシー教育における「批判」とは、活字および電子メディアなどのあらゆる形態におけるメディア・テクストを対象に、「なぜ」、「誰が」、「誰に向けて」それらのテクストがつくられているのかという、多様な観点からの問いかけを行い、それらのテクストを自らの価値判断(自分の所属するコミュニティの文脈)も含めて多面的に分析、評価し、最終的にはそのような自分の価値判断について問い直す(内省する)行為であるとまとめることができた。

　よって、本書で分析の枠組みとして用いるメディア・リテラシー教育における「批判」とは、まず「活字および電子メディアなどの多様なテクストを対象に」、「教員と学習者が対等な関係で」授業に取り組むという前提を必要とし、以下のような「批判」の内容を獲得目標として含むことが明らかになった。

①「なぜ」、「誰が」、「誰に向けて」テクストがつくられているのかという、多様な観点からの問いかけを行う。
②テクストを多面的に分析、評価する。
③自分の価値判断について問い直す(内省する)。

　メディア・リテラシー教育においては、メディア産業や映像・音声も含んだ「リテラシー」についても知識として知る必要がある。そこでこれら「批判」を獲得するために、メディア業界における規律/規制や生産・流通の過程、

所有権などといったテクストに関する産業構造の背景、メディアを読み解くための技法(記号論的に分析する方法など)を、授業において知識として身につけることが条件になってくる。このようなメディアに関する「知識」は、直接的に「批判」につながるものではない。「批判」のために重要となるのは、「知識」をいかにして用いるのか、物事を考える際の根拠とするのか、といったことである。つまりただ物事を知っているのは「批判」ではなく、上記のような3つの指標に対して、既存の知識をどのように用いるのかということが重要となってくることが、第2章を通じて明らかになった。

ただし、「批判的」な思考を獲得するための条件というのも存在した。諸学問の論考において共通していたのは、「批判」の目的として支配―被支配という関係が存在しない社会、対等な社会の構築を目指すことだった。そのため、「批判」を行うための条件として、教員や生徒といった立場に関係なく、議論やコミュニケーションを成立させるために、そこに参加するすべての人間が対等な立場であることが必要であることもわかった。

メディア・リテラシー教育が求める「批判」能力は、汎用的な能力であり、例えば「テレビ番組」や、「インターネットの掲示板」のように、対象を限定した能力ではない。日本だけでなく、世界的に「〜リテラシー」(例えば「インターネットリテラシー」や「ケータイリテラシー」)という言葉が氾濫しているが、メディア・リテラシーはそういったリテラシーを包含するような、包括的な概念であると考えられる。なぜなら、メディア・リテラシー教育が養成するのは第2章で述べてきたような汎用的な「批判」の能力であり、その他の「〜リテラシー」は各メディアに対応したリテラシーにすぎないからである。

このような「批判」を学習者が獲得しているのかを、どのように評価するのが妥当であるか考えた場合、例えば知識の有無を問うような、伝統的な筆記テストは不適当である。多くの場合、そのような筆記テストにおいては、思考の過程が評価されるのではなく、導出された解答が正しいか否かが評価される傾向にあるからである。そこで、メディア・リテラシー教育における「批判」の獲得について適切に評価するために、「真正の評価」について明らかにする必要があった。そこで次の課題として、メディア・リテラシー教育における学習者の評価方法を課題として検討した。

第3節　メディア・リテラシー教育における評価のあり方

　3つ目の課題について、まず、メディア・リテラシー教育における評価が、これまでどのようになされてきたのかを述べた。メディア・リテラシー教育において学習者をいかに評価するかということについて、まずマスターマンとバッキンガムの主張を検討した。マスターマンは、メディア・リテラシー教育における学習者の評価について、作文やエッセイなどの筆記された記述ではなく、主に授業中の議論のような、学習過程について、学習者が自己評価できるような評価方法が望ましいと考えている(Masterman, 1985)。しかし、その具体的な方法についてマスターマンはほとんど言及していない。バッキンガムもマスターマンと同様に、学習者自身が学びを振り返ることが重要だと述べている。またバッキンガムは、制作活動を積極的に採用していることもあり、作品が他者に観られることを子どもに意識させた上での作品づくりの過程を評価する必要があるとしている。またバッキンガムは、活動終了後に時間をおいて行われる自己評価だけでなく、活動中にも何らかの形で自己評価を行い、それらを総合して学習者に振り返りを促すことが必要だと考えている(Buckingham, 2003)。しかしマスターマンとバッキンガムは、その理論的根拠や具体的な評価方法については言及していない。つまり、メディア・リテラシー教育論者であっても、具体的な評価方法にまでは踏み込めていない状況が明らかになった。

　そこで、実践事例として具体的にイギリスとアメリカ、オーストラリアにおけるメディア・リテラシー教育の評価について、先行研究を検討した。アメリカやイギリスの研究者、およびメディア・リテラシー教育推進団体は、メディア・リテラシーのような高次の思考力の獲得を評価するためには、真正の評価、ないしパフォーマンス評価を行うことが重要だとしていることがわかった。またカナダにおいても、真正の評価がメディア・リテラシーのようなリテラシーの評価に適切であることが主張され(Kist, 2003)、実際にオンタリオ州のメディア・リテラシー教員養成やトロント地区教育委員会のティーチングガイドにおいて、学習者を授業における議論の様子、プレゼンテーション、ポートフォリオなど、多様な観点から評価するモデルが説明さ

れていることがわかった。つまり、メディア・リテラシー教育においては真正の評価理論および真正の評価に基づいた評価方法が有効であることが明らかになった。

　真正の評価とは、真正な、つまりごく自然な文脈で実施されるパフォーマンス評価であるからこそ、通常の学習活動の中で行われることに意義がある。真正の評価においては、評価の材料に対して、適切で信頼度の高い評価基準を設けるためにルーブリックが必要となる。ルーブリックの作成方法は、細かく分類すれば幾通りか存在する。ルーブリックの基本的な枠組みはあらかじめ設定されるが、具体的な内容や到達レベルの分け方は、実際のパフォーマンス課題を評価者数名が分析し、議論する過程を通じて決定されるため、総じて公平性を認めることのできる評価基準として機能するのである。

　実際にトロント地区教育委員会のティーチングガイドにおける評価の説明では、汎用的な(generic)ルーブリックと、活動テーマ(主に分析活動と制作活動)に即した大まかなルーブリックが示されており、メディア・リテラシー教員はこれを基にして具体的な活動に即したルーブリックをさらに作成することになる。また、メディア・リテラシー教員追加資格認定コースのシラバスにおいては、第2章で説明したような「批判」の指標に対応するようなスキルを、メディア・リテラシー教育を通しての獲得目標として求めていることが明らかになった。

　以上のように、3つ目の課題に対しては、「真正の評価」という評価の立場に基づき、学習者のパフォーマンスを多様な角度から評価することが望ましいことがわかった。さらに、パフォーマンスは量的な指標、すなわち点数で評価されるべきではなく、パフォーマンスとその学習過程について記述的に評価されることが望ましいのである。

第4節　オンタリオ州におけるメディア・リテラシー教育の展開

　4つ目の課題に対して、最初にオンタリオ州でメディア・リテラシー教育がカリキュラムに導入された要因について考察した。そのためにまず、カナダ全般における教育制度およびメディア・リテラシー教育の実施状況を概観

終章 「批判的」な思考力を獲得するメディア・リテラシー教育実現に向けて 253

した。カナダは州ごとに教育制度が異なるため、一概にその特徴を述べることはできない。メディア・リテラシー教育も1999年以降はすべての州および準州において実施されているが、その特徴は地域ごとに異なる様相を呈している。メディア・リテラシー教育の理論も、カナダ独自のものが発展しているわけではない。主にイギリスで用いられている理論を用い、そこにマクルーハンのコミュニケーション理論を組み合わせつつ、実践において独自性を打ち出している。メディア・リテラシー教員追加資格認定コースのシラバスでは、メディアは人間の身体機能や感覚器官を拡張したものであるという主張（マクルーハン、1987）や、メディアや技術の発達が人間のコミュニケーションのあり方を変化させるというマクルーハンのメディア論とメディア・リテラシーの関係性が述べられている（OISE/University of Toronto, 2009）。つまり、メディア・リテラシー教育理論はイギリスの論者に寄るところが大きいが、メディアと人間のコミュニケーションの考え方についてはマクルーハンの理論が中心になっており、この点を考えればアンダーセンらの主張は納得できるものであり、マクルーハンがカナダのメディア・リテラシー教育に果たした影響は大きいと考えられる。その上で、特にオンタリオ州では教育実践に力が入れられてきた。

　そこで、オンタリオ州におけるメディア・リテラシー教育の導入過程について考察した。メディア・リテラシー教育がカリキュラムに導入された要因として、まずマクルーハンの影響を受けたダンカンなど、中等教育教員を中心にしたメディア・リテラシー協会などの団体の活動が挙げられる。次に1989年にオンタリオ州教育省とメディア・リテラシー協会が発行した公式の『メディア・リテラシー・リソースガイド』において、「カナダの人々にとっては、アメリカによるメディア支配が明らかに文化的な問題となっている」（オンタリオ州教育省編、1992、10頁）と述べられているように、アメリカ文化がカナダにどのような影響を及ぼしているのかを問題にしていることなどから、アメリカ文化との関係が指摘される。3点目に、1980年代のオンタリオ州では、リベラル派から主張されるだけでなく、保守派にも理解されるという状況が成立していた（上杉、2004）。よって、1986年にメディア・リテラシーが教育に導入されることが議会決議された当時、オンタリオ州においては保守

派もリベラル派もメディア・リテラシーを歓迎するという状況ができあがっていたという、州政権の教育政策の状況を指摘できる。最後に、カナダが掲げる多文化主義そのものや、多文化社会における各人種・民族のリプレゼンテーションについて、異なるメディアを比較しながら「批判的」に考えることがメディア・リテラシー教育導入当時から必要とされていたこと（オンタリオ州教育省編、1992）から、多文化社会や多文化主義推進などの要因が重なったことがメディア・リテラシー教育導入の大きな要因だったことがわかった。

　しかしながら、1987年に導入されたメディア・リテラシー教育の理念が今日まで継続したわけではない。「批判的」な思考を養成するという性質上、政権の方針によって、メディア・リテラシー教育は変質しうることが、オンタリオ州の動向から見て取ることができた。1987年に自由党政権下でメディア・リテラシー教育が導入され、1990年からの穏健的な社会主義政策を行った新民主党政権下でもその路線は維持された。しかし1995年から新保守主義路線をとった進歩保守党のハリス政権時に方針が大きく変わり、メディア・リテラシー教育は影を潜めることになった。ところが、2003年に与党が再び自由党に交代すると、導入当時のメディア・リテラシー教育の理念が再度実践されるようになった。このように、政権が交代することにより、メディア・リテラシー教育は実施の有無を左右されることが明らかになった。

　そのため、本書の事例研究を行う時点でどのようにメディア・リテラシー教育が運用されているのかを考察する必要があった。2007年に改訂された「英語」のカリキュラム（2007年版）では、基本的なスキルとして「オーラルコミュニケーション」・「読むことと文学」・「書くこと」と並ぶスキルとして、「メディア・スタディーズ」が設定されていた。このメディア・スタディーズは、「能動的・批判的な方法でマスメディアを使い、理解する能力」と説明されているように、メディア・リテラシーと同じスキルとして設定されている。このように、2007年版では1987年のメディア・リテラシー教育導入当時のカリキュラムのように、「批判的」にメディアを理解するスキルを養成することが求められている。また「クリティカルリテラシー」という項目も2007年版には設定されており、「複雑なものを含む多様なメディア・テクストにおける明らかな視点の偏りを理解し、それらテクストが提起する信条、価値観、ア

終章 「批判的」な思考力を獲得するメディア・リテラシー教育実現に向けて　255

イデンティティ、権力関係について疑問を投げかける」(Ministry of Education, 2007, p. 56)ことが目標とされ、既存の価値観に対して「批判」を投げかけるスキルの習得が目指されている。

　一方で1987年から継続して「英語」に位置づけられた科目としての「メディア科」でも、「映画・歌・テレビゲーム・アクションフィギュア・広告・CDジャケット・衣服・看板(billboard)・テレビ番組・雑誌・新聞・写真・ウェブサイトのようなメディア・テクストを検討することで、マスメディアと現代文化の影響と効果を探究する」(Ministry of Education, Ontario, 2007, p. 18)科目としてメディア・リテラシー教育が実施されている。2007年版では、授業のテーマとして、同性愛も含んだジェンダー、多文化社会における人種・民族、先住民、そして基本的人権や知る権利などについての問うことが、様々なかたちで記載されている。多様な観点から、すなわち「批判的」に問うことが「メディア科」では求められているのである。メディア・リテラシー教育を通じてメディアと自分とのかかわりに気付き、メディアのリプレゼンテーションと自分の考え方を相対化することで、人種・民族・ジェンダー・経済問題などについて考えることにつながっているのである。結果的に、オンタリオ州が2007年から求めているメディア・リテラシー教育とは、本書第2章で明らかにしたような「批判的」な思考力を養成するものであることが明らかになった。

　しかしながら、このように具体的に教育活動を明記した2007年版については、かえって教員の専門性や裁量の幅を狭めてしまっているのではないかということ、また評価方法についても明確に示していないため、「真正の評価」の立場に立たない教員は、伝統的なテストによってメディア・リテラシー教育の学習成果を評価してしまう可能性もあるのではないかという問題点も指摘できた。

　最後に、オンタリオ州における教育評価の指針についても検討した。トロント地区教育委員会の場合は、より詳細なテーマの取り扱い方、ルーブリックなどを示したティーチングガイドを2005年に発行し、所管する地区の教員に配布している。ティーチングガイドでは、インタビューや、発表の機会を設け、生徒と作品の制作過程について話し合いながら、作品だけでなくそ

の過程にも着目して評価することが奨励されている。このように、メディア・リテラシー教育における評価はオンタリオ州における教育評価の流れに一致した真正の評価方法を採用しているのである。このような評価の傾向は、実質的にはオンタリオ州の教員の中で1980年代から実践されてきたものであり、授業中の生徒とのやりとり、成績とは無関係のフィードバック（ポートフォリオ等）、自己評価、子ども同士の評価といった「真正の評価」が、既に教員には広まっていた(Volante, Beckett, Reid and Drake, 2010)。このような教育実践を基にした取り組みが現場において教員の間では広まっていたことを考えれば、トロント地区におけるメディア・リテラシー教育の評価方法は、決して新しく始められたものではなく、既に広まっていた評価方法をメディア・リテラシー教育に適合するようにアレンジしたものであると考えられる。

　以上のように、4つ目の課題に対して、オンタリオ州におけるメディア・リテラシー教育の導入、導入後の経緯、本書が観察対象とした時点でのカリキュラム、学習者の評価という各視点から、メディア・リテラシー教育の展開について述べてきた。結果として、本書が設定した1～3つ目の課題(第1章から第3章)に応えるような形でのメディア・リテラシー教育が、オンタリオ州、特にトロント地区で実施されていることが明らかになった。そこで、メディア・リテラシー教育において学習者が「批判的」な思考力を実際に獲得できているのかどうかを、次の課題として設定し、事例分析から考察した。

第5節　学習者は「批判的」な思考力は獲得されるのか──**実践事例の分析から**

　5つ目の課題として、メディア・リテラシー教育における「批判的」な思考力を、学習者が身につけることができるようになったのか、もしそうであれば、授業におけるどのような要因が関係しているのかを、トロント地区での中等学校における事例研究を基に検討する。オンタリオ州トロント地区にある中等学校を事例に、実際にどのようなメディア・リテラシー教育が実施され、その中で生徒が何を学び、身につけているのかを、参与観察や生徒の制作活動、パフォーマンスから検討していった。その際、トロント地区におけるX校、Y校の2校を分析対象とし、それぞれ「英語─メディア科」と、「映画

科」というメディア・リテラシー教育を観察した。
　トロント地区教育委員会の提示した次のような5つの目標を、学習者が授業を通じて達成できているかを検討した。

　①メディアおよびメディア様式に関する知識と理解
　②テクストにリプレゼンテーションされる価値観や思想についての解釈
　③メディア言語の理解
　④協働作業への参加および根拠を持った意見の提示
　⑤メディア分析の制作活動への応用

　その際、授業実施者(担当教員)による評価を主な検討対象とし、補足的に生徒のパフォーマンス(ポートフォリオ、授業中に課題として制作した作品、発表、議論の様子)について評価を行った。
　結果として、まず授業設計としては、メディア・リテラシー教育ではカリキュラム全体を通して、序盤ではメディアやメディア様式に関する知識とメディア分析のための枠組みを学習し、中盤ではその分析枠組みを用いてメディア分析・制作と議論といった協働作業を繰り返し、終盤では分析・制作・議論を通じてメディア言語の創り出す意味や、社会に形成される価値観について学習者が読み解くことのできるようになるように設計されていることがわかった。
　次に、メディア・リテラシー教員は単元で扱った事項について、課題や授業中の活動の中で、扱ったテーマに関する一定の理解が見られれば、目標を達成できていると評価していることがわかった。そして課題や授業中の活動の中で、表現に具体性が増していけば、より高いレベルへの達成がみられるという評価をしているのである。また、目標①や⑤に関しては、知識や作品について要求した内容が満たされていれば高評価をしている。しかしながら、目標②〜④の評価は目標①・⑤に比べてより厳格である。例えば目標④に関して言えば、積極的に授業に参加(作品を何度も試行錯誤して作成し、それを周囲の生徒にも評価してもらって、最終的な作品を提出するという過程を経ること)することが評価の高低に関わっている。また、普段の授業中に目標が達成されているよ

うな様子がみられても、それが最終的な作品や振り返りにおいてみられなければ、目標が高いレベルで達成されているとは評価されていないこともわかった。

　また、多くの生徒はカリキュラム上で設定されている目標①～⑤について、授業が進むにつれて概ね目標を達成していっているが、目標の中でも高次の目標にあたる目標②については、他の目標が高水準で達成されていなければ、達成が難しいことがわかった。目標①を達成してメディアに関する知識を身につけ、それを考える材料としながら、目標④のグループ活動を通じて他人の知識、意見と突き合わせ、目標⑤の制作活動によって自分で意見を表現してみるということを積極的に行わなければ、目標③のようなメディア言語の創り出す意味について考えることができず、また最終的に目標②の価値観やイメージについての考察を達成することも難しいことがわかった。

　これまでのメディア・リテラシー教育研究においては、カリキュラム全体の中で、目標を段階的に設定し、各段階において獲得すべきスキルは何かということを論じてこなかった。バッキンガムやマスターマン、トロント地区教育委員会やオンタリオ州のメディア・リテラシー教員追加資格認定コースにおいては、メディア・リテラシー教育における活動の内容やそこで獲得すべきスキルについては十分に説明されている。しかしながらそれらの活動は並列的に扱われており、それをどのように組み合わせてカリキュラムを構成するのかは、実際に教育を担当する教員に委ねられてきたと考えられる。しかしながら、本書の考察から、1年間のカリキュラムの中で、学習者が段階を踏んで「批判的」な思考を獲得していく過程が明らかになった。

　オンタリオ州でのメディア・リテラシー教育は初等・中等教育全体（12年間）を通じて実施されている。初等教育では、認知的な発達の関係から、学習者自身の思考を相対化するという行為は難しいとされている。そのためオンタリオ州でも初等教育の第7学年あたりまではどちらかというと「メディアに親しむ」授業内容が多いようである。しかし第8学年あたりから第12学年までは、上記のような1年間のメディア・リテラシー教育の流れを毎年繰り返し、螺旋型に授業内容を深化させることで、「批判的」な思考を定着させ、さらに思考レベルを深めていると考えられる。実際にオンタリオ州の2007年

版「英語」における「メディア科」と「英語」の「メディア・スタディーズ」の記載内容もそのようになっている。つまり、1年間の授業サイクルとしてはどの学年もほぼ同じであるが、授業内容において分析対象となるメディアが複数になったり、読み取る内容(問い)が抽象的になっていったりしているのである。言い換えれば、複数年に渡ってメディア分析を様々な角度から繰り返し行わなければ、「批判的」な思考は深まらず、定着することも難しいと言えよう。そのため「批判的」な思考は、1年程度のカリキュラムで獲得できるものではなく、少なくとも4年程度の長期的な視野をもって育成しなければ、学習者には獲得されないのではないだろうか。

第6節 「批判的」なメディア・リテラシー教育を可能にする要因

　本章第1～5節において、本書で設定した課題に対しての答えを示してきた。本節では、全体の総括として、「批判的」な思考力を養成するための普遍的な教育活動としてのメディア・リテラシー教育を可能にする要因について述べ、さらに本書では十分に論じきれなかった課題についても指摘しておきたい。

(1) 本研究が示唆するもの

　本書で論じてきたように、少なくともオンタリオ州のメディア・リテラシー教育は、マクルーハン理論のようなカナダ独自の要素を含んでいるとはいえ、マスターマンやバッキンガムといったメディア・リテラシー教育論者が述べているような教育理論とほぼ一致していた。そして「真正の評価」の立場で学習者を評価することにより、メディア・リテラシー教育を通じて、学習者に「批判的」な思考が獲得されることが、授業観察の分析を通じて明らかになった。このような本書で得られた知見から、①日常的に接しているテクストをテーマにすること、②生徒を日常的に観察し、評価すること、③メディア・リテラシー教育を恒常的に実施するための支援体制のあり方、3つの示唆が得られると考えられる。

①日常的に接しているテクストをテーマにすること

　第1章および第2章で述べたように、メディア・リテラシー教育において特徴的だったのは、まず活字メディアだけでなく、多様なメディア形式のテクストを対象に、「批判」を行うことであった。また、分析対象とするメディア・テクストは、学習者が日常的に接するようなテクスト、すなわちテレビ番組や広告、インターネットのサイトなどであった。

　実際に本書で観察してきた授業では、生徒が普段視聴したり、遊んでいたりするメディア・テクストが教材として用いられていることがほとんどであった。例えば一般に配布されているパンフレットや、街中にある広告、YouTubeで見られる動画や、図書館などで借りることのできる有名な映画といったテクストが、授業での分析対象となっていた。これは、メディア・リテラシー教育ならではの授業である。なぜならば、第1章で述べてきたように、メディア・リテラシー教育は現代文化を「批判」の対象とする教育活動だからである。メディア・リテラシー教育を受けなければ、普段は無意識に受容しているであろう現代文化を、「批判」することにより、自分のなかに眠っている意識、特に固定観念について問い直すきっかけをつくることができるのである。バッキンガムは、このことを「見慣れたものを見慣れないものにする（making the familiar strange）」（Buckingham, 2003, p. 57）と表現し、このような行為が脱構築へとつながることを指摘している。

　汎用的な批判的思考の解明に取り組んできた認知科学の分野では、領域固有のリテラシー（研究リテラシー、科学リテラシー、市民リテラシーなど）があり、領域普遍的で転移可能な批判的思考スキルを、各リテラシーの習得を通じて向上させていくとされている（楠見、2011）。認知科学の分野においては、批判的思考のプロセスが分類されており、それを明示的・暗示的に教育活動に含むことを通じて、批判的思考の獲得が目指されている。しかしながら、批判的思考を測定するためのテストは、日常生活と切り離されており、ある領域内においては批判的思考ができても、日常生活では批判的に考えられない、すなわち転移ができていないことが、認知科学の課題として指摘されている（池田・安藤、2011）。厳密に言えばメディア・リテラシー教育における「批判」と、認知科学の分野で定義されている批判的思考は異なるが、基本的な考え方は

終章 「批判的」な思考力を獲得するメディア・リテラシー教育実現に向けて　261

変わらない。つまり、メディア・リテラシー教育では、日常生活と密接に結びついた形で、学習者に「批判的」思考を獲得させることがある程度可能なのである。日常生活と「批判」の関連については、クリティカル・リテラシーや批判的教育学も克服できていない。すなわちメディア・リテラシー教育以外の分野では、独立した批判的思考というものは定義されているが、それが日常生活に結びつかないという課題があるのである。その点でメディア・リテラシー教育は日常生活において「批判的」思考を養うことができるのだと、本研究での授業観察が示唆している。

　日常的に接しているテクストを授業で扱うことの重要性については、トロント地区のメディア・リテラシー教員も意識していた。A教諭は、「メディアについて問いを投げかけることを教えると、生徒は『ああ、そうだったのか！』、『考えたこともなかった』といった反応をします。それから、生徒は身の回りのメディアについて問い始めるようになります。それが理解できるようになると、授業に積極的に参加してきます。『先生、私はこう思うけれど、どう思う？』、『これ見ました？』といったことを私に聞いてきます。それから生徒は自分たちの環境について問い始めるようになります」[1]と述べており、生徒が日常的に無意識に接していたテクストについて、生徒が問いかけを始めることの重要性を述べている。またA教諭は「私は他の教科でもこういったことをやっていると思っていましたが、やっていませんでした」[2]とも述べており、このような授業方法がメディア・リテラシー教育特有であることを説明している。

　一方B教諭も、「毎日私たちはメディアを消費しています。私たちの世代はメディアに密接にかかわり、どのようにそれらと関わり、関わっているすべてのメディアとどのようにバランスをとっているのか、例えばビデオゲームやテレビ、インターネットをどのように消費しているのかを考える必要があります。そしてメディアの消費やメディアへの疑問を、バランス良く全体的に考える必要があります」[3]と述べており、日常生活におけるテクストについて、「批判的」に考える必要性を意識している。また、授業において「『なぜ』を問うのは、生徒の理解にとって本当に重要なことだと思うので、ときどき彼らに深い理由を聞きます。(中略)一度私が問いかければ、いろいろな論点

をそのうち自然と自分で問うことができるようになり、なぜそのようなことが起こっているのかを考えられるようになります。できれば、生徒にはそういった思考力も身につけてほしいです。つまり批判的な目を養うということです。それが一度身につけば、今後の人生においてもその思考を伸ばすことができるでしょう」[4]と述べている。つまり、日常的なメディアについて「批判」することを通じて、他の場面へとその「批判的」思考を応用することができる、すなわち転移していくとB教諭は考えている。これは認知科学の分野からすれば、逆の方向性を示している。汎用的なスキルを日常生活に応用するのではなく、日常生活で養う「批判的」思考を、汎用的なスキルへと応用するという考え方である。

　この考え方はB教諭固有のものではなく、バッキンガムやマスターマンも同様である。つまり、メディア・リテラシー教育では、日常的に接するメディアを扱うことで、「批判的」思考を養うことができるのである。だからこそ、学習者も意欲的に取り組むことができると考えられる。第4章において、2007年版のオンタリオ州の「英語」カリキュラムが、生徒の日常的な行動と学習内容を結びつけ、学ぶことの意味を感じられるようにしていることを指摘した。メディア・リテラシー教育では、学習者が学びの意味を実感できるようにすることができるということを示唆できよう。

②生徒を日常的に観察し、評価すること
　本書では、メディア・リテラシー教育における学習者の評価のあり方として、「真正の評価」の立場を採り、パフォーマンス評価やポートフォリオ評価といった評価方法を用いて、目標の達成を検討してきた。序章や第3章で述べてきたように、キストやセフトン・グリーンといったいくらかの学者は、メディア・リテラシー教育の評価において「真正の評価」でなくては適切に評価できないと主張していた。しかしながら、第1章や第2章で取り上げてきた、メディア・リテラシー教育研究者は、マスターマンやバッキンガムを含め、学習者の評価方法についてはほとんど触れていなかった。

　先行研究の問題点は、第5章の最終的な考察で述べたように、メディア・リテラシー教育の目標とカリキュラムにおけるそれら目標の位置づけを明確

終章 「批判的」な思考力を獲得するメディア・リテラシー教育実現に向けて 263

にしていなかったことにあると考えられる。実際には、本書が明らかにしたように、段階的に学習者は「批判的」な思考を獲得していくのであり、マスターマンやバッキンガムの目標とする最終的な「メディア・リテレートされた人」、すなわち「自律的な自己」や、「学習者がメディアから得ている楽しさの複雑さと多様性に気づき、そうした好みや価値の判断のすべてに関わる社会的基盤を、学習者自身の価値判断や評価を含めて理解」(Buckingham, 2003, p. 110) できる人を育成するためには、メディア・リテラシー教育における各段階と最終段階での獲得目標を明確にし、形成的な評価を行って学習者の到達段階を教員が把握しながら、最終目標へと至る過程をつくることが重要であると考えられる。

　第3章と第4章で述べた通り、トロント地区のティーチングガイドでは、「真正な評価」の立場に立って、分析活動と制作活動の全体的なルーブリックとともに、目的別の各授業でのルーブリックを設定していた。また、評価方法についても、生徒へのインタビューや、作品につける注釈、メディアログ(ロッカー)のようなポートフォリオなど、生徒の日常的な活動をいかに評価するかが重要であることを述べていた。そして、これらの評価方法は、トロント地区だけのことではなく、オンタリオ州のメディア・リテラシー教員追加資格認定コースでも採用されており、さらにはメディア・リテラシー教育に限らず、オンタリオ州全体の教員の教育評価活動として、自主的に研究が進められていた。

　実際にB教諭は「私がどのように彼らを評価するのかという観点で言えば、私はブルーム・タキソノミーを使って、筆記課題と制作課題を評価しています。『知識』、『理解』、『応用』、『総合』、『分析』、『評価』といった、ブルーム・タキソノミーの方法です。ブルーム・タキソノミーの、『知識』と『理解』の観点においては、休暇明けに編集に関する小テストを実施し、編集に関する一連の過程、応用事項、編集の歴史に関する事項の理解を確認するつもりです。『応用』と『総合』の観点においては、制作の作業過程をつなぎ合わせ、クリスマス休暇の音楽ビデオを少し、1月の作業についてその大部分を評価します。『分析』と『評価』の観点においては、今日が締め切りの筆記課題が評価の一部になります。それらの評価の枠組みを通して、編集過程に対する関心、いつ

編集という作業が生まれ、テクノロジーと結びついたのかといった関心を彼らには持って欲しいし、彼らは編集を社会経済的文脈と関連させながら理解できるようになっていくと思います」[5]と述べており、ブルーム・タキソノミーを用いた評価方法を実践にどのように応用するのか、他の教員と勉強会を行っていたことを示している。しかしながらボランテらが述べているように、1980年代からブルーム・タキソノミーを利用した質問チャート（Q-chart）と、フィードバックのためのポートフォリオの利用が既に定着していた。しかし実際にどのような経緯でこのような教員同士での自主研究が進んだのかは明らかになっていない（Volante, Beckett, Reid and Drake, 2010）。

いずれにせよ、メディア・リテラシー教育では「真正の評価」を用いなければ、生徒の目標達成について適切に評価できなかったと考えられる。第5章の事例分析からわかるように、メディア・リテラシー教育における学習活動の内容は分析、制作、グループ活動、教員と生徒の議論など、多岐にわたっており、それらを伝統的な筆記活動によってすべて評価することは、必ずしも生徒の学習到達度を適切に評価することはできないと考えられる。メディア・リテラシー教育だけでなく、他の様々な教育活動にも言えることであるが、学習内容や活動が多様であり、また授業に参加する学習者の背景も多様であるほど、「真正の評価」の立場から、学習者の日常的な学習活動を評価する必要があると考えられる。

③メディア・リテラシー教育を恒常的に実施するための支援体制のあり方

第1章および第2章で述べたように、メディア・リテラシー教育はどちらかと言えば社会的マイノリティに対して親和性の高い教育であり、社会的マイノリティが自らの権利を主張し、獲得するために必要な能力であった。社会的マイノリティがエンパワーされるためには、まず文字という文化を自分たちのものにする必要があった。伝統的にはそれが識字であり、活字の読み書き能力を指していた。しかしながら、メディア技術の発達により、現代にあっては活字以外の表現、つまり映像や音声についても「読み解く」能力が求められるようになってきた。そのような考え方が、第1章で述べたマルチリテラシーであり、メディア・リテラシーもそのような考え方を基盤として形

成されてきた。

　リテラシーという概念がこのように拡張してきたことにより、様々な分野で様々な特定のリテラシー、例えば「インターネットリテラシー」とか「科学的リテラシー」といったリテラシー概念が登場した。このようなリテラシーの氾濫は、リテラシーの理解に対する混乱を巻き起こしている[6]。このようなリテラシーの氾濫の中で、メディア・リテラシーという概念も一般的にはあまり認知されず、序章で述べたように「情報を鵜呑みにしない能力」であるとか、「メディアを使いこなすスキル」などと、一部の能力を単純化して理解される傾向にある。実際には第1章で述べた通り、メディア・リテラシーはフランクフルト学派の批判理論など、様々な学問的要素を取り込んで形成されてきた概念であり、複雑な概念であることには間違いない。

　以上のように、基本的に社会的マイノリティに対して親和性が高いことと、概念自体が複雑であるということなどから、メディア・リテラシーは権力者から否定的な扱いを受けてきた。その最たる例がオンタリオ州のハリス政権下でのメディア・リテラシー教育の取り扱いであり、内容については第4章で述べた通りである。しかし、オンタリオ州のメディア・リテラシー教育推進者たち（メディア・リテラシー協会など）は、そのような状況にあっても活動を続け、2003年以降は再び初等・中等教育の「英語」にメディア・リテラシーを導入し、2013年現在でも学校教育において取り扱うべき事項となっている。このように、教育政策の変化に影響を受けやすいメディア・リテラシー教育のような教育活動を、定着したものとして普及させるための支援体制がオンタリオ州には存在していると考えられる。このような支援体制は、メディア・リテラシー教育のみならず、他の同じような教育活動にも当てはまる示唆であると言える。

　第4章で説明したように、オンタリオ州のメディア・リテラシー教員養成では、メディア論やカルチュラル・スタディーズについて学び、実際の授業について見聞きし、自分でテクストを作成し、フィールドワークも行い、授業案を互いに検討するのである。また、資格を取得していない研修途中の段階であっても、自分の授業において実験的に実施し、教員追加資格認定コースの時間でその授業について検討している。また、メディア教員追加資格認

定コースでは、対話的な授業方法を用いて授業を進めたり、ポートフォリオ評価のような真正の評価の実践の方法を教えていたりもした[7]。つまり、教員追加資格認定コースはメディア・リテラシーとは何かを教えるに留まらず、効果的に授業で「批判的」な思考を獲得していくための授業方法や評価方法についても教える場になっていた。その点で、メディア・リテラシー教育を設計するための包括的なスキルを習得する場にもなっていたのである。オンタリオ州では、教員養成および研修が、そのような包括的なスキルを獲得させるためにデザインされており、それがメディア・リテラシー教員の質を保証することになっていると考えられる。よって、まず教員養成のための体制を構築することが重要である。

　そして現職教員に対しては、教育委員会がサポート体制を構築している。新たな教材の開発や、最新の教育研究事情、他のメディア・リテラシー教員が行っている活動を知ることは、現職教員にとって現実的に困難を伴う。また、現場の教員同士のネットワークをつくることも、教員個人でのやりとりでは非効率的である。そこで中核となる役割を果たすことができるのは、オンタリオ州の場合、教育委員会であった。特にトロント地区教育委員会の場合、メディア教育コンサルタントというメディア・リテラシー教育専門の役職があり、メディア・リテラシー教育を現場で行っていた経歴を持つ教員が、その役職に就いている[8]。

　以上のように、一般的に普及が進まないような教育活動に対して、どのように普及、定着を目指すかということについて、本書で述べてきたようなオンタリオ州におけるメディア・リテラシー教育の展開は示唆を与えると考えられる。

(2) 今後の課題

　最後に、本書では十分に検討できなかった点について述べておきたい。メディア・リテラシー教育における論点の1つに、「間テクスト性(intertextuality)」の問題がある。バッキンガムは「間テクスト性」、すなわちある概念が複数のメディア様式を通して伝えられる際に、各メディア様式における伝わり方の変化を考察することが、メディア・リテラシーの獲得にとって重要であると

終章　「批判的」な思考力を獲得するメディア・リテラシー教育実現に向けて　267

述べている(Buckingham, 2003)。そのためバッキンガムやマスターマン、ルークなどのメディア・リテラシー教育学者は、必ず複数のメディア様式を分析対象にしている。

　X校の「英語」では、映像、ポスター広告や雑誌、新聞など、多様なメディアを取り扱いながら、単元(テーマ)を進めていた。一方、Y校の「映画科」では、基本的に映画という映像メディアを分析対象にして単元を進めていた。そのため、特定のメディアしか扱わなかった「メディア科」と、複数のメディアを扱った「英語」では「批判的」な思考の深まりに差異が生ずる可能性が考えられる。

　「英語」で具体的に観察の範囲で扱ったメディアは、動画(テレビ番組、CM、映画、ドキュメンタリー)、インターネット(SNS)、雑誌記事、雑誌広告、ポスター広告、風刺画、写真、新聞だった。各単元のうち、最も多くのメディア様式を用いたのが、「テクスト・メッセージとサブテクスト・メッセージ」の単元であり、CM、ポスター広告、雑誌広告、風刺画、フィギュア(ジェンダーの事例としてA教諭がG.I.ジョーやバービー人形を取り上げた)、インターネット(オンラインショッピングでの、男女用セーターおよびユニセックスのセーターの事例を紹介した)の6つのメディア様式だった。また最も少なかったのは、インターネットとドキュメンタリーしか扱っていない「地球市民」の単元だったが、それでも2種類のメディアを扱っている。

　一方「映画科」では、映像メディアという特定のメディア様式しか扱わなかった。Y校のB教諭は、「メディア・リテラシーは、生徒がメディアのより良い読者になるための機会であり、そのメディア・テクストが何であるかは問題ではありません。それは映画であり、新聞であり、雑誌であるけれども、それ自体が何であるかを知ることは大きな問題ではなく、他人と議論してそのテクストについてより良く理解し、判断することで、メディアの受動的な受け手にならないことが重要です」[9]と述べていることからも、B教諭自身は間テクスト性を意識していることが窺える。しかしながら、実際の授業において間テクスト性を生徒が意識できていなかった可能性がある。それを論じるための資料は本書では十分に取り扱えていないため、この点は今後の検討課題とする必要があろう。

【註】
1　2009年11月30日にA教諭に実施したインタビューより。
2　同上。
3　2009年12月11日にB教諭に実施したインタビューより。
4　同上。
5　同上。
6　日本社会教育学会第35回関西研究集会「社会教育における公共性を考える(7)　リテラシーの新しい展開」2011年7月2日、神戸大学梅田インテリジェントラボラトリ。
7　2009年10月から12月にかけて筆者が観察したメディア教員追加資格認定コース・パート1の様子より。
8　初代のメディア教育コンサルタントはアンダーセン(Neil Andersen)であり、二代目がエスコバルである。アンダーセンは中等教育教員であり、エスコバルは初等教育教員だった。
9　2009年12月11日にB教諭に実施したインタビューより。

あとがき

　本書の刊行は、多くの方々の御協力と御指導によって実現したものである。まず、学位論文の主査として長年にわたり忍耐強く指導にあたっていただいた、杉本均教授（京都大学大学院教育学研究科、以下、肩書は2013年6月現在のもの）にはこの場を借りて多大なる感謝の念を送りたい。また、副査として審査にあたられた南部広孝准教授（京都大学大学院教育学研究科）には、文章として不十分な点や誤字脱字等、細かな部分に至るまで、丁寧に指摘していただいたことに御礼を申し上げたい。さらに田中耕治教授（京都大学大学院教育学研究科）、西岡加名恵准教授（京都大学大学院教育学研究科）には、教育方法学の観点から、講座の異なる私に対してさまざまな助言をしていただいた。

　またカナダ教育研究の立場から、小林順子先生（清泉女子大学名誉教授）、溝上智恵子教授（筑波大学）、小川洋教授（聖学院大学）、平田淳准教授（弘前大学）、広瀬健一郎准教授（鹿児島純心女子大学）、児玉奈々准教授（滋賀大学）、浪田陽子准教授（立命館大学）には多大な御指導、御鞭撻をいただいた。特に平田准教授には、異なる大学の院生であった私に対して、博士論文の構想段階から丁寧に御指導や御助言をいただき、感謝の念に堪えない。

　筆者が現地調査を行ったカナダ・トロントにおいては、トロント地区教育委員会のイアン・エスコバル氏、同教育委員会のシルヴィー・ウェブ氏、D.D.シンクレア氏、それからエスコバル氏の前任であったニール・アンダーセン氏、メディア・リテラシー協会のジョン・プンジャンテ氏といった、メディア・リテラシー教育に現場レベル・政策レベル双方で活動されている方々に多くの支援をいただいた。アンダーセン氏やプンジャンテ氏には、御多忙のなか、私のインタビューに付き合っていただき、またエスコバル氏からは

メディアAQコースへの参加や、トロント地区の学校の先生方を紹介していただくなど、多大な御支援をいただいた。特に2012年6月5日に急逝された、メディア・リテラシー協会元会長のバリー・ダンカン氏には、メディアAQコースやインタビュー等で御世話になった。御冥福をお祈りしたい。

そして2005年から本書を執筆している2013年に至るまで、私の訪問を快く受け入れてくれたX校のA教諭とY校のB教諭には、一方ならぬ御協力をいただいた。本来ならば実名を挙げさせていただかなければならないが、調査校の情報保護の観点から、敢えて仮名にしておかなければならない点をご容赦いただきたい。なお、本書には反映されていないが、本書を執筆するための調査に至るまでに、他にも10校近くのトロント地区の初等・中等学校の「メディア科」の授業を見学させていただいた。授業を調査する許可が下りなければ、博士論文を執筆することすらままならなかった。トロント地区の教師は、日本の教師に比べれば、授業づくりに集中できる環境にあると言えるが、それでも近年は授業に関係すること以外の仕事量も増えてきているという。また、2012年夏に別の機会で会うことになったB教諭と話した際に、トロント地区の正規教員の採用状況も厳しくなってきていることを伺った。ますます多忙化するトロント地区の教師たちだが、A教諭が本文中のインタビューで述べているとおり、今日の情報化社会を生きていかなければならない子どもたちにとって、メディア・リテラシー教育の重要性は増していくばかりであると考えられる。今後もトロント地区の先生方やメディア・リテラシー教育関係者とは、密に連絡をとり、協力関係を維持したいと願っている。

日本でのメディア・リテラシー研究では、FCTメディア・リテラシー研究所の宮崎寿子氏、西村寿子氏、新開清子氏、佐々木はるひ氏、田島知之氏、登丸あすか氏など、同研究所のメンバーであるとともに支援をいただいた方々に感謝を申し上げたい。なかでも、2006年7月に志半ばで急逝された鈴木みどり氏(立命館大学教授・当時)には、並々ならぬご支援をいただいた。当時、メディア・リテラシーと出会ったばかりで、何も知らなかった学生、しかも他大学の学生であった私に対して、ゼミへの参加を許可してくださったり、デビッド・バッキンガム氏の重要な著作の翻訳を共同で行うことを提案してくださったり、FCTメディア・リテラシー研究所への参加を薦めてく

れたりと、今の私を形作るさまざまな提案をしてくださったのは鈴木先生であった。同研究所での活動を通じて、学者としての立場だけでなく、教育実践者としての立場を経験することで、日本の学校現場でメディア・リテラシー教育を実現していくにはどうすればよいのかということを、現場の状況を踏まえて考えることができるようになったと個人的には思っている。そのような機会を与えてくださった鈴木先生には大変感謝している。今という時代においては若くして亡くなられたことが残念でならないが、その遺志を継いでいくということが、恩返しになるのだろう。

　さらに坂本旬教授(法政大学)や村上郷子先生(法政大学)、中村純子教諭(川崎市)、上松恵理子准教授(武蔵野学院大学)、和田正人教授(東京学芸大学)には、国内外のメディア・リテラシー教育の情報交換を行うなかで、共通の目標を有するメンバーとして活動に加えていただいた。今後も共にメディア・(情報)リテラシー教育を推進していきたい。また、私が教育者としてさまざまな子どもと関わる場を与えてくださった岡井寿美代氏(高槻市市議会議員)、高槻市立富田青少年交流センターのみなさまにも感謝を申し上げたい。小中学校や地域の社会教育施設で、草の根的にメディア・リテラシー教育を行っていく中で、私自身さまざまな子どもと出会い、特に学校に来る意味を持てない子どもたちに対してメディア・リテラシー教育が大きな意味を持つことを実感することができた。それまでまったくその地域に縁もゆかりもなかった私を受け入れ、活動の提案に協力してくださった、地域のみなさまには大変感謝している。

　本書の刊行に際しては、東信堂の下田勝司代表取締役に、手続きの段階から多大な労力を割いていただいた。出版社のご協力がなければ、本書は刊行できなかっただろう。東信堂には感謝の意を表したい。

　最後に、今までさまざまな面で支援してくれた両親に感謝し、本書の締めくくりとしたい。

著　者

参考・引用文献

1. 日本語文献

- アドルノ,T.・ブランズウィック,E.・レヴィンソン,D・サンフォード,R. N.；田中義久・矢沢修次郎・小林修一訳(1980)『権威主義的パーソナリティ』青木書店
- アドルノ,T.；木田元・徳永恂・渡辺祐邦・三島憲一・須田朗・宮武昭訳(1996)『否定弁証法』作品社
- アリソン,L.；藤原孝・杉本稔訳(1988)『新保守主義の政治理論―ライト・プリンシプルズ』三嶺書房
- 池田まさみ・安藤玲子(2011)「批判的思考力の獲得プロセス―中学生のパネルデータにおける因果分析から―」『学習と対話研究分科会』日本認知科学会、15-19頁
- 石川涼子(2008)「カナダにおける多文化主義のユニナショナル・モデルとマルチナショナル・モデル―現代政治理論からの検討―」『カナダ研究年報』28号、日本カナダ学会、49-55頁
- 石黒広昭(2004)「学習活動の理解と変革に向けて：学習概念の社会文化的拡張」石黒広昭編著『社会文化的アプローチの実際―学習活動の理解と変革のエスノグラフィー―』北大路書房、2-32頁
- 石原香織(2005)「ディヴィッド・バッキンガムのメディア教育論―自己評価と制作活動を実践の中心に―」『教育方法の探究』第8号、京都大学大学院教育学研究科・教育方法学講座、47-56頁
- 市川克美(1999)『これが"21世紀の学力"だ！―メディアリテラシーの提言』明治図書出版
- 井上尚美(2005)「国語科におけるメディア教育」児童言語研究会編著『メディア・リテラシーを伸ばす国語の授業(小学校編)』一光社、31-53頁
- 今村仁司(2005)『マルクス入門』ちくま新書
- 上杉嘉見(2002)「カナダ・オンタリオ州におけるメディア・リテラシーの教師教育」『教育方法学研究』、第28巻、187-197頁
- 上杉嘉見(2003)「メディア・リテラシーの教科書分析―ポピュラー・カルチャーとコマーシャリズムをめぐって―」『名古屋大学大学院発達科学研究科紀要(教育科学)』第50巻1号、73-84頁
- 上杉嘉見(2004)「カナダ・オンタリオ州におけるメディア・リテラシー教育の発展過程―社会批判的カリキュラムの追及と限界―」『教育学研究』第71巻第3号、26-37頁
- 上杉嘉見(2008)『カナダのメディア・リテラシー教育』明石書店

- ヴィガースハウス, R.；原千史・鹿島徹訳(1998)『アドルノ入門』平凡社ライブラリー
- 小川葉子(1999)「グローバライゼーションとリプレゼンテーション：S.ホールと文化をめぐる表象のストラテジー」『メディア・コミュニケーション』49号、91-107頁
- 大西忠治(1991)『大西忠治「教育技術」著作集第3巻　集団つくりの新しい構想と提案』明示図書出版
- 小川洋(2007)「学力調査にみるカナダ教育の特徴」『カナダ研究年報』第27号、1-18頁
- 小柳和喜雄(2003)「批判的思考と批判的教育学の『批判』概念の検討」『教育実践総合センター研究紀要』第12号、11-20頁
- 小柳和喜雄(2005)「ドイツにおけるメディア・リテラシー教育の枠組みに関する予備的研究―メディア・コンピテンツ概念の分析を中心に―」『教育メディア研究』第11号2巻、83-91頁
- オンタリオ州教育省編；FCT(市民のテレビの会)訳(1992)『メディア・リテラシーマスメディアを読み解く』リベルタ出版
- 加藤普章(2000)「カナダの行政制度」土岐寛・加藤普章『比較行政制度論』法律文化社
- 加藤普章(2002)『カナダ連邦政治　多様性と統一への模索』東京大学出版会
- 金久智(2002)「カナダにおける国語科(英語科)メディア・リテラシー教育の研究―メディア・リテラシー教育発展の一要因としての多文化主義―」『中国四国教育学会教育学研究紀要』48巻第2部、31-36頁
- カヴァン, M.(1974)「マルクス主義と人間的人格」ピアジェ, J. 他；宇波彰訳『心理学とマルクス主義』福村出版
- カーペンター, E.(2003)「新しい言語」マクルーハン, M.、カーペンター, E.編著；大前正臣・後藤和彦訳『マクルーハン理論；電子メディアの可能性』平凡社ライブラリー、150-185頁
- 菊池久一(2004)「リテラシー学習のポリティクス：識字習得の政治性」石黒広昭編著『社会文化的アプローチの実際―学習活動の理解と変革のエスノグラフィー―』北大路書房、34-52頁
- 北岡勲(1991)『新保守主義―保守政党の政治哲学―』御茶の水書房
- ギップス, C. V.；鈴木秀幸訳(2001)『新しい評価を求めて―テスト教育の終焉』論創社
- 木原俊之(1996)「第3章メディア・リテラシー育成の実践事例　第1節番組の比較視聴と制作活動の設計」水越敏行、佐伯胖編著『変わるメディアと教育のありかた』ミネルヴァ書房
- キャロン, H, A.(1998)「若い人たちとメディア・放送行政にかかわる独立規律機関の役割と市民の役割」FCT市民のメディア・フォーラム編『メディアと市民・日本とカナダの対話』FCT市民のメディア・フォーラム事務局、10-20頁。
- 楠見孝(2011)「批判的思考を支える汎用スキルと態度：領域固有のリテラシーとの関係」『学習と対話研究分科会』日本認知科学会、3-9頁
- グラムシ, A.；片桐薫編訳(2001)『グラムシ・セレクション』平凡社ライブラリー
- クリスチャン, W.(1989)「カナダにおけるイデオロギーと政治」レデコップ, J. H.編；

吉田健正、竹本徹訳『カナダ政治入門』御茶の水書房、115-154頁
- 古賀正義(1998)「対話的多声的方法の一様式として―エスノグラフィーの新たな可能性」志水宏吉編著『教育のエスノグラフィー―学校現場のいま―』嵯峨野書院、99-120頁
- 木暮健太郎(2008)「カナダの政党と政治」畠山圭一・加藤普章編著『アメリカ・カナダ』ミネルヴァ書房、191-208頁
- 児玉奈々(2003)「第1節 多文化問題と教育―オンタリオ州を中心に」小林順子他『21世紀にはばたくカナダの教育』東信堂、214-221頁
- 児玉奈々(2002)「カナダにおける人種差別問題と多文化教育―ヴィジブル・マイノリティ人口像の素描から―」『カナダ教育研究』1号、88-104頁
- 児玉奈々(2003)「多文化社会における公教育の比較教育学的研究―日加「国民国家」公教育体制と多文化問題―」早稲田大学大学院教育学研究科博士学位請求論文
- 後藤康志(2005)「メディア・リテラシー尺度の作成に関する研究」『日本教育工学会論文誌』29巻、77-80頁
- 小林順子(2003)「第2部カナダの教育の諸問題 第1章教育行政の動向 第1節カナダの教育行政制度の特徴」小林順子・関口礼子・浪田克之介他編著『21世紀にはばたくカナダの教育』東信堂、128-129頁
- 駒谷真美(2000)「メディア・リテラシーのカリキュラム実践」『視聴覚教育』54巻12号、36-39頁
- 駒谷真美(2005)「メディア・リテラシー分析法」立田慶裕編『教育研究ハンドブック』世界思想社、166-178頁
- 駒谷真美(2008)「『民放連メディア・リテラシー実践プロジェクト』における効果研究」『学苑』第816号、昭和女子大学、83-109頁
- 斎藤淳一(1993)「第6章 自由主義」白鳥令、佐藤正志編『現代の自由思想』東海大学出版会、173-196頁
- 坂本光代(2003)「第1部 1990年代の教育改革 第3章『子どもを第一に考えよう』とオンタリオ州の新保守主義的教育改革 第4節 教育資格と教員採用」小林順子・関口礼子・浪田克之介他編著『21世紀にはばたくカナダの教育』東信堂、87-91頁
- 坂本光代(2005)「オンタリオ州における教育改革の現状―自由党政権の課題―」『カナダ教育研究』第3号、49-53頁
- 櫻田大造(2003)『誰も知らなかった賢い国カナダ』講談社
- 佐藤一子・森本扶・新藤浩伸・北田佳子・丸山啓史(2004)「アクション・リサーチと教育研究」『東京大学大学院教育学研究科紀要』44巻、321-347頁
- 佐貫浩「新自由主義に対抗する教育の公共性とは何か」(2008)佐貫浩、世取山洋介編『新自由主義教育改革 その理論・実態と対抗軸』大月書店、281-296頁
- 佐貫浩(2009)『学力と新自由主義：「自己責任」から「共に生きる」学力へ』大月書店
- 重松景二(2002)「国語科における既習教材を用いたメディアリテラシー教育の実践」『佐賀大学教育実践研究』19号、175-188頁
- 静岡県教育委員会(2003)『平成14年度海外調査事業報告書 諸外国におけるメディア・リテラシーへの取り組み』

- 静岡県教育委員会(2004)『平成14年度・15年度　メディア・リテラシー教育研究委員会報告書』
- 児童言語研究会編著(2005)『メディア・リテラシーを伸ばす国語の授業(小学校編)』一光社
- 柴田邦臣(2001)「メディア・リテラシーの"成功"と現実」『社会学年報』東北社会学会、126-140頁
- 柴田義松(2006)『批判的思考力を育てる―授業と学習集団の実践』日本標準
- 島田希「プロジェクト・アプローチによる主題探究型学習活動の生成と論理―大阪府茨木市立F小学校におけるアクション・リサーチをもとにして―」『カリキュラム研究』15号、2006、15-28頁
- 志水宏吉(1998)「教育研究におけるエスノグラフィーの可能性―「臨床の知」の生成に向けて」志水宏吉編著『教育のエスノグラフィー―学校現場のいま―』嵯峨野書院、1-28頁
- 志水宏吉(2005)「エスノグラフィー：私と世界との対話」秋田喜代美、恒吉僚子、佐藤学編『教育研究のメソドロジー：学校参加型マインドへのいざない』東京大学出版会、139-162頁
- 進藤兵(2008)「ポスト・フォーディズムと教育改革―資本主義史の第三段階と新自由主義の歴史的位置―」佐貫浩、世取山洋介編『新自由主義教育改革　その理論・実態と対抗軸』大月書店、22-35頁
- シュリーバー，J.；馬越徹・今井重孝監訳(2000)『比較教育学の理論と方法』東信堂
- 菅谷明子(2000)『メディア・リテラシー』岩波新書
- 鈴木みどり(1997)『メディア・リテラシーを学ぶ人のために』世界思想社
- 鈴木みどり(2005)「今、求められるメディア・リテラシーとその方向」『教育実践研究』5号、大阪教育大学教育実践総合センター、125-131頁
- 鈴木健(2006)「第1章　クリティカル・シンキング教育の歴史」鈴木健・大井恭子・竹前文夫編『クリティカル・シンキングと教育』世界思想社、4-21頁
- 砂川誠司(2009)「国語科でメディア・リテラシーを教えることについての一考察―2000年以降の実践事例の整理から―」『広島大学大学院教育学研究科紀要』58号、113-122頁
- 竹中豊(2009)「第1章　カナダに出会う」日本カナダ学会編『はじめて出会うカナダ』有斐閣、2-10頁
- 田中耕治編(2005)『よくわかる教育評価』ミネルヴァ書房
- 谷川とみ子(2005)「無着成恭と生活綴方―生活を探求する「山びこ学校」―」、田中耕治編『時代を拓いた教員たち』日本標準、36-48頁
- 谷川とみ子(2005)「H.A.ジルーの批判的教育学におけるカルチュラル・スタディーズの位置―教育学の独自性の再審―」『関西教育学会研究紀要』第5号、16-30頁
- 友寄英隆(2006)『「新自由主義」とは何か』新日本出版
- 豊田充崇・西村充司(2004)「メディアリテラシー育成を目指した小学校国語科授業実践事例の報告―『ごんぎつね』を映像とアニメーションで表現し比較する」『和歌山大学教育学部教育実践総合センター紀要』14号、39-44頁

- トレント, J.；村上郷子訳(2009)「メディア・リテラシー教育の挑戦―国連「文明の同盟」のプロジェクト・マネージャー、ジョルディ・トレント氏に聞く―」『埼玉学園大学紀要(人間学部篇)』9号、319-325頁
- 中西満貴典(2004)「メディア・リテラシーの批判的検討―英語教育の実践を分析対象にして―」『国際開発フォーラム』27号、名古屋大学、113-122頁
- 中橋雄(2005)「ディジタルメディア表現能力の育成過程に関する質的研究―メディア・リテラシー研究の重点課題として―」『日本教育工学会論文誌』29巻2号、119-131頁
- 中村敦雄(研究代表者)(2007)『新時代の国語科教育に資するリテラシー概念の再構築』平成17-18(2005-2006)年度科学研究費補助金基盤研究(B)研究成果報告書
- 中村純子(2007)「メディア・リテラシー育成における映像制作の可能性―西オーストラリア州・教科「メディア制作と分析」のカリキュラム分析」『教育メディア研究』第14号(1)、107-118頁
- 中村純子(2009)「西オーストラリア州におけるメディア・リテラシー教育の現状と課題」『日本教育工学会論文誌』第33巻(2)、161-170頁
- 浪田陽子(2005)「メディア・リテラシー教育とメディア企業―チャンネル・ワンとYNNの事例から―」『カナダ教育研究』3号、11-23頁
- 浪田陽子(2006)「2. カナダのメディア・リテラシー教育に関する検討項目」『ICTメディアに係る子どもの利用実態及び利用環境等に関する国内外調査研究報告書』ベネッセ、235-247頁
- 成嶋隆(2003)「第2部カナダの教育の諸問題　第1章教育行政の動向　第2節憲法と教育行政」小林順子・関口礼子・浪田克之介他編著『21世紀にはばたくカナダの教育』東信堂、130-134頁
- 西岡加名恵(2001)「ポートフォリオ評価法におけるルーブリックの位置づけ」『教育目標・評価学会紀要』第11号、2-12頁
- 西岡加名恵(2001)「第4章　ポートフォリオ先進国に学ぶ―アメリカ合衆国とイギリスの場合に焦点をあてて―」村川雅弘編『「生きる力」を育むポートフォリオ評価』ぎょうせい、73-91頁
- 西岡加名恵(2002)「第5章　新しい評価のかたちを考える」片上宗二・田中耕治編著『学びの創造と学校の再生―教科の指導と学習の指導―』ミネルヴァ書房、69-84頁
- 西岡加名恵(2003)『教科と総合に活かすポートフォリオ評価法：新たな評価基準の創出に向けて』図書文化社
- 西岡加名恵(2005)「ウィギンズとマクタイによる「逆向き設計」論の意義と課題」『カリキュラム研究』第14号、15-29頁
- 野平慎二(2007)『ハーバーマスと教育』世織書房
- 林晶子(2005)「映像制作演習によるメディアリテラシー学習の事例研究―実践的制作作品を課した2つのケーススタディより―」『広島経済大学研究論集』28巻3号、39-45頁
- バラン, J.・デイビス, K.；李津娥 他訳(2007)『マス・コミュニケーション理論：メディア・社会・文化』下巻、新曜社

- ハーヴェイ, D.；渡辺治監訳(2007)『新自由主義―その歴史的展開と現在』作品社
- ハーバーマス, J.；細谷貞雄・山田正行訳(1994)『公共性の構造転換―市民社会の一カテゴリーについての研究(第二版)』未来社
- ハーバーマス, J.；三島憲一・中野敏男・木前利秋訳(2000)『道徳意識とコミュニケーション行為』岩波書店
- ハーバーマス, J.；高野昌行訳(2004)『他者の受容―多文化社会の政治理論に関する研究』法政大学出版局
- ハーバーマス, J.；清水多吉・朝倉輝一訳(2005)『討議倫理』法政大学出版局
- ピアジェ, J.；大伴茂訳(1988)『表象の心理学』黎明書房
- 平田淳(2003)「第1部1990年代の教育改革　第3章『子どもを第一に考えよう』とオンタリオ州の新保守主義的教育改革　第1節　教育政策・制度」小林順子・関口礼子・浪田克之介他編著『21世紀にはばたくカナダの教育』東信堂、63-70頁
- 平田淳・成島美弥・坂本光代(2003)「『子どもを第一に考えよう』とオンタリオ州の新保守主義的教育改革」小林順子・関口礼子・浪田克之介他編著『21世紀にはばたくカナダの教育』東信堂、63-94頁
- 平田淳(2007)「第6章　カナダ・オンタリオ州における子どもの学力向上政策―統一カリキュラムと学力テストに焦点を当てて―」大桃敏行編『教育改革の国際比較』ミネルヴァ書房、94-110頁
- 平田淳(2008)「カナダにおける義務教育制度とその弾力化に関する一考察―アルバータ州に焦点を当てて―」杉本均(研究代表者)『義務教育の機能変容と弾力化に関する国際比較研究(最終報告書)』平成18年度〜平成19年度科学研究費補助金基盤研究(B)、53-76頁
- 平田淳・溝上智恵子(2008)「カナダにおける教育行政制度の概要と教育改革の諸側面―日本における教育改革政策の視点から―」『弘前大学教育学部紀要』第100号、99-109頁
- フィンリースン, J.；村岡晋一・木前利秋訳(2007)『1冊でわかるハーバーマス』岩波書店
- 藤田英典(1998)「現象学的エスノグラフィー―エスノグラフィーの方法と課題を中心に」志水宏吉編著『教育のエスノグラフィー―学校現場のいま―』嵯峨野書院、49-78頁
- 藤森裕治・奥泉香(2007)「国語科教育における映像メディアのリテラシー」中村敦雄(研究代表者)『新時代の国語科教育に資するリテラシー概念の再構築』平成17-18(2005-2006)年度科学研究費補助金基盤研究(B)研究成果報告書、19-41頁
- ブルデュー, P.；石井洋二郎訳(1990a)『ディスタンクシオン』Ⅰ、藤原書店
- ブルデュー, P.；石井洋二郎訳(1990b)『ディスタンクシオン』Ⅱ、藤原書店
- ブルデュー, P & クロード・パスロン, J.；宮島喬訳(1991)『再生産』藤原書店
- ブルデュー, P.(2000)「現代フランス思想と私―フーコーからブローデルまで」加藤晴久編『ピエール・ブルデュー』藤原書店、71-102頁
- ブルデュー, P.監修；櫻本陽一訳(2000)『メディア批判』藤原書店
- フレイレ, P.；小沢有作他訳(1979)『被抑圧者の教育学』亜紀書房
- フレイレ, P.；里見実訳(2001)『希望の教育学』太郎次郎社

- ボードロ, C.（2000）「ブルデューと教育：遺産相続者たちのスキャンダル」加藤晴久編『ピエール・ブルデュー』藤原書店、273-275頁
- ホルクハイマー, M.・アドルノ, T.；徳永恂訳（1990）『啓蒙の弁証法―哲学的断層』岩波書店
- マクマホン, J.（2006）「メディア教育・言語教育における学習到達度」『これからのことばの学びには何が必要か』メディア・リテラシー国際研究シンポジウム実行委員会、64-114頁
- マクマホン, B.（2006）「いずれのメディア教育か？」『これからのことばの学びには何が必要か』メディア・リテラシー国際研究シンポジウム実行委員会、12-63頁
- マクルーハン, M.（2003）「壁のない教室」M.マクルーハン・E.カーペンター、大前正臣・後藤和彦訳『マクルーハン理論』平凡社ライブラリー、105-109頁
- マクルーハン, M.；栗原裕・河本仲聖訳（1987）『メディア論：人間の拡張の諸相』みすず書房
- 松下佳代（2007）『パフォーマンス評価』日本標準
- 松野良一・大塚彩香（2008）「映像制作活動でどんな能力が開発されるか？―メディア・リテラシーの概念を超えて―」『総合政策研究』第16号、中央大学総合政策学部、51-64頁
- 松本健義（2004）「造形教育の変革：協働される創造と知」石黒広昭編著『社会文化的アプローチの実際―学習活動の理解と変革のエスノグラフィー―』北大路書房、153-185頁
- 水越伸（2003）「メディア・プラクティスの地平」水越伸、吉見俊哉編『メディア・プラクティス』せりか書房、20-50頁
- 宮元博章（2004）「教職課程学生を対象としたメディアリテラシーの授業に関する実践的研究―批判的思考を中心に」『応用教育心理学研究』21巻1号、12-20頁
- 宮原淳（2005. 9）「カナダにおける米国メディアの影響―デジタル化と国境を越える報道」第30回日本カナダ学会年次大会報告
- メディア・リテラシー教育研究委員会（2008）『メディア・リテラシー教育研究委員会報告書』国民教育文化総合研究所
- メリアム, S, B.；堀薫夫・久保真人・成島美弥訳（2004）『質的調査法入門：教育における調査法とケース・スタディ』ミネルヴァ書房
- 望月純子・野中陽一（2006）「メディア・リテラシー教育の視点を取り入れた小学校における情報教育カリキュラム開発の試み」『和歌山大学教育学部教育実践総合センター紀要』16号、和歌山大学教育学部教育実践総合センター、49-57頁
- 本橋春紀（2009）「日本におけるメディア・リテラシーの展開」水越伸、東京大学情報学環メルプロジェクト編『メディアリテラシー・ワークショップ　情報社会を学ぶ・遊ぶ・表現する』東京大学出版会、224-231頁
- 森田京子（2005）「エスノグラフィー」立田慶裕編『教育研究ハンドブック』世界思想社、80-91頁
- 森本洋介（2007）「オンタリオ州におけるメディア・リテラシー教育導入過程の再考」『カナダ研究年報』27号、日本カナダ学会、35-51頁

- 森本洋介(2009)「カナダ・オンタリオ州における学習者の評価方法に関する考察：王立委員会報告書『学ぶことを好きになるために』を手掛かりに」『教育目標・評価学会紀要』第19号、47-56頁
- 森本洋介(2010)「カナダ・オンタリオ州の1999・2000年版および2007年版英語カリキュラムにおける人権の位置づけの異同―メディア・リテラシー教育に着目して―」『カリキュラム研究』第19号、99-111頁
- 森本洋介(2010)「メディア・リテラシー教育を通じた「批判的」な思考力育成に関する考察―トロント地区X高校における授業観察から―」『カナダ教育研究』第8号、19-34頁
- 山内祐平(2003)『デジタル社会のリテラシー　学びのコミュニティをデザインする』岩波書店
- 山口明穂・竹田晃編(2000)『岩波新漢語辞典(第二版)』岩波書店
- 芳野菊子(2005)「中国におけるメディア教育の概要」『教育メディア研究』11巻2号、日本教育メディア学会、81-88頁
- 吉見俊哉(2001)「解説―カルチュラル・スタディーズとグラムシの対話をめぐって」グラムシ, A.；片桐薫編訳『グラムシ・セレクション』平凡社ライブラリー、347-363頁
- 吉見俊哉(2004)『メディア文化論』有斐閣アルマ
- ランクシア, C.・スナイダー, I.・グリーン, B.；小西正恵訳(2007)『教員とテクノリテラシー』海文堂
- ルミュー, C. (2000)「ブルデューとメディア：後期の関心事」加藤晴久編『ピエール・ブルデュー』藤原書店、269-272頁
- レイブ, J.＆ウェンジャー, E.；佐伯胖訳(1993)『状況に埋め込まれた学習―正統的周辺参加―』、産業図書株式会社

2. 英語文献

- Allen, M., & Cartwright, F. (2004). Minority language school systems: A profile of students, schools and communities. *Education Quarterly Review*, 9, 9-48.
- Alvarado. (2003). A media education for the 21st century. In Lavender, T., Tuffle, B. and Lemish, D. (eds.), *Global Trends in Media Education*. USA: Hampton Press. 119-139.
- American Educational Research Association, American Psychological Association, & National Council on Measurement in Education. (1999). *Standards for Educational and Psychological Testing*. Washington, DC: American Educational Research Association.
- Andersen, N., Duncan, B. and Pungente, J. (2000). *Media Education in Canada: The Second Spring*. Jesuit Communications Project
- Andersen, N., Sinclair, D.D. and Webb, S. (2001). *Media & Global Conflict*. Toronto District School Board.
- Andersen, N., Duncan, B. and Pungente, J. (2004). *The Canadian Experience: Leading the Way*. Toronto:Jesuit Communications Project.
- Anderson, J. A. (1980). The theoretical lineage of critical viewing curricula. *Jounal of*

communication, 30(3), 64-70.
- Apple, M.W. (2009). *Ideology and Curriculum (Third Edition)*. USA: Taylor & Francis Books, Inc.
- Aufderheide, P. (2001). Media literacy: from a report of the national leadership conference on media literacy. In Kubey, R. (ed.), *Media Literacy in the Information Age: Current Perspective*. Information and Behavior volume 6. New Brunswick: Transaction. 79-86.
- Bazalgette, C., Cook, J. and Simpson, P. (1983). *Selling Pictures: a Teaching Pack about Representation and Stereotyping*. Department of Education, Education Image Project Unit 2. London: British Film Institute.
- Bazalgette, C. (2008). *Transforming literacy*. In Carlsson, U., Tayie, S., Jacquinot-Delaunay, G. and Prerz Tornero, J.M. (eds.), *Empowerment through Media Education: an Intercultural Dialogue*. Sweden: The international clearinghouse on children, youth and media. 245-250.
- Beck, C. (2005). Language arts teaching meets new literacy studies. *Orbit*, 36(1), 2-4.
- Bevort, E. & Verniers, P. (2008). In Carlsson, U., Tayie, S., Jacquinot-Delaunay, G. and Prerz Tornero, J.M. (eds.), *Empowerment through Media Education: an Intercultural Dialogue*. Sweden: The international clearinghouse on children, youth and media. 89-100.
- Brathwaite, K. (2003). Anti-racism and equity education. *Orbit*, 33(3), 9-11.
- Brameld, T. (1947). Philosophies on education in an age of crisis. *School and Society*. 65. 452.
- Boles, D. (2001). *The Political History of AML Part 1*. http://www.aml.ca/articles/articles.php?articleID=257　2009年2月16日確認
- Boles, D. (2006). *The Political History of AML Part 2*. http://www.aml.ca/articles/articles.php?articleID=323　2009年2月16日確認
- Boles, D. (2007). *The Political History of AML Part 3*. http://www.aml.ca/articles/articles.php?articleID=333　2009年2月16日確認
- Buckingham, D. (1986). Against demystification. *Screen*. 27(5). 80-95.
- Buckingham, D. and Sefton-Green, J. (1994). *Cultural studies goes to school: reading and teaching popular media*. London; Bristol, PA: Taylor & Francis.
- Buckingham, D. (1998). *Teaching Popular Culture: Beyond Radical Pedagogy*. UK: Routledge.
- Buckingham, D. (2003). *Media Education: Learning and Contemporary Culture*. UK: Polity Press. (邦訳　バッキンガム, D.；鈴木みどり監訳(2006)『メディア・リテラシー教育―学びと現代文化』世界思想社)
- Buckingham, D. (2007). *Beyond Technology: Children's Learning in the Age of Digital Culture*. UK: Polity Press.
- Burn, A., & Durran, J. (2007). *Media Literacy in Schools: Practice, Production, Progression*. London: Paul Chapman Educational Publishing.
- Brunsdon, C. (1989). Text and audience. In Seiter, E.& Borchers, H. (eds.), *Remote Control*. London: Routledge.
- Burke, K. (2006). *From Standards to Rubrics in 6 Steps*. USA:Corwin Press.
- Canadian Broadcasting Corporation(2002), *Mike Harris: his political legacy, News In Review Resource Guide,* CBC Non-Broadcast Sales, 31-43.

- Carr, W. and Kemmis, S. (1983). *Becoming Critical: Knowing through Action Research.* Victoria: Deakin University Press.
- Castells, M. (1999). Flows, networks, and identities: a critical theory of the informational society, In Castells, M, et al. *Critical Education in the New Information Age.* USA: Rowman & Littlefield Publishers, Inc. 37-64.
- Centre d'Initiation aux Mass-Media. (1984). *Initiation aux Mass-Media: methodologie destinee aux eleves du cycle d'orientation. Sous la direction de Gerald Berger,* 3ieme edition remaniee. Fribourg: Centre d'Initiation aux Mass-Media.
- Childs, R. & Dénommé, F. (2008). Does Ontario have an achievement gap? the challenge of comparing the performance of students in French- and English-language schools on national and international assessments. *Canadian Journal of Educational Administration and Policy.* 71. March 31, 2008.
- Clifford, J., & Marcus, G. (1986). *Writing Culture.* Berkeley: University of California Press.
- CMEC. (2008). *The Pan-Canadian Assessment Program (PCAP) and the School Achievement Indicators Program (SAIP).* http://www.cmec.ca/pcap/indexe.stm. 2008年12月26日確認
- Cope, B. and Kalantzis, M. (2000). *Multiliteracies.* London: Routledge.
- Criticos, C. (2001). Media education for a critical citizenry in South Africa. Kubey, R (eds.). *Media Literacy in the Information Age: Current Perspectives Information and Behavior volume 6.* NJ: Transaction. 229-240.
- Daspit, T. (1999). Rap pedagogies: "bring(ing) the noise" of "knowledge born on the microphone" to radical education, in Weaver, J, A. and Daspit, T. (eds.), *Popular Culture and Critical Pedagogy: Reading, Constructing, Connecting.* USA: Garland reference library of social science. 163-182.
- Dewey, J. (1933). *How We Think: A Restatement of the Relation of Reflective Thinking to the Educative Process.* Boston, MA: Heath and Company.
- Duncan, B. (2005a). Media literacy: essential survival skills for the new millennium. *Orbit.* 35(2). 2-4.
- Duncan, B. (2005b). Media education in Australia: an interview with Barrie McMahon. *Orbit,* 35(2). 10-11.
- Esquivel, I. (2005). The story of media education / media literacy in Canada: an interview with Barry Duncan. *Orbit,* 35(2), 6-9.
- Ericson, S. (1989). Theorising popular fiction. In Skovmand, M. (ed.), *Media Fictions.* Aarhus: Aerhus University Press.
- European Commission. (2007). *Report on the Public Consultation on Media Literacy.* Paris: French Commission for UNESCO.
- Fagan, L. P. and Squrrell, D. (1995). *Evaluating achievement of senior high school students in Canada: a study of policies and practices of ministries and school boards in Canada.* Toronto: Canadian Education Association.
- Ferguson, B. (1981). Practical work and pedagogy. *Screen Education,* 38. 42-55.
- Feuer, J. (1986). *Dynasty.* Paper presented at the International Television Studies Conference,

London.
- Fiske, J. (1987). *Television Culture*. London: Routledge. (邦訳　伊藤守他訳(1996)『テレビジョンカルチャー』梓出版)
- Freire, P. (1972). *Pedagogy of the Oppressed*. Penguin. (邦訳　フレイレ, P著　小沢有作他訳 (1979)『被抑圧者の教育学』亜紀書房)
- Freire, P. and Giroux, H.A. (1989). Pedagogy, popular culture, and public life: an introduction. In Giroux, H.A., Simon, R.I.(eds.), *Popular Culture: Schooling & Everyday Life*. Massachusetts: Bergin & Garvey Publishers, Inc. ⅶ-xii.
- Fleming, D.(1993). *Media Teacing*. Oxford: Blackwell.
- Frenette, M.(2001). Interactive technology in the classroom: a case study with illiterate adults. In Kubey, R. (ed.), *Media Literacy in the Information Age: Current Perspective. Information and Behavior volume 6*. New Brunswick: Transaction. 377-402.
- Frolunde, L. (2008). Animated symbols: a model of reflection applied to a study of how young people author animation films. *Digital Content Creation: Creativity, Competence, Critique*. The second international DREAM conference. 18-20, September 2008. University of Southern Denmark, Odense, Denmark. http://www.dreamconference.dk/nyheder/Reflection_Frolunde%20sept%2013%202008.pdf 2008年12月11日確認
- Gambrill, E. (2005). *Critical Thinking in Clinical Practice*. New Jersey: John Wiley & Sons.
- Gay, G. (1995). *Mirror Images on Common Issues: Parallels Between Multicultural Education and Critical Pedagogy*. In Sleeter, C.E. and McLaren, P.L. (eds.), Multicultural Education, Critical Pedagogy, and the Politics of Difference. USA: State University of New York.
- Gérin-Lajoie, D., & Labrie, N. (1999). Les résultats aux tests de lecture et d'écriture en 1993-1994 : une interprétation sociolinguistique. Dans N.L. et Forlot, G. (eds.), *L'enjeu de la Langue en Ontario Français*. Sudbury, ON: Prise de parole. 79-108.
- Gidney. R.D. (1999). *From Hope to Harris: the Reshaping of Ontario's Schools*. Toronto: University of Toronto Press.
- Giroux, H.A. and Freire, P. (1987). Series introduction. In Livingstone, D. W. (ed.), *Critical Pedagogy and Cultural Power*. USA: Bergin & Garvey Publishers. ⅶ-xvi.
- Giroux, H.A. (1988a). *Schooling for Democracy: Critical Pedagogy in the Modern Age*. UK: Routledge.
- Giroux, H.A. (1988b). *Schooling and the Struggle for Public Life*. Minneapolis: University of Minnesota Press.
- Giroux, H.A. and McLaren, P. L. (1989). Introduction: schooling, cultural politics, and the struggle for democracy. In Giroux, H.A. and McLaren, P.L. (eds.), *Critical Pedagogy, the State, and Cultural Struggle*. USA: State University of New York Press. xi-xxxv.
- Giroux, H.A. (1989). Schooling as a form of cultural politics: towards a pedagogy of and for difference. In Giroux, H.A. and McLaren, P.L. (eds.), *Critical Pedagogy, the State, and Cultural Struggle*. USA: State University of New York Press. 125-151.
- Giroux, H.A. and Simon, R. (1989). Popular culture and critical pedagogy: everyday life as a

basis for curriculum knowledge. In Giroux, H.A. and McLaren, P.L. (eds.), *Critical Pedagogy, the State, and Cultural Struggle.* USA: State University of New York Press. 222-235.
- Giroux, H.A. and Freire, P. (1990). Introduction: education and the politics of democratic struggle. In Shapiro, S. *Between Capitalism and Democracy.* Massachusetts: Bergin & Garvey Publishers, Inc. ⅵ -xiv.
- Giroux, H.A. (1991). Postmodernism and the Discourse of Educational Criticism. In Aronowitz, S. and Giroux, H.A. *Postmodern Education: Politics, Culture, and Social Criticism.* Minneapolis: University of Minnesota Press. 57-86.
- Giroux, H.A. (1994). *Disturbing Pleasures.* New York: Routledge.
- Graber, D.A. (1988). *Processing the News: How People Tame the Information Tide* (2nd ed.), New York: Longman.
- Hanmore, T. (2005). *Media Education Curriculum in Ontario: a Critical Analysis.* Masters of Education. Department of Sociology and Equity Studies, University of Toronto.
- Habermas, J.(1962). *Structural Transformation of the Public Sphere: An Inquiry into a Category of Bourgeois Society.* tr. Burger, T. and Lawrence, F. (1989). Cambridge: MIT Press. （邦訳　ハーバーマス , J.；細谷貞夫、山田正行訳（1973）『公共性の構造転換』未来社）
- Hall, S. (1993). Encoding, decoding. In During, S. (ed.), *The Cultural Studies Reader.* Routledge. 507-517.
- Hall, S. (1997). The work of representation. In Hall, S.(ed.), *Representation.* London: Sage/The Open University. 13-74.
- Hargreaves, I., & Thomas, J. (2002). *New News, Old News,* http://www.ofcom.org.uk/static/archive/bsc/pdfs/research/news.pdf　2008年11月9日確認
- Hobbs, R. (2001). Expanding the concept of literacy. In Kubey, R. (ed.), *Media Literacy in the Information Age: Current Perspective. Information and Behavior volume 6.* New Brunswick: Transaction. 163-183.
- Hobbs, R. *Democracy at Risk: Building Citizenship Skills through Media Education,* 26 October 2006. http://interact.uoregon.edu/MediaLit/JCP/articles_mlr/hobbs/democracy.html　2011年10月21日確認
- Howley, A. & Spatig, L. (1999). When theory bumps into reality: the form and function of the popular culture of teaching. In Daspit, T and Weaver, J, A. (eds.), *Popular Culture and Critical Pedagogy: Reading, Constructing, Connecting.* USA: Garland reference library of social science. 139-159.
- International Baccalaureate. (2008). *Diploma Program Film Guide First Assessment 2010.* UK: International Baccalaureate Organization.
- Jacquinot-Delaunay, G., Carlsson, U., Tayie, S. and Prerz Tornero, J.M.. (2008). Empowerment through media education. An intercultural approach. In Carlsson, U., Tayie, S., Jacquinot-Delaunay, G. and Prerz Tornero, J.M. (eds.), *Empowerment through Media Education: an Intercultural Dialogue.* Sweden: The international clearinghouse on children, youth and media. 19-33.
- Joint Advisory Committee. (1993). *Principles for Fair Student Assessment Practices for Education*

in Canada. http://www.education.ualberta.ca/educ/psych/crame/files/eng_prin.pdf 2009 年 8 月 1 日確認
- Joong, P. (1993). An investigation into the curriculum, teaching practices, and evaluation methods in destreamed classes. *Annual Conference of the American Educational Research Association.* San Francisco, CA, April 18-22, 1995.
- Kelllner, D. (1995). *Media Culture: Cultural Studies, Identity and Politics Between the Modern and the Postmodern.* London: Routledge.
- Kellner, D. (1999). Multiple Literacies and Critical Pedagogy in a Multicultural Society. *Educational Theory,* 48(1). 103-104.
- Kimbell, R., Stables, K., & Green, R. (1996). *Understanding Practice in Design and Technology.* Buckingham: Open University Press.
- Kirwan, T., Learmonth, J., Sayer, M. and Williams, R. (2003). *Mapping Media Literacy: Media Education 11-16 Years in The United Kingdom.* British Film Institute.
- Kist, W. (2003). Student achievement in new literacies for the 21st century. *Middle School Journal.* 6-13.
- Kress, G. (2003). *Literacy in the New Media Age.* London: Routledge.
- Kress, G., & Van Leeuwen, T. (1996). *Reading Images: The Grammar of Visual Design.* London and NY: Routledge.
- Kress, G., & Van Leeuwen, T. (2001). *Multimodal Discourse: the Modes and Media of Contemporary Communication.* London: Hodder Arnold Publication.
- Krucsay, S. (2008). Educational television and school. In Carlsson, U., Tayie, S., Jacquinot-Delaunay, G. and Prerz Tornero, J.M.. (eds.), *Empowerment through Media Education: an Intercultural Dialogue.* Sweden: The international clearinghouse on children, youth and media. 259-263.
- Kumal, K. J. (2003). New trends in mass communication research: implications for media education. In Lavender, T., Tuffle, B. and Lemish, D. (eds.), *Global Trends in Media Education.* USA: Hampton Press. 141-148.
- Lankshear, C. and McLaren, P. L. (1993). Introduction. In Lankshear, C. and McLaren, P.L. (eds.), *Critical Literacy: Politics, Praxis, and the Postmodern.* USA: State University of New York Press. 1-56.
- Lave, J. (1996). Teaching as learning, in practice. *Mind, culture, and activity.* 3(3). 149-164.
- Lemish, D. (2003). Glocalizing media education: a pedagogy of plenty. In Lavender, T., Tuffle, B. and Lemish, D. (eds.), *Global Trends in Media Education.* USA: Hampton Press. 173-180.
- Livingstone, D. W., Hart, D. J. and McLean, L. D. (1983). *Public Attitudes towards Education in Ontario 1982. Fourth OISE Survey.* Toronto: OISE.
- Livingstone, S. (2003). *The Changing Nature and Uses of Media Literacy.* London: London school of economics and political science.
- Livingstone, S. (2004). Media literacy and the challenge of new information and communication technologies. *The Communication Review.* 7.
- Livingstone, S. *et al.* (2004). *Adult Media Literacy: a Review of the Research Literature.* London.

Department of Media and Communications.
- Luke, C. (2003). Critical media and cultural studies in new times. In Lavender, T., Tuffle, B. and Lemish, D. (eds.), *Global Trends in Media Education*. USA: Hampton Press. 105-118.
- Lundvall, A. (2010). *Finnish Media Education Policies: Approaches in Culture and Education*. Finnish Society on Media Education.
- Martinez-de-Toda, J. (2003). The active approach in media education. in Lavender et al. (eds.). *Global Trends in Media Education*. USA: Hampton press. 149-172.
- Masterman, L. (1980). *Teaching about Television*. London: Macmillan.
- Masterman, L. (1985). *Teaching the Media*. London: Routledge.（邦訳　レン・マスターマン著；宮崎寿子訳（2010）『メディアを教える―クリティカルなアプローチへ―』世界思想社）
- Masterman, L. (1995). Media education: eighteen basic principles. *MEDIACY*. 17(3). Association for Media Literacy.
- Masterman, L. (2001). A rational for media education. In Kubey, R (ed.), *Media Literacy in the Information Age: Current Perspectives Information and Behavior volume 6*. New Brunswick: Transaction Publication. 15-68.
- Masterman, L. (2002). *Down Cemetery Road: Why the BFI's Proposals for Moving Image Education are no Good*. Alpha Media.
- McAdie, P. & Leithwood, K. (2005). Less is more: The Ontario Curriculum that we need. *Orbit*, 35(1), 7-9.
- McDermont, R.P. (1993). The acquisition of a child by a learning disability. In Chaiklin, S. & Lave, J. (eds.), *Understanding Practice: Perspectives on Activity and Context*. UK: Cambridge University Press. 269-305.
- McLaren, P. L. (1989). *Life in schools*. New York: Longman.
- McLaren, P. L. (1994). Postmodernism and the death of politics: a Brazilian reprieve. In McLaren, P. L. and Lankshear, C. (eds.), *Politics of Liberation: Paths from Freire*. London: Routledge. 193-215.
- McLaren, P. L. and Lankshear, C. (1994). Introduction. In McLaren, P. L. and Lankshear, C. (eds.), *Politics of Liberation: Paths from Freire*. London: Routledge.
- McLaren, P. and Hammer, R. (1996). Media knowledges, warrior citizenry, and postmodern literacies. In Giroux, H.A. (et al.) *Counternarratives: cultural studies and critical pedagogies in postmodern spaces*. New York: Routledge. 81-116.
- McLean, L. D. (1985). *The Crafts of Student Evaluation in Canada*. Toronto: Canadian Education Association.
- McPeck, John E. (1990). Part I: the position. In John E. McPeck (ed.), *Teaching Critical Thinking*. USA: Routledge. 3-63.
- McQuail, D. (1994). *Mass communication theory*. Beverly Hills, California: Sage.
- Media Awareness Network. (2006). *Media Education: Make It Happen!* http://www.mediaeducationweek.ca/en/101_download.htm　2010年6月18日確認
- Mertler, C.A. (2005). Measuring teachers' knowledge & application of classroom assessment

concepts: development of the assessment literacy inventory. *The Annual Meeting of the American Educational Research Association,* Montréal, Quebec, Canada, April 11–15, 2005.
- Miles, M.B. & Huberman, A. M., (1994). *Qualitative Data Analysis.* Beverly Hills: Sage.
- Ministry of Education, Ontario. (1977a). *English, Curriculum Guideline Internediate Division.* Toronto: Queen's Printer for Ontario.
- Ministry of Education, Ontario. (1977b). *English, Curriculum Guideline Senior Division.* Toronto: Queen's Printer for Ontario.
- Ministry of Education, Ontario. (1987). *English, Curriculum Guideline Internediate and Senior Divisions [Grade 7-12].* Toronto: Queen's Printer for Ontario.
- Ministry of Education and Training, Ontario. (1995). *The Common Curriculum: Policies and Outcomes.* Toronto: Queen's Printer for Ontario.
- Ministry of Education, Ontario. (1999). *The Ontario Curriculum Grades 9 and 10: English 1999.* Toronto: Queen's Printer for Ontario.
- Ministry of Education, Ontario. (2000). *The Ontario Curriculum Grades 11 and 12: English 2000.* Toronto: Queen's Printer for Ontario.
- Ministry of Education, Ontario. (2004). *Literacy for Learning- The Report of the Expert Panel on Literacy in Grades 4-6 in Ontario.* http://www.edu.gov.on.ca/eng/document/reports/literacy/panel/literacy.pdf　2008年2月17日確認
- Ministry of Education, Ontario. (2004). *The Ontario Curriculum grade 1-12 Achievement Charts (Draft).* Toronto: Queen's Printer for Ontario. http://www.edu.gov.on.ca/eng/document/policy/achievement/charts1to12.pdf 2011年7月16日確認
- Ministry of Education, Ontario. (2007). *The Ontario Curriculum Grades 9 and 10: English 2007.* http://www.edu.gov.on.ca/eng/curriculum/secondary/english910currb.pdf　2009年2月13日確認
- Ministry of Education, Ontario. (2007). *The Ontario Curriculum Grades 11 and 12: English 2007.* http://www.edu.gov.on.ca/eng/curriculum/secondary/english1112currb.pdf　2009年2月13日確認
- Ministry of Education, Ontario. (2008). *Guideline for Approval of Textbook.* Toronto: Queen's Printer for Ontario.
- Minkkinen, S. (1978). *A General Curricular Model for Mass Media Education.* Paris: UNESCO.
- Morgan, R. (1998). Provocations for a media education in small letters, in Buckingham, D,(eds.), *Teaching Popular Culture: Beyond Radical Pedagogy.* London: UCL Press. 107-131.
- Morimoto, Y. (2008a). Creating media literacy in Japan: initiatives for new citizenship. In Drotner, K., Jensen, H. S. and Schroder, K. C (eds.), *Informal Learning and Digital Media.* London: Cambridge Scholars Publishing. 225-237.
- Morimoto, Y. (2008b). Give a voice to junior high school students: from the Takatsuki Media Literacy Project. *Digital Content Creation: Creativity, Competence, Critique.* The second international DREAM conference. 18-20, September 2008. University of Southern Denmark, Odense, Denmark.

- Morin, F. (2001). *Music development profiles: grade one to five.* Prepared for Transcona-Springfield School Division. 12.
- Morley, D. (1992). *Television, Audiences & Cultural Studies.* USA: Routledge.
- Morris, M. (1988). Banality in cultural studies. *Discourse,* 10(2), 3-29.
- New Brunswick Department of Education Curriculum Development Branch. (1998). Atlantic Canada English Language Arts Curriculum Guide. http://www.gnb.ca/0000/anglophone-e.asp#cd　2011年2月3日確認
- Newcomb, H. (1981). Television as popular culture: toward a critically based curriculum. In Ploghoft, M. E. & Anderson, J. A. (eds.), *Education for the Television Age: the Proceedings of a National Conference on the Subject of Children and Television.* Springfield, IL: Charles C. Thomas.
- Newfoundland Royal Commission. (1992). *Our Children, Our Future: Royal Commission of Inquiry into the Delivery of Programs and Services in Primary, Elementary, Secondary Education.* St. John's: Newfoundland and Labrador Department of Education.
- Newfoundland Royal Commission Secretariat. (1994). *Adjusting the Course II.* St. John's: Government of Newfoundland and Labrador
- Newmann, F. & Archbald, D. (1992). The nature of authentic academic achievement. in Berlak, H. et al., *Toward a New Science of Educational Testing and Assessment.* State University of New York Press. 71-83.
- Nyberg, V. R. and Lee, B. (1978). *Evaluating Academic Achievement in the Last Three Years of Secondary School in Canada.* Toronto: Canadian Educaton Association.
- O'Shea, T. and Wideen, M.F. (1993). *The impact of external examinations on science teaching. The Annual Meeting of the National Association for Research in Science Teaching.* Atlanta, GA, April 1993.
- *Oxford Advanced Learner's Dictionary*
  http://www.oup.com/oald-bin/web_getald7index1a.pl　2009年4月15日確認
- Perez Tornero, J. M. (2008). Media literacy: new conceptualization, new approach. In Carlsson, U., Tayie, S., Jacquinot-Delaunay, G. and Perez Tornero, J. M. (eds.), *Empowerment through Media Education: an Intercultural Dialogue.* Sweden: The international clearinghouse on children, youth and media. 103-116.
- Jones, R and Carbol, B. (1988). *A Summary of Canadian Assessment Practices.* Victoria: British Columbia Ministry of Education.
- Joong, P. (1993). *An investigation into the curriculum, teaching practices, and evaluation methods in destreamed classes.* Paper presented at Annual conference of the American Educational Research Association. San Francisco, CA, April 18-22, 1995.
- OISE/University of Toronto. (2009). *Media, Part 1: Additional Qualification, K-12.*
- Peterson, S. (2005). Supporting struggling writers: taking a page from new literacies theory. *Orbit,* 36(1), 5-7.
- Piette, J. and Giroux, L. (2001). The theoretical foundations of media education programs. In Kubey, R. (ed.), *Media Literacy in the Information Age: Current Perspective. Information and Behavior volume 6.* New Brunswick: Transaction. 89-134.

- Punjente, J. *The Second Spring: Media Literacy in Canada's Schools*, 21 October 2006 http://interact.uoregon.edu/MediaLit/JCP/articles/secondspring.html　2011年10月21日確認
- Quinton, A. (1978). *The Politics of Imperfection: The Religious and Secular Traditions of Conservative Thought in England from Hooker to Oakeshott*. London: Faber and Faber.
- Radwanski, G. (1987). *Ontario Study of the Relevance of Education, and the Issue of Dropouts*. Toronto: Ontario Ministry of Education
- Royal Commission on Learning. (1994a). *For the Love of Learning. Vol. 1*. Toronto: Queen's Printer for Ontario.
- Royal Commission on Learning. (1994b). *For the Love of Learning. Vol. 2*. Toronto: Queen's Printer for Ontario.
- Royal Commission on Learning. (1994c). *For the Love of Learning. Vol. 3*. Toronto: Queen's Printer for Ontario.
- Scheuer, M. (2009). Alliance of Civilization (AoC). In United Nations, Alliance of Civilizations, UNESCO, European Commission and Grupo Comunicar. *Mapping Media Education Policies in the World: Visions, Programmes and Challenges*. NY: The United Nations-Alliance of Civilizations in co-operation with Grupo Comunicar. 7-8.
- Schulz, H. (1985). *A Summary of Canadian Assessment Practices in Canadian Public Education*. Winnipeg: Manitoba Department of Education.
- Schulz, H., Clark, G. and Crocker, R. (1998). *Learning Outcomes*. Discussion paper prepared for the council of ministers of education, Canada.
- Scribner, S. & Cole, M. (1981). *The psychology of literacy*. Cambridge, MA: Harvard University Press.
- Sefa Dei, G. J. (2003). Challenges for anti-racist educators in ontario today. *Orbit*, 33(3), 2-5.
- Sefton-Green, J. and Buckingham, D. (1996). Digital visions: young people's "creative" use of multimedia technologies in the home. *Convergence 2(2)*. 47-79.
- Sefton-Green, J. (2000). Introduction. In Sefton-Green, J. and Sinker, R. (eds.), *Evaluating Creativity: Making and Learning by Young People*. London: Routledge. 1-15.
- Sefton-Green, J. (2000). From creativity to cultural production: Shared prespective. Sefton-Green, J. and Sinker, R. (eds.), *Evaluating Creativity: Making and Learning by Young People*. London: Routledge. 216-231.
- Sholle, D. and Denski, S. (1993). Reading and writing the media: critical media literacy and postmodernism. In Lankshear, Colin and McLaren, Peter L. (eds.), *Critical Literacy: Politics, Praxis, and the Postmodern*. USA: State University of New York Press. 297-321.
- Shusterman, R. (2000). *Pragmatist Aesthetics: Living Beauty, Rethinking Art* (second ed.). Lanham, MD: Rowman & Littlefield.
- Silver, A. (2009). A European approach to media literacy: moving toward an inclusive knowledge society. In United Nations, Alliance of Civilizations, UNESCO, European Commission and Grupo Comunicar. *Mapping Media Education Policies in the World: Visions, Programmes and Challenges*. NY: The United Nations-Alliance of Civilizations in co-operation with Grupo Comunicar. 11-13.

- Silverblatt, A., Ferry, J. and Finan, B. (1999). *Approaches to media literacy. A handbook.* New York: M.E.Sharpe. (邦訳　シルバーブラット, A. ほか著；安田尚監訳(2001)『メディア・リテラシーの方法』リベルタ出版)
- Sinfield, I. & Hawkins, L. (2005). Critical literacy: policy and practice. *Orbit*, 36(1), 27-29.
- Sinker, R. (2000). Making multimedia: evaluating young people's creative multimedia production. In Sefton-Green, J. & Sinker, R. (eds.), *Evaluating Creativity: Making and Learning by Young People.* London: Routledge. 187-215.
- Sleeter, C.E. and McLaren, P.L. (eds.), (1995). *Multicultural Education, Critical Pedagogy, and the Politics of Difference.* USA: State University of New York.
- Taxel, J. (1989). Children's literature as an ideological text. In Giroux, A. H. and McLaren, P. L. (eds.), *Critical Pedagogy, the State, and Cultural Struggle.* USA: State University of New York Press. 205-221.
- Toronto District School Board. (2003). *A Teaching Resource for Dealing with Controversial and Sensitive Issues in Toronto District School Board.*
- Toronto District School Board. (2005). *Media Studies K-12.*
- Toronto District School Board. (2008). *Guidelines for Conducting Research in the Toronto District School Board.*
- Traub, R. et al. (1988). *Teacher assessment practices in a senior high school mathematics course (final report).*
  http://www.eric.ed.gov/PDFS/ED300443.pdf　2011年3月15日確認
- Travers. K. J., & Westbury, I. (1989). *The IEA Study of Mathematics I: Analysis of Mathematics Curricula.* Oxford: Pergamon Press.
- Tsfati, Y. (2003). Media scepticism and climate of opinion perception. *International Journal of Public Opinion Research,* 15(1), 65-82.
- UNESCO. (2008). The Paris Agenda 12 recommendations for media education. In Carlsson, U., Tayie, S., Jacquinot-Delaunay, G. and Perez Tornero, J.M. (eds.), *Empowerment through Media Education: an Intercultural Dialogue.* Sweden: The international clearinghouse on children, youth and media. 49-55.
- Ungerleider, C. (2005). The challenge of secondary curriculum reform. *Orbit,* 35(1), 3-6.
- Van Leeuwen, T. (2005). *Introducing Social Semiotics.* London: Routledge.
- Vesterinen, O., Kynaslahti, H., Vahtivuori-Hanninen, S., Lipponen, L. and Tella, S. (2008). The characteristics of volition in media literacy. *Digital Content Creation: Creativity, Competence, Critique.* The second international DREAM conference. 18-20, September 2008. University of Southern Denmark, Odense, Denmark.
- Volante, L., Beckett, D., Reid, J. and Drake, S. (2010). Teachers' views on conducting formative assessment within contemporary classrooms. Online Submission, Paper presented at the Annual Meeting of the American Educational Research Association (Denver, CO, Apr 30-May 4, 2010) http://www.eric.ed.gov/PDFS/ED509293.pdf　2011年3月10日確認
- Weaver, J. A. and Daspit, T. (1999). Critical pedagogy, popular culture and the creation of meaning. In Weaver, J.A. and Daspit, T. (eds.), *Popular Culture and Critical Pedagogy: Reading,*

Constructing, Connecting. USA: Garland Publishing, Inc. xiii-xxxiii.
- Weaver, J.A. and Daspit, T. (1999). Introduction. In Daspit, T. and Weaver, J, A. (eds.), *Popular Culture and Critical Pedagogy: Reading, Constructing, Connecting*. USA: Garland reference library of social science. ⅷ-xxxiii.
- Wiggins, G. (1993). *Assessing Student Performance: Exploring the Purpose and Limits of Testing*. Jossey-Bass Publishers.
- Wiggins, G. (1998). *Educative Assessment: Designing Assessments to Inform and Improve Student Performance*. Jossey-Bass Publishers.
- Wiggins, G. and McTighe. (2005). Understanding by Design, Expanded 2nd Edition. Alexandria, VA: Association for Supervision and Curriculum Development.（邦訳 ウィギンズ，G．／マクタイ , J. 著；西岡加名恵訳(2012)『理解をもたらすカリキュラム設計：「逆向き設計」の理論と方法』日本標準）
- Williams, R. (1950). *Reading and Criticism*. UK: Frederick Muller.
- Williams, R. (1976). Keywords, UK: Fontana.
- Wilson, C. and Duncan, B. (2009). Implementing mandates in media education: the Ontario experience. In United Nations, Alliance of Civilizations, UNESCO, European Commission and Grupo Comunicar. *Mapping Media Education Policies in the World: Visions, Programmes and Challenges*. NY: The United Nations-Alliance of Civilizations in co-operation with Grupo Comunicar. 127-140.
- Wilson, C., Grizzle, A., Tuazon, R., Akyempong, K. and Cheung, C-K. (2011). *Media and Information Literacy Curriculum for Teachers*. the United Nations Educational, Scientific and Cultural Organization. Paris: France. www.unesco.org/webworld　2011年10月21日確認
- WNET/Thirteen. (1980). Critical Television Viewing: Teacher's Annotated Edition. New York: Cambridge.
- Worsnop, C.M. (1995). *Screening Images*. Ontario. Wright Communications.
- Worsnop, C.M. (1999). *Media Connections In Ontario*. Wright Communications
- Wotherspoon, T. (2009). *The Sociology of Education in Canada (Third Edition)*. Canada: Oxford University Press.

巻末資料

1　インタビュー項目
2-1　X校Universityの授業内容の解説
2-2　X校Openの授業内容
3　映像および編集に関する技法
4　メディア・リテラシー教育用ルーブリックの例

巻末資料1．インタビュー項目

①各単元について
①-1. 各単元で、知識として教える事項は何か
①-2. 授業を行うにあたり、参照した資料や教材は何か
①-3. 分析対象として選んだ教材の選定理由は何か

②カリキュラム全体について
②-1. その年度における授業全体の計画はどうなっているのか
②-2. どのようなジャンル(報道やバラエティ等)、様式(テレビ、インターネット等)のメディアを、本年度の授業では扱うのか。それを選んだ理由は何か
②-3. カリキュラム全体を通して、授業を行う上で気をつけていることは何か
②-4. 生徒に「批判的」な思考力が身についているとすれば、それはメディア・リテラシー教育だけの効果だけとは言いがたいかもしれないが、「メディア科」が大きく寄与しているとすれば、それはどのような部分か。つまり、「メディア科」と他科目の「批判的」な思考力育成の違いはどこにあるのか。
②-5. あなた自身はメディア・リテラシーをどのように理解しているか。
②-6. 年間を通して、教えている生徒に「批判的」な思考力が身についていっていると思うか。

③「メディア科」教員としての経歴について
③-1. 教員を始めて何年になるのか
③-2. 「メディア科」で教え始めて何年になるのか
③-3. なぜ「メディア科」を教えようと思ったのか

巻末資料2-1．X校Universityの授業内容の解説

単元名	期間	教材	授業内容
「メディア・メッセージを脱構築するための枠組み：メディア・トライアングル」・「現代文化」・「ブランド」	9月～10月上旬	メディア・トライアングル	メディアを分析するための枠組みとしてのメディア・トライアングルについて学習した。生徒が各自CMや映画、テレビドラマのワンシーンを選び、テクスト、オーディエンス、生産・制作、流行の4つの観点から分析した。
「地球市民」	10月中旬～10月下旬	『オンラインで成長する子どもたち（Growing Up Online）』というドキュメンタリー	『オンラインで成長する子どもたち』を視聴して、事実と意見の区別を考えた。FacebookやMySpaceなどの「社会メディア（social media）」について、グループで調べ、発表した。
「マーシャル・マクルーハン」	10月末～11月中旬	マクルーハン関連のビデオ、雑誌論文、インタビュー記事	マクルーハンが主張した、メディアについての4つの理論(3)の学習および、ホットなメディアとクールなメディアについての学習。
「説得の技」（「テクスト・メッセージとサブテクスト(subtext)・メッセージ」）	11月中旬～11月末	ポスター広告、雑誌広告、CM(1)、『説得者たち(The Persuaders)』というドキュメンタリーなど(2)	サブテクスト・メッセージとは「ジェンダー」、「関係性(relationship)」、「パワー」、「人種・民族」、「地位(status/class)」などのいわゆる価値観を指し、これらについて、各メディア広告を分析した。
「リプレゼンテーション」	11月末～12月中旬	『ベッカムに恋して(Bend It Beckham)』、アラブ系がハリウッドの映画やドラマでどのように表象されてきたかについてのドキュメンタリー、など	教材を分析し、人種や民族がどのように表象され、人々はそれについてどのように受け止めるのかについて考察した。

(1)

CM1：ファーストフード店のチョコブラウニーのCM
　CMの内容は、白人の母親とその娘（9歳）が店に入り、チョコブラウニーを2つ注文するが、注文の際娘は店内にいた同じくらいの年齢の白人の男の子に気づき、彼にブラウニーをまるごと1個自分が食べる場面を見られたくないために、見栄を張って注文を1つ減らすように母親に頼む。母親は娘がチョコブラウニーを大好きなのを知っており、娘の行動に驚く。親子がテーブルに着くと、ホールスタッフ（男性）が「あちらのお客様が、『自分に正直にね』と」と言ってブラウニーをもう1つ持ってきた。そこで娘と男の子がアイコンタクトして、商品の説明に入る、というものである。

CM2：大手食品企業のチョコレート・バーのCM
　分析したCMには、「ミスター・T」という、北米では有名な、大柄な黒人のタレントが主人公になっており、軍人役として登場する。このCMの設定は、草サッカーをやっている白人男性が、プレイ中に些細な接触で痛がり、そこにミスター・Tが現れ、「これを食べて強くなれ」と言って、その白人男性にナッツ入りチョコレート・バーを投げつけるというものだった。

CM3：男性用香水のCM
　「ブームブーム60（Boom Boom 60）」という60秒のCMである。ストーリーは次のようになっている。登場人物は、自転車用のヘルメットをつけ、半袖のYシャツを着て、ネクタイを締めた上半身、スーツは下半身でサラリーマン風の、自転車をこぐ男性（20代）が1人と、20代から30代前半の女性7名である。まず男性が日中の住宅地を自転車で進んでいく。自転車をこぎながら、チラシのようなものを空に放り上げる。男性が自転車をこいでいる姿に女性が見とれている。女性は場面ごとに登場する。最後に、それまでに出てきた女性が部屋のなかに一同に会し、部屋に入ってくる人間（下腹部と、聖書に入った商品のみがクローズ・アップされているだけで、それまでに出てきた男性かどうかは不明）が商品を見せたところでテロップが出てCMが終了する。音声は歌のみで、重低音のマイルドな曲が流れ続ける。セリフとナレーションは一切ない。またテロップも最後に商品の効能のようなものが1秒ほど出るだけで、CMの内容とはあまり関係ない。

(2)『説得者たち』の他に、一部の生徒は補足的に別のドキュメンタリーも分析した。そのドキュメンタリーは、ロサンゼルスに住む14歳から18歳の子どもに、それぞれの消費行動について聞いたものである。それぞれの子どもの家庭でインタビューが行われており、家庭背景が視聴者にイメージとしてある程度伝わるようになっている。取り上げられる子どもの大半は上流階層の家庭の子どもであり、月に700〜800ドルをスニーカーに費やす17歳の黒人であるとか、300ドルのバッグを学校に持っていく16歳と18歳の女子などが取り上げられている。しかし、母子家庭でスラムに住む14歳の男子も登場しており、正反対の立場から意見を述べているものもある。

(3)主に学習したマクルーハンの理論は、「メディアはメッセージである(media is message)」、「ホットなメディア、クールなメディア」、「コミュニケーションのサイクル(enhance, obsolete, retrieve, reverseの4つの理論)」であり、そのすべてに言及しても良いし、どれか1つに焦点を当てても良いこととなっていた。

「メディアはメッセージである」という理論は、メディアは純粋な現実、事実を伝えているのではなく、伝わる過程で編集されている、すなわちメッセージとして伝えられる、ということである。「ホットなメディア、クールなメディア」の理論は、メディアの性質について区分したものである。これらの区分は、「ホットなメディアとは、単一の感覚を高精細度で拡張するメディアであり、クールなメディアとは、全身的な感覚を低精細度で拡張するメディア」(吉見、2004、75頁)であるとされる。また、ホットなメディアは情報量が多く、クールなメディアは情報量が少ないという特徴があるとされている。最後の「コミュニケーションのサイクル」理論とは、まずメディアが人間の感覚器官を拡張(enhance)するものとして理解し、そのようなメディアは常に進化していくことで、それ以前のメディアを退化(obsolete)させる。しかし新しく登場したメディアも機能的には限られており、結果的にそれ以前のメディアも保持(reversal)される。そうすることで、メディアは互いに補完(retrieve)しあう関係になる。このサイクルは同時に、ないし結果として起こることであるが、常にこのようなサイクルを繰り返すわけではない。A教諭は、雑誌でのマクルーハンへのインタビュー記事と、口頭での説明によってこれらの理論を説明した。

巻末資料2-2. X校Openの授業内容

単元名	期間	教材	授業内容
「現代文化」	10月中旬～10月下旬	1950年代のコメディ番組と1970年代のコメディ番組	テクストを分析し、何が「笑い」の要素になっているのかを考えた。「現代文化と流行」という課題では、分析対象とする映画やテレビ番組のシーンを選び、メディア・トライアングルの視点を使って分析し、画用紙と印刷したイラストなどを使って表現し、教員に提出した。
「地球市民」（「社会メディア」）	11月初旬～11月中旬	『オンラインで成長する子どもたち』	教材をセクションごとに区切って分析し、議論を行った。最後に、教材についての感想を実体験とあわせながらレポートにまとめた。
「リプレゼンテーション」	11月中旬～11月末	ポスター広告、雑誌広告、CM	雑誌の広告について、ジェンダー、文化、人種・民族、人間関係、地位といったイメージが、どのように広告に表象されているのかを分析した。教室に置いている無数の雑誌の中から、自由に広告を5つほど切り取り、さらにその広告を文字と写真・イラストの部分の2つに切り離し、それぞれ切り取った文字部分と写真・イラスト部分を本来とは違う広告同士でちぐはぐにつなぎ合わせて新しい広告を作り、その新しい広告が意味を創り出しているかどうかを考えるという課題を行った。
「説得の芸術」（「消費主義」）	11月下旬～12月上旬	雑誌広告やインターネット上の動画	授業を行っていた時期と関連させて、教材を分析しながら、消費とは何か、なぜ大量にモノを消費する社会になっているのかについて考えた。
「パブリック・スペースとプライベート・スペース」	12月上旬～1月	ショッピングモールについてのドキュメンタリー	ショッピングモールや、「公共的」な場所が、なぜパブリックなのか、なぜプライベートではありえないのか、といったことを考える。

内容は基本的にUniversityと同様である。

| 巻末資料3．映像および編集に関する技法 |

以下の説明(50音順)は、鈴木(2004)および、B教諭が授業中に生徒に配布した資料を参考にして作成した。

- カット
    画面をすばやく切り替える技法。
- カメラアングル
    被写体をとらえるカメラの角度を指す。被写体を上方から映すハイ・アングル、下方から映すロー・アングル、水平に映すフラット・アングルなどがある。
- カメラ移動
    ドリー以外に、動く被写体に沿ってカメラを移動させる方法、被写体の周囲を移動する方法、クレーンに吊るして移動上下左右に移動させる方法などがある。
- カメラサイズ
    被写体とカメラの距離を指す。例えば、被写体を画面いっぱいに映し出すエクストリーム・クローズ・アップや、ニュース番組などでキャスターを映すときにしばしば用いられるバスト・ショット、被写体全体を満遍なく映すミディアム・ショット、被写体と、その周囲を含む全体を望遠で映すロング・ショットなどがある。
- クロス・カット (cross cutting)
    まるで複数の出来事が同時進行しているかのように見せるため、実際には離れたところで起きている複数のアクションをすばやく行ったり来たりして表現する方法。
- 継続的編集 (continuity editing)
    がちゃがちゃとした視覚的編集を施さずに、ショットと場面を滑らかに組み合わせることでアクションをつくりだす方法。
- サイレント (silent)
    意図的に音声を無音にすること。
- ジャンプ・カット
    アクションの一部を途中で切り離すことで、場面の継続性を失わせること。アクションの時間と場所を一致させなくする。
- ショット
    映像を構成する一続きの画面を示す単位である。ある画面の切れ目から次の切れ目までの間を指す。
- シークエンス
    映画やテレビ番組などの映像作品のストーリーの一部を指す。特定の出来

事や場所、時間帯に関する一連のシーンの組み合わせから構成される。
- シーン
  映画やテレビなどの映像における1つの場面を指す。多くの場合、いくつかのショットの組み合わせから構成される。
- ズームイン／アウト
  被写体に向かってカメラが近づいたり、被写体からカメラが遠ざかったりすること。
- ディゾルブ
  あるショットの終わりと、次のショットの始まりを重ね合わせることで、段々と場面を切り替えていくこと。
- ティルトアップ／ダウン
  カメラを固定したまま、カメラの向きを上下（垂直方向）に動かして撮影する方法。
- ドリー
  カメラを台車に乗せ、移動しながら被写体を撮影する方法で、トラックインもしくはトラックアウトとも言う。被写体に向かってカメラを移動させることもドリーに含まれる。陸上競技の100メートル走などでよく用いられる。パンはカメラをその場に固定したまま撮影するが、ドリーはカメラ自体が移動する。
- パン
  カメラを固定したまま、カメラの向きを水平に動かして撮影する方法。
- フェードイン／アウト
  映像や音声が次第に浮かび上がるようにするのがフェードインで、逆に映像や音声を次第に消していく方法をフェードアウトと言う。
- ブリッジ・ショット（Bridging shot）
  時間の途切れを補ったり、継続性の観点から考えて途切れている場面を補ったりする方法。
- プロット
  いわゆるストーリー（物語の内容）にあたる。
- 並列（juxtaposition）
  複数の被写体を比較対照するように撮影すること。
- モンタージュ
  ①多くの短いショットを重ね合わせることで、視覚的、感情的インパクトを与える手法。ヒッチコック監督の『サイコ（Psycho）』でのシャワーの場面はモンタージュの一例である。②関連のないように見えるショットや場面が、並列に組み合わされて意味をつくりだす方法。③関連のある一連のショットをつなぎ合わせて、視聴者が期待しているような結果へとつなげていく方法。

巻末資料4．メディア・リテラシー教育用ルーブリックの例

1. メディア・テクストの理解／創造のための一般的なルーブリック（幼稚園～第3学年）
2. メディア・テクストの理解／創造のための一般的なルーブリック（第4～8学年）
3. 口頭での発表と作品の提出
4. メディア・テクストを評価するルーブリック
5. 2つのメディアにおけるニュース報道を評価するルーブリック

1. メディア・テクストの理解／創造のための一般的なルーブリック（幼稚園〜第3学年）

氏名　　　　　　クラス
トピック　　　　日付

基準（クライテリア）	レベルR	レベル1	レベル2	レベル3	レベル4
知識と理解。メディア・テクストの特徴。メディア・テクストからの情報を使っているか。	かなり限定された効果だけ使ってメディア・テクストを説明している。メディア・テクストからの情報をまれにしか使用できていない。	限定された効果だけ使ってメディア・テクストを説明している。メディア・テクストからの情報をまれに使っている。	いくつかの効果を使ってメディア・テクストを説明している。メディア・テクストからの情報を所々使っている。	かなりの効果を使ってメディア・テクストを説明している。メディア・テクストからの情報をかなり使っている。	高度なレベルの効果を使ってメディア・テクストを説明している。メディア・テクストからの情報を一貫して使っている。
思考。メディア・テクストにおける事実と虚構の違い。	事実と虚構の区別がかなり限られた効果でしかできない。	事実と虚構の区別が限られた効果でしかできない。	事実と虚構の区別が効果的にできる。	多様な文脈における事実と虚構の区別がかなり効果的にできる。	広く多様な文脈における事実と虚構の区別が高度なレベルでできる。
コミュニケーション。異なるオーディエンスと目的のための情報にコミュニケートしているか。	きまり／約束事を使い、オーディエンスと目的に応用することがかなり限られた効果でしかできない。	きまり／約束事を使い、オーディエンスと目的に応用することが限られた効果でしかできない。	きまり／約束事を使い、オーディエンスと目的に応用することがいくらか効果的にできる。	きまり／約束事を使い、オーディエンスと目的に応用することがかなり高度なレベルでできる。	ボキャブラリーを使い、オーディエンスと目的に応用することが高度なレベルでできる。
応用。自分の経験とメディア体験を比較しているか。メディアのきまり／約束事の知識をメディア・テクストの創造に活用しているか。	メディア・テクストと自分の経験を比較できない。かなり限られた効果でメディア・テクストを創る。	メディア・テクストと自分の経験をはっきりとは比較できない。限られた効果でメディア・テクストを創る。	メディア・テクストと自分の経験を比較できる。いくらか効果的にメディア・テクストを創れる。	メディア・テクストと自分の経験を明瞭に比較することができる。かなりの効果を使ってメディア・テクストを創る。	メディア・テクストと自分の経験を明瞭かつ正確に比較できる。高度なレベルの効果を使ってメディア・テクストを創られる。

Toronto District School Board, 2005, p. 71 を基に筆者作成

2. メディア・テクストの理解／創造のための一般的なルーブリック（第4〜8学年）

氏名		クラス	
トピック		日付	

基準（クライテリア）	レベルR	レベル1	レベル2	レベル3	レベル4
知識と理解。メディア・テクストの特徴、メディア・テクストからの情報を使っているか。	かなり限定された効果だけ使ってメディア・テクストを説明している。メディア・テクストからの情報を使用できていない。	限定された効果だけ使ってメディア・テクストを説明している。メディア・テクストからの情報をまれに使っている。	いくつかの効果を使ってメディア・テクストを説明している。メディア・テクストからの情報を所々使っている。	かなりの効果を使ってメディア・テクストを説明している。メディア・テクストからの情報をしばしば使っている。	高度なレベルの効果を使ってメディア・テクストを説明している。メディア・テクストからの情報を一貫して使っている。
思考。メディア・テクストから集められた情報とアイディアを分析・評価する。	メディア・テクストをかなり不明瞭にしか分析・評価できない。	メディア・テクストを不明瞭にしか分析・評価できない。	メディア・テクストをいくらかはっきりと分析・評価できる。	メディア・テクストをはっきりと分析・評価できる。	メディア・テクストをはっきりと正確に分析・評価できる。
コミュニケーション。異なるオーディエンスと目的のための情報にコミュニケートしているか。	きまり／約束事を使い、オーディエンスと目的に応用することがかなり限られた効果でしかできない。	きまり／約束事を使い、オーディエンスと目的に応用することが限られた効果でしかできない。	きまり／約束事を使い、オーディエンスと目的に応用することがいくらか効果的にできる。	きまり／約束事を使い、オーディエンスと目的に応用することがかなり効果的にできる。	ボキャブラリーを使い、オーディエンスと目的に応用することが高度なレベルでできる。
応用。自分の経験とメディア体験を比較しているか、メディアからの知識をメディア・テクストの創造に活かしているか。	メディア・テクストと自分の経験を比較できない。かなり限られた効果を使ってメディア・テクストを創れる。	メディア・テクストと自分の経験をはっきりとは比較できない。限られた効果を使ってメディア・テクストを創れる。	メディア・テクストと自分の経験を明瞭に比較できる。いくらか効果的にメディア・テクストを創れる。	メディア・テクストと自分の経験を明瞭に比較することができる。かなりの効果を使ってメディア・テクストを創れる。	メディア・テクストと自分の経験を明瞭かつ正確に比較できる。高度なレベルの効果を使ってメディア・テクストを創れる。

Toronto District School Board, 2005, p. 73 を基に筆者作成

3. 口頭での発表と作品の提出

以下のルーブリックは生徒の活動がどのように評価されるべきであるのかをいくつかのストランドの観点から示している。

この活動には、生徒の調査活動、メディア作品（ポスター、パンフレット、データ、映像）の説明を含む生徒の発表と事前準備が含まれる。

「書くこと」とは生徒の調査活動が該当する

「言語」は生徒の言語使用、リハーサル、発表の整理が該当する

「メディア」は生徒が発表を効果的に行うためのメディア作品の利用が該当する

生徒はレポートをクラスで発表し、どのように、なぜそのようなメディアの決まり／約束事を選び、使用したのかを説明する必要がある

	中心概念と期待目標	レベル1未満 (0-49%)	レベル1 (50-59%)	レベル2 (60-69%)	レベル3 (70-79%)	レベル4 (80-100%)
思考・判断	アナログとデジタルの多様な情報源から収集した情報と知識を、それらが適切か、時事的か、関係性があるか、記述するのにふさわしい様式かを考えることを通じて、分析し評価する。	適切な調査情報を選ぶ際にほとんど評価をしていない	適切な調査情報を選ぶ際に少しは評価している	適切な調査情報を選ぶ際にある程度評価している	適切な調査情報を選ぶ際にかなり評価している	適切な調査情報を選ぶ際に、完全に理解したうえで評価している
コミュニケーション	多様な話す・書く・コミュニケーションにおいて、一貫性を持って自分自身を明確に表現するため、語彙と比ゆ的な言語を選び使用する。	意見を伝えるために言語をほとんど使用していない	意見を伝えるために言語を少しは使用している	意見を伝えるために言語をある程度使用している	意見を伝えるために言語をかなり使用している	意見を伝えるために言語を完全に理解して使用している

カテゴリ	課題	レベル1	レベル2	レベル3	レベル4	レベル5
思考・判断・コミュニケーション	情報と知識を集め、資料を準備し、リハーサルを行い、発表を改善していくことを通じて、口頭での報告と発表を企画し準備する。	調査情報から得られたことを口頭発表で準備する方法についてほとんど知らない	批判的・創造的な思考方法を少しはしている	批判的・創造的な思考方法をある程度している	批判的・創造的な思考方法をかなりしている	完全に理解したうえで批判的・創造的な思考方法をしている
知識・理解	特定の社会的な暗示を含むメッセージを、多様メディアにおける言語や様式がどのように伝えているのかを説明する。	メディアが社会にどのように影響するのかほとんど理解していない	メディアが社会にどのように影響するのかを少し理解している	メディアが社会にどのように影響するのかある程度理解している	メディアが社会にどのように影響するのかかなり理解している	メディアが社会にどのように影響するのか完全に理解している
知識・理解	メディア作品における設計と制作の際に使用される様式、目的、オーディエンス、制作の相互作用に関する知識を使用する。	様式、内容、オーディエンスの相互関係をほとんど理解していない	様式、内容、オーディエンスの相互関係を少しは理解している	様式、内容、オーディエンスの相互関係をある程度理解している	様式、内容、オーディエンスの相互関係をかなり理解している	様式、内容、オーディエンスの相互関係を完全に理解している

Toronto District School Board, 2005, p.75 を基に筆者作成

4. メディア・テクストを評価するルーブリック

期待目標	レベル1未満 (0〜49%)	レベル1 (50〜59%)	レベル2 (60〜69%)	レベル3 (70〜79%)	レベル4 (80〜100%)
プリントおよび電子テクストにおける情報、アイデア、テーマ、議論を分析・解釈する。多様なメディア形式が技術、形態、言語によってどのような意味を創りだしているかを説明する。	異なるメディアがどのように意味を創りだしているかについてかなり限られた知識しかない。	異なるメディアがどのように意味を創りだしているかについて限られた知識しかない。	異なるメディアがどのように意味を創りだしているかについてある程度知識がある。	異なるメディアがどのように意味を創りだしているかについてかなりの知識がある。	異なるメディアがどのように意味を創りだしているかについて十分な知識がある。
テクストにおける明示的・暗示的な思考や価値、観点と、自分の思考や価値、観点を比較する。メディア作品とオーディエンスの間の関係を分析する。	多様な観点の効果についてかなり限られた理解しかない。	多様な観点の効果について限られた理解しかない。	多様な観点の効果についてある程度理解がある。	多様な観点の効果についてかなりの理解がある。	多様な観点の効果について十分な理解がある。
目的とオーディエンスに対して適切に言語を創りだすために、テクストにおいて言語と構造がどのように使われているか分析する。作品やデザインにおいてつくられた選択を説明するために、様式、目的、オーディエンスと制作者の意見の間にある関係の知識を使う。	批判的・創造的な思考の使用がかなり限られている。	批判的・創造的な思考の使用が限られている。	批判的・創造的な思考をある程度している。	批判的・創造的な思考をかなりしている。	批判的・創造的な思考を十分にしている。
いろいろな目的でかまわないので、大・小の班で会話する。その際、主題と重要な周辺事項を聴くこと/他人の意見を区別し展開する/適切な学問的・理論的言語を用いる/関係性、正確さ、偏見を基準を用いながら明示的・暗示的な意見を評価する。	議論、偏見、固定観念についてまったく会話できない。	議論、偏見、固定観念についてほとんど理解してない。	議論、偏見、固定観念についてある程度理解している。	議論、偏見、固定観念についてかなり理解している。	議論、偏見、固定観念について十分に理解している。

プリントおよび電子テクストにおける情報、アイデア、テーマ、議論を分析・解釈する。本学習で考察した意見、テーマ、課題に基づいて作品をデザイン・制作する。	様式、内容、オーディエンスの関係の理解がまったくない。	様式、内容、オーディエンスの関係の理解がほとんどない。	様式、内容、オーディエンスの関係をある程度理解している。	様式、内容、オーディエンスの関係をかなり理解している。	様式、内容、オーディエンスの関係を十分に理解している。

Toronto District School Board, 2005, p.76 を基に筆者作成

5. 2つのメディアにおけるニュース報道を評価するルーブリック

中心概念と期待目標	レベル1未満 (0－49%)	レベル1 (50－59%)	レベル2 (60－69%)	レベル3 (70－79%)	レベル4 (80－100%)
ジャンルにおけるテクストを理解し解釈するために、見出し、リード、5W、表題、副題、写真のような新聞および雑誌記事の要素を理解している。(文学研究と読解)	異なるメディアがどのように意味を創りだしているかについてかなり限られた知識しかない。	異なるメディアがどのように意味を創りだしているかについて限られた知識しかない。	異なるメディアがどのように意味を創りだしているかについてある程度知識がある。	異なるメディアがどのように意味を創りだしているかについてかなりの知識がある。	異なるメディアがどのように意味を創りだしているかについて十分な知識がある。
例、年代順、比較のような体系的なパターンを使って論理的に示唆や解説、調査報告を表現する。(書く)	多様な観点の効果についてかなり限られた理解しかない。	多様な観点の効果について限られた理解しかない。	多様な観点の効果についてある程度理解がある。	多様な観点の効果についてかなりの理解がある。	多様な観点の効果について十分な理解がある。
公式・非公式な様式に合った言葉やフレーズ、口頭や記述の作業で目的やターゲット・オーディエンスに適した言葉やフレーズを選ぶ。(言語)	批判的・創造的な思考の使用がかなり限られている。	批判的・創造的な思考の使用が限られている。	批判的・創造的な思考をある程度している。	批判的・創造的な思考をかなりしている。	批判的・創造的な思考を十分をしている。
多様な形態や構造化されたメディア作品に使われている要素を区別し説明する。(メディア・スタディーズ)	議論、偏見、固定観念についてまったく会話できない。	議論、偏見、固定観念についてほとんど理解してない。	議論、偏見、固定観念についてある程度理解している。	議論、偏見、固定観念についてかなり理解している。	議論、偏見、固定観念について十分に理解している。
異なるオーディエンスの特徴を分析し、それらオーディエンスのために特別にデザインされたメディア作品をつくる。	様式、内容、オーディエンスの関係性の理解がまったくない。	様式、内容、オーディエンスの関係性の理解がほとんどない。	様式、内容、オーディエンスの関係性をある程度理解している。	様式、内容、オーディエンスの関係性をかなり理解している。	様式、内容、オーディエンスの関係性を十分に理解している。

Toronto District School Board, 2005, p.77 を基に筆者作成

事項索引

欧字

1999・2000年版（カリキュラム） 155, 157, 160〜163, 165, 166, 168, 169, 183
2007年版（カリキュラム） 160〜170, 179, 183, 195, 196, 254, 255, 258, 262
Play Station 3（PS 3） 225〜227
YouTube 215, 260

あ行

アクション・リサーチ 4, 5, 14, 109
意識化 9, 23, 30, 49〜51, 63, 91
意識産業 30, 44
イデオロギー 4, 30, 36〜38, 40, 43, 44, 46, 47, 53, 56〜58, 62, 65, 70, 73, 76, 79, 82, 84, 88, 92, 93, 96, 141, 154, 186, 207, 209〜212, 223, 238, 247
インターネットリテラシー 250, 265
映画科 20, 199, 204〜206, 256, 267
映画教育 6, 10, 28, 143, 148
英語―メディア科 8, 201, 212, 256
エスノグラフィ 15, 17
エンパワー（メント） 30, 46, 48, 50, 51, 62, 64, 75, 78, 150, 247, 264
オーディエンス 28〜30, 34, 37〜39, 42, 43, 45, 47, 60, 64, 80, 82〜86, 89, 92, 138, 163, 166, 181, 194〜196, 203, 205, 206, 214, 215, 218, 221, 223〜225, 232, 234, 237, 242, 296, 303, 304〜309
オンタリオ州中等学校識字テスト（Ontario Secondary School Literacy Test：OSSLT） 201

か行

『カナダを責めよう（Blame Canada）』 229
カルチュラル・スタディーズ 5, 6, 11, 13, 18, 28, 29, 32, 36〜39, 42, 45, 46, 48, 51, 52, 55, 60, 62, 65, 69, 74, 81, 84, 86, 89, 91, 92, 137, 144, 197, 246, 247, 265
『カレッジが好き（I Love College）』 223
関係性 14, 46, 142, 195, 203, 209, 213, 218, 237, 238, 240, 242, 253, 296, 305, 307〜309
間テクスト性（intertextuality）46, 266, 267
記号論 4, 29, 30, 37, 38, 44, 54, 55, 62, 63, 82, 85, 88, 92, 95, 137, 248, 250
記述語 117, 124, 129
基礎へ帰れ（back-to-basics） 143, 155, 157
技術主義者の罠 57〜59, 63
基本概念（key concepts） 81, 84〜87, 92, 103, 110, 146, 195, 196, 213, 223, 239, 240
教育測定運動 114
クリティカルリテラシー 29, 69, 76〜80, 86〜89, 92, 93, 140, 163〜165, 254
グリュンバルト宣言 ii, 89
グローバル・ヴィレッジ 144
形成的な評価 106, 126, 177, 263
ケータイリテラシー 250
現代文化分析 213〜215, 221, 222, 224
検討会 117, 125, 127
公共圏 34, 35, 53
広告の切り貼り課題 213, 215〜219, 221, 222, 242
「行動（制作）」 47, 239, 240
構成主義（的学習観） 77, 114
コード（化）38, 45, 55, 62〜64, 82〜84, 86, 92, 108, 181, 232, 248
コーヒーハウス 34, 35
固定観念 4, 5, 79, 93, 107, 163, 195, 209,

210, 214, 219, 233, 260, 307, 309
『コヤニスカッツィ（Koyaanisqatsi）』232

さ行

雑誌　　　　　i, 17, 22, 24, 32, 34, 35, 37, 45, 110, 147, 165, 203, 205, 222, 228, 242, 255, 267, 296, 298, 299, 309
サブテクスト・メッセージ　　203, 209, 215 〜 217, 219, 228, 229, 242, 267, 296
ジェンダー　　5, 37, 90, 165, 168, 183, 193, 203, 209, 242, 255, 267, 296, 299
視聴覚教育　　11, 12, 21, 28, 134, 140, 142, 144
市民　　　10, 23, 32, 34 〜 36, 50, 60, 63, 64, 66, 72, 85, 120, 143, 148, 149, 163, 164, 202, 203, 207, 224, 248, 260, 267, 296, 299
市民メディア　　　　　　　　60, 85
州統一カリキュラム　111, 112, 158, 159, 170, 171, 177, 178
州統一テスト　158, 159, 170, 172 〜 174, 176 〜 178, 182, 184, 188, 201
省察　　　　　　　　47, 49, 239, 240
情報モラル（教育）　　　　　　　12
新自由主義　　　　　153, 154, 157, 158
人種差別撤廃キャンペーン　　　　140
人種・民族　150, 168, 171, 176, 183, 184, 198, 202, 203, 209, 233, 242, 254, 255, 296, 299
真正の評価　　　　　　　12, 19, 23, 95, 98, 104, 106, 109 〜 111, 113 〜 119, 121, 122, 124 〜 127, 171, 175, 177, 178, 182, 184, 197, 213, 246, 250 〜 252, 255, 256, 259, 262, 264, 266
新保守主義　　　　153 〜 155, 163, 164, 183, 187, 254
スカーボロ（Scarborough）教育委員会　　178
制作活動　　　　　　　20, 44, 47, 48, 56 〜 61, 63, 68, 81, 87, 100, 101, 103, 105, 124 〜 126, 138, 154, 167, 192, 193, 195, 196, 207, 208, 210 〜 212, 217, 228, 233 〜 240, 248, 251, 252, 256 〜 258, 263
正統的周辺参加論　　　　　　　　54
説得の技　　202, 203, 209, 213, 228, 296
ソーシャル・ネットワーキング・サービス（SNS）　　　　　　　i, 207

た行

対話（型教育）　　17, 47, 49, 20, 51, 55, 62, 78, 79, 93, 95, 96, 107, 239, 240, 247, 248, 266
多元的市民フォーラム　　　　　　36
脱構築　46, 76, 81, 84, 86, 90, 93, 107, 154, 202 〜 204, 210, 224, 260, 296
脱神話（化）　　　　82, 86, 111, 154
多文化主義（社会）　　140, 149 〜 151, 164, 168, 176, 182, 183, 254, 255
地位（status/class）　203, 209, 242, 295, 296 299
「地球市民」　202, 203, 207, 224, 267, 296 299
中心概念（strand）　111, 129, 182, 305, 309
追加資格認定コース（AQ コース）8, 23, 109, 110, 112, 113, 124, 128, 129, 142, 144, 167, 171, 195, 205, 206, 241, 245, 252, 253, 258, 263, 265, 266, 268, 270
ティーチングガイド　　19, 111 〜 113, 122, 〜 127, 171, 180, 182, 184, 192, 205, 206, 224, 236, 251, 252, 255, 263
テクスト・メッセージ　203, 209, 215 〜 217, 219, 228, 229, 242, 267, 296
伝統的な筆記テスト　95, 108, 109, 119, 124, 127, 250
討議（ディスクルス）　　70 〜 72, 78
トリリアムリスト　　　　　　　136

な行

内省　45, 79, 94, 95, 121, 122, 249
ニューリテラシー　54, 107 〜 109
ニューロンドングループ　54, 107
認知科学　29, 260, 262

は行

発達の最近接領域　47
パフォーマンス評価（パフォーマンス課題）　105, 106, 109, 110, 113, 115 〜 119, 125 〜 127, 175 〜 178, 251, 252, 262
パワー　203, 209, 220, 242, 296
汎用的　124, 250, 252, 260, 262
批判的意識　83
批判的教育学　18, 31, 44, 48, 51 〜 53, 55, 56, 65, 69, 72 〜 78, 80, 86, 87, 92, 93, 94, 122, 246, 247, 261
批判的自律　82
標準（スタンダード）テスト　20, 23, 172, 174, 175, 178, 183
ファシリテーター　87
フランクフルト学派　28, 32 〜 34, 36, 37, 51, 52, 60, 62, 69, 70, 72, 77, 92 〜 94, 150, 247, 265
振り返り　4, 47, 48, 59, 62, 101, 102, 110, 112, 125, 128, 142, 213, 215 〜 221, 229, 239, 240, 248, 251, 258
ブルーム・タキソノミー　177, 263, 264
文化産業　33, 62, 70, 71, 79, 95, 247
文化資本　39, 43, 64, 65, 176
文化的再生産（論）　32, 40, 42, 43, 65
文明の同盟　ii, 90
ヘゲモニー　76, 77, 80, 96
放送教育　11, 12, 21, 134, 140, 157
保護的アプローチ　30
ポートフォリオ評価　15, 97, 105, 106, 108 〜 111, 113, 115 〜 118, 125 〜 128, 175, 177, 178, 180, 182, 184, 196, 222 〜 225, 228, 233, 234, 251, 256, 257, 262 〜 264, 266

ま行

『学ぶことを好きになるために』（For the Love of Learning）　158, 171
マルクス主義　34, 36, 48, 60, 64, 80, 247
マルチリテラシー　30, 54, 55, 62, 63, 107, 264
ミュージック・ビデオ　210, 215, 223
メディア科　8, 9, 109, 122, 128, 137, 141, 154, 156, 157, 160, 161, 165 〜 171, 179 〜 181, 183, 187, 197 〜 203, 205, 223, 240, 255, 259, 267, 270, 295
メディア教育コンサルタント　17, 18, 24, 109, 112, 186, 197, 198, 266, 268
メディア言語　45, 60, 63, 81, 82, 105, 109, 163, 193, 194, 196, 204, 207, 208, 210 〜 212, 218, 219, 225, 232, 234 〜 237, 239 242, 257, 258
メディア教育者の国際会議　9
メディア・スタディーズ　5, 111, 129, 137, 139, 160 〜 166, 170, 171, 182, 183, 186, 192, 193, 198, 254, 259, 309
メディア・テクスト　4, 21, 22, 29, 37, 44, 58, 60, 63, 82, 83, 86, 88, 91, 92, 94, 110, 123, 128, 137, 165 〜 167, 180, 181, 187, 192, 193, 196, 202, 205, 206, 208, 210 〜 212, 223, 232, 237, 240, 249, 254, 255, 260, 267, 302 〜 304, 307
メディア・トライアングル　202, 203, 205, 206, 213, 223 〜 225, 234, 236, 237, 296, 299
『メディア・リテラシー・リソースガイド』　146, 253
メディアログ（ロッカー）　109 〜 111 122, 128, 178, 182, 184, 263

ら行

リプレゼンテーション　4, 22, 30, 41, 46, 57, 82〜86, 88, 89, 91, 92, 94, 107, 108, 150, 165, 168, 181, 183, 193, 195, 196, 202, 203, 209, 210, 212, 219, 229, 232〜234, 236〜238, 254, 255, 257, 296, 299

ルーブリック　103, 105, 106, 108〜110, 113, 117〜119, 122〜125, 127, 129, 180, 182, 192, 194, 197, 213〜216, 235, 239, 240, 252, 255, 263, 302〜305, 307, 309

レポート　5, 116, 202, 205, 206, 208, 211, 243, 299, 305

人名・機関索引

あ行

アドルノ（Adorno, T. W.）　28
アルチュセール（Althusser, L.）　28
アルバラド（Alvarado, M.）　88
アンガーライダー（Ungerleider, C.）　164
アンダーセン（Andersen, N.）　112, 113, 142〜144, 146, 153, 167, 186, 253, 268
アンダーソン（Anderson, J. A.）　89
井上尚美　91, 273
イリイチ（Illich, I.）　45
ウィーバーとダスピット（Weaver, J. A. and Daspit, T.）　75
ウィギンズ（Wiggins, G.）10, 23, 110, 113, 119, 121, 123, 129
ヴィゴツキー（Vygotsky, L.）　30
ウィトゲンシュタイン（Wittgenstein, L.）　30
ウィリアムズ（Williams, R.）　36
ウェスタン・カナダ・プロトコル（WCP）
ウェッブ（Webb, S.）　112
英国映画協会（British Film Institute: BFI）　32, 88, 100
エーコ（Eco, U.）　78
エスコバル（Esquivel, I.）　198, 241
オハイオ州英語教員団体（Ohio Council of Teachers of English Language Arts）　107
オフダーハイド（Aufderheide, P.）　88
オンタリオ州英語科教員協会（the Ontario Council of Teachers of English: OCTE）　155

か行

外部研究審査委員会（External Research Review Committee: ERRC）　199
学習に関する王立委員会（Royal Commission on Learning）　20, 158, 175
カナダ教育担当大臣協議会（Council of Ministers of Education, Canada: CMEC）　135
カルチュラル・スタディーズセンター（Center for Contemporary Cultural Studies: CCCS）　37
カント（Kant, I.）　71
キスト（Kist, W.）　4, 5, 107〜109, 126, 128, 262
ギップス（Gipps, C. V.）　115, 116, 129
木原俊之　12
教育の質とアカウンタビリティに関するオフィス（Education Quality and Accountability Office: EQAO）　170
クマル（Kumal, K.J.）　31
グラハム（Grahame, J.）　101
グラムシ（Gramsci, A.）　76

ケルナー（Kellner, D.） 52, 65, 150
コープとカランツィス（Cope, B. and Kalantzis, M.） 30, 54

さ行

自由党（Liberal Party） 140, 147〜149, 151〜153, 158〜160, 164, 168, 169, 183, 254
ショールとスタン（Sholle, D. and Stan, D.） 89
ジルー（Giroux, H. A.） 51, 53, 55, 56, 65, 73, 74, 96
シンカー（Sinker, R.） 7, 103, 109, 123
シンクレア（Sinclair, D.D.） 112, 198
新民主党（New Democratic Party） 147, 158, 153, 164, 254
進歩保守党（Progress Conservative Party: PC） 147〜149, 152, 153, 157〜160, 162, 164, 168, 169, 176, 254
スカーボロ（Scarborough）教育委員会 178
鈴木みどり 11, 28, 91, 270
スノベレン（Snobelen, J.） 155
セフトン - グリーン（Sefton-Green, J.） 4, 5, 7, 45, 46, 100, 104, 109
ソーンダイク（Thorndike, E. L.） 114

た行

タクセル（Taxel, J.） 52
ダンカン（Duncan, B.） 112, 141, 143, 147, 169, 186, 253
トラウ（Traub, R.） 177
トロント大学オンタリオ教育研究所（Ontario Institute for Studies in Education of the University of Toronto: OISE/UT） 109, 142
トロント地区教育委員会（Toronto District School Board: TDSB） 17, 19, 108, 109, 112, 113, 122, 123〜127, 151, 171, 180, 184, 186, 187, 192, 193, 195〜201, 204〜206, 224, 235, 236, 239〜241, 251, 252, 255, 257, 258, 266
トンプソン（Thompson, D.） 32

な行

中村敦雄 91
ニューマンとアーチボルド（Newmann, F. M. and Archbald, D. A.） 114

は行

バーク（Burke, K.） 118
ハーバーマス（Habermas, J.） 34〜36, 65, 70〜72, 74, 77〜79, 93, 95, 96
ハウリーとスパティグ（Howley, A. and Spatig, L.） 53
パスロン（Passeron, J. C.） 39
バッキンガム（Buckingham, D.） 4〜7, 14, 21, 30〜32, 42〜48, 52, 55, 56, 58〜64, 68, 80, 81, 83〜87, 89, 91〜94, 98〜103, 109, 123, 125, 141, 195, 196, 196, 239, 240, 247, 248, 251, 258〜260, 262, 263, 266, 267
バフチン（Bakhtin, M.） 59
バランとデイビス（Baran, S. J. & Davis, D. K.） 29
ハリス（Harris, M.） 152〜157, 183, 254, 265
ハンモア（Hanmore, T.） 142
ファーガソン（Ferguson, B.） 58
フィスク（John F.） 38
フーコー（Foucault, M.） 78
ブルデュー（Bourdieu, P.） 32, 39〜43, 52, 62, 64, 65, 247
フレイレ（Freire, P.） 30, 31, 44, 47〜52, 55, 60, 62, 65, 72, 73, 75, 77, 98, 247, 248
フレネ（Frenette, M.） 107
フレミング（Fleming, D.） 89
プンジャンテ（Pungente, S. J.） 145, 147,

152, 186
ペレス・トルネロ（Perez Tornero, J. M.）
　　　　　　　　　　　　　　89
ベンヤミン（Benjamin, W.）　　33
ホール（Hall, S.）　　28, 36, 37, 57
ボールズ（Boles, D.）　　154, 155
保護者諮問機関（Provincial Parent Advisory Council）　　155
ホッブス（Hobbs, R.）　104〜106, 111
ボランテ（Volante, L.）　　177
ホルクハイマー（Horkheimer, M.）　34
ボロヴィロス（Bolovilos, J.）　155

ま行

マギンティ（McGuinty, D.）　158
マクタイ（McTighe, J.）　　10
マクマホン（McMahon, B.）　106
マクラーレン（McLaren, P.）　78
マクルーハン（McLuhan, M.）　57, 134, 140, 142〜144, 151, 182, 202, 203, 208, 224〜226, 253, 259
マスターマン（Masterman, L.）
　　30〜32, 37, 38, 42〜48, 50, 52, 55, 63, 64, 80〜84, 86, 87, 89, 91〜94, 96, 98〜100, 125, 141, 195, 239, 240, 247, 248, 251, 258, 259, 262, 263, 267
マッカーディーとリースウッド（McAdie, P. and Leithwood, K.）　155
マルティネス・デ・トダ（Martinez-de-Toda, J.）　29
水越伸　　28
ミスター・T（Mr. T）　218
メディア・リテラシー協会（Association for Media Literacy: AML）17, 90, 112, 137, 139〜141, 143〜147, 152, 154, 182, 253, 265, 269, 270
メディア・リテラシーセンター（Center for Media Literacy: CML）　105
メディア・リテラシー・リストサーブ（Media Literacy Listserv）　107
メディア・リテラシー協会　17, 90, 112, 137, 139〜141, 143〜147, 152, 154, 182, 253, 265, 269, 270
メリアム（Merriam, S.B.）　15, 16
モーガン（Morgan, R.）　155, 162
モーレイ（Morley, D.）　37

や行

ユネスコ　　9

ら行

ラドワンスキ（Radwanski, G.）　171, 172, 187
ラロンド（Lalonde, P.）　141
ランクシア（Lankshear, C.）　77, 78
リーヴィス（Leavis, F. R.）　32
リビングストン（Livingstone, S.）　88
ルーク（Luke, C.）　60, 61, 267
ルカーチ（Lukacs, G.）　48
レイブとウェンジャー（Lave, J. and Wenger, E.）　54
レッジョ（Reggio, G.）　232
レミッシュ（Lemish, D.）　30, 50
ロス（Roth, Asher）　223

わ行

ワーズノップ（Worsnop, C. M.）　137

著者紹介

森本洋介(もりもと ようすけ)

　京都大学　博士(教育学)　比較教育学専攻　現　弘前大学教育学部講師

主な業績

- 鈴木みどり編著『最新Study Guideメディア・リテラシー【入門編】』リベルタ出版、2013年
- Drotner, K., Jensen, H. S. and Schroder, K. C (Eds.), Informal learning and digital media, London: Cambridge Scholars Publishing, 2008
- 「メディア・リテラシー教育を通じた「批判的」な思考力育成に関する考察―トロント地区X高校における授業観察から―」カナダ教育研究8号、カナダ教育学会、2010年
- 「カナダ・オンタリオ州の1999・2000年版および2007年版英語カリキュラムにおける人権の位置づけの異同―メディア・リテラシー教育に着目して―」カリキュラム研究19号、日本カリキュラム学会、2010年
- 「カナダ・オンタリオ州における学習者の評価方法に関する考察：王立委員会報告書『学ぶことを好きになるために』を手掛かりに」教育目標・評価学会紀要19号、教育目標・評価学会、2009年

メディア・リテラシー教育における「批判的」な思考力の育成

2014年2月25日　　初　版第1刷発行　　　　　　　　　〔検印省略〕
　　　　　　　　　　　　　　　　　　　　　定価はカバーに表示してあります。

著者Ⓒ森本洋介／発行者　下田勝司　　　　印刷・製本／中央精版印刷株式会社

東京都文京区向丘1-20-6　　郵便振替 00110-6-37828　　　　発　行　所
〒113-0023　TEL (03) 3818-5521　FAX (03) 3818-5514　　株式会社 東信堂
　　　　　Published by TOSHINDO PUBLISHING CO., LTD.
　　　　　1-20-6, Mukougaoka, Bunkyo-ku, Tokyo, 113-0023, Japan
　　　　　E-mail : tk203444@fsinet.or.jp　http://www.toshindo-pub.com

ISBN978-4-7989-1219-6 C3037　Ⓒ Morimoto Yosuke

東信堂

現代アメリカの教育アセスメント行政の展開—マサチューセッツ州〈MCASテスト〉を中心に	北野秋男 編	四八〇〇円
アメリカ公民教育におけるサービス・ラーニング	唐木清志	四六〇〇円
現代アメリカにおける学力形成論の展開—スタンダードに基づくカリキュラムの設計	石井英真	四二〇〇円
ハーバード・プロジェクト・ゼロの芸術認知理論とその実践—内なる知性とクリエイティビティを育むハワード・ガードナーの教育戦略	池内慈朗	六五〇〇円
アメリカにおける学校認証評価の現代的展開	浜田博文 編	二八〇〇円
アメリカにおける多文化的歴史カリキュラム	桐谷正信	三六〇〇円
メディア・リテラシー教育における「批判的」な思考力の育成	森本洋介	四八〇〇円
「学校協議会」の教育効果—開かれた学校づくりのエスノグラフィー	平田淳	五六〇〇円
「主体的な学び」につなげる評価と学習方法—カナダで実践されるICEモデル	土持ゲーリー法一 監訳	一〇〇〇円
ポートフォリオが日本の大学を変える—ティーチング/ラーニング/アカデミック・ポートフォリオの活用	土持ゲーリー法一	二五〇〇円
ティーチング・ポートフォリオ—授業改善の秘訣	土持ゲーリー法一	二〇〇〇円
ラーニング・ポートフォリオ—学習改善の秘訣	土持ゲーリー法一	二五〇〇円
多様社会カナダの「国語教育」(カナダの教育3)	関口礼子 編著	三八〇〇円
社会形成力育成カリキュラムの研究	浪田克之介 編著	六五〇〇円
現代ドイツ政治・社会学習論	西村公孝	三八〇〇円
—「事実教授」の展開過程の分析	大友秀明	五二〇〇円
発展途上国の保育と国際協力	浜野隆 著	三八〇〇円
現代教育制度改革への提言 上・下	日本教育制度学会編	各二八〇〇円
現代日本の教育課題—二一世紀の方向性を探る	三輪千明 上田 学 村田翼夫 編著	二八〇〇円
バイリンガルテキスト現代日本の教育	村田翼夫 山口満 編著	三八〇〇円
日本の教育経験—途上国の教育開発を考える	国際協力機構編著	二八〇〇円

〒113-0023 東京都文京区向丘 1-20-6
TEL 03-3818-5521 FAX 03-3818-5514 振替 00110-6-37828
Email tk203444@fsinet.or.jp URL:http://www.toshindo-pub.com/

※定価：表示価格（本体）+税

東信堂

比較教育学事典	日本比較教育学会編	一二〇〇〇円
比較教育学の地平を拓く	森山肖子・下田稔子編著	四六〇〇円
比較教育学――越境のレッスン	馬越徹	三六〇〇円
比較教育学――伝統・挑戦・新しいパラダイムを求めて	M.ブレイ編著／大塚豊監訳	三八〇〇円
国際教育開発の再検討――途上国の基礎教育普及に向けて	小川啓一・大塚豊監訳	二四〇〇円
中国教育の文化的基盤	顧明遠著／大塚豊監訳	二九〇〇円
中国大学入試研究――変貌する国家の人材選抜	大塚豊	三六〇〇円
中国高等教育独学試験制度の展開――背景・実現過程・帰結	南部広孝	三二〇〇円
中国の職業教育拡大政策	劉文君	五〇四八円
中国の後期中等教育の拡大と経済発展パターン――江蘇省と広東省の比較	呉琦来	三八二七円
中国高等教育の拡大と教育機会の変容	王傑	三九〇〇円
教育における国家原理と市場原理――チリ現代教育史に関する研究	斉藤泰雄	三八〇〇円
現代中国初中等教育の多様化と教育改革	楠山研	三六〇〇円
ドイツ統一・EU統合とグローバリズム――教育の視点からみたその軌跡と課題	木戸裕	六〇〇〇円
中央アジアの教育とグローバリズム	川野辺敏編著	三二〇〇円
バングラデシュ農村の初等教育制度受容	日下部達哉	三六〇〇円
オーストラリアのグローバル教育の理論と実践	木村裕	三六〇〇円
開発教育研究の継承と新たな展開	青木麻衣子・佐藤博志編著	二〇〇〇円
オーストラリアの教員養成とグローバリズム――多様性と公平性の保証に向けて	本柳とみ子	三六〇〇円
[新版]オーストラリア・ニュージーランドの教育――グローバル社会を生き抜く力の育成に向けて	青木麻衣子・佐藤博志編著	三八〇〇円
オーストラリアの言語教育政策――多文化主義における「多様性と」「統一性」の揺らぎと共存	青木麻衣子	三八〇〇円
オーストラリア学校経営改革の研究――自律的学校経営とアカウンタビリティ	佐藤博志	三八〇〇円
戦後オーストラリアの高等教育改革研究	杉本和弘	五八〇〇円
マレーシア青年期女性の進路形成	鴨川明子	四七〇〇円
「郷土」としての台湾――郷土教育の展開にみるアイデンティティの変容	林初梅	四六〇〇円
戦後台湾教育とナショナル・アイデンティティ	山﨑直也	四〇〇〇円

〒113-0023 東京都文京区向丘1-20-6　TEL 03-3818-5521　FAX 03-3818-5514　振替 00110-6-37828
Email tk203444@fsinet.or.jp　URL:http://www.toshindo-pub.com/
※定価：表示価格（本体）＋税

東信堂

子ども・若者の自己形成空間——教育人間学の視線から	高橋勝編著	二七〇〇円
君は自分と通話できるケータイを持っているか	小西正雄	二〇〇〇円
教育文化人間論——「現代の諸課題と学校教育」講義	小西正雄	二四〇〇円
グローバルな学びへ——協同と刷新の教育	田中智志編著	二〇〇〇円
教育の共生体へ——ボディ・エデュケーショナルの思想圏	田中智志編著	三五〇〇円
人格形成概念の誕生——近代アメリカの教育概念史	田中智志	三六〇〇円
社会性概念の構築——アメリカ進歩主義教育の概念史	田中智志	三八〇〇円
教育の自治・分権と学校法制	結城忠	四六〇〇円
教育による社会的正義の実現——アメリカの挑戦〈1945-1980〉	D・ラヴィッチ著 末藤美津子訳	五六〇〇円
学校改革抗争の100年——20世紀アメリカ教育史	D・ラヴィッチ著 末藤・宮本・佐藤訳	六四〇〇円
ヨーロッパ近代教育の葛藤	太田美幸子	三二〇〇円
ミッション・スクールと戦争——立教学院のディレンマ	前田一男編	三六〇〇円
多元的宗教教育の成立過程	老川慶喜編	五八〇〇円
未曾有の国難に教育は応えられるか——アメリカ教育と成瀬仁蔵の「帰一」の教育	新堀通也	三二〇〇円
演劇教育の理論と実践の研究——「じひょう」と教育研究60年 自由ヴァルドルフ学校の演劇教育	広瀬綾子	三八〇〇円
教育の平等と正義	大桃敏行・中村雅子・後藤武俊訳 K・ハウ著	三三〇〇円
〈シリーズ 日本の教育を問いなおす〉拡大する社会格差に挑む教育	西村和雄・大森不二雄・倉元直樹・木村拓也編	二四〇〇円
混迷する評価の時代——教育評価を根底から問う	西村和雄・大森不二雄・倉元直樹・木村拓也編	二四〇〇円
教育における評価とモラル	西村和雄編	二四〇〇円
地上の迷宮と心の楽園〔コメニウス セレクション〕	J・コメニウス 藤田輝夫訳	三六〇〇円

〒113-0023 東京都文京区向丘1-20-6　TEL 03-3818-5521　FAX 03-3818-5514　振替 00110-6-37828
Email tk203444@fsinet.or.jp　URL:http://www.toshindo-pub.com/
※定価：表示価格（本体）＋税

東信堂

転換期を読み解く——潮木守一時評・書評集	潮木守一	二六〇〇円
大学再生への具体像〔第2版〕	潮木守一	二四〇〇円
フンボルト理念の終焉?——現代大学の新次元	潮木守一	二五〇〇円
いくさの響きを聞きながら——横須賀そしてベルリン	潮木守一	二四〇〇円
大学教育の思想——学士課程教育のデザイン	絹川正吉	二八〇〇円
国立大学法人の形成	大崎仁	二六〇〇円
国立大学・法人化の行方——自立と格差のはざまで	天野郁夫	三六〇〇円
転換期日本の大学改革——アメリカと日本	江原武一	三六〇〇円
大学の責務	D・ケネディ著 立川明・坂本辰朗・井上比呂子訳	三八〇〇円
大学の財政と経営	丸山文裕	三二〇〇円
私立大学マネジメント	㈳私立大学連盟編	四三〇〇円
私立大学の経営と拡大・再編——一九八〇年代後半以降の動態	両角亜希子	四七〇〇円
大学事務職員のための高等教育システム論〔新版〕——より良い大学経営専門職となるために	山本眞一	一六〇〇円
改めて「大学制度とは何か」を問う	舘 昭	五四〇〇円
原点に立ち返っての大学改革	舘 昭	一〇〇〇円
戦後日本産業界の大学教育要求	飯吉弘子	五四〇〇円
イギリスの大学——対位線の転移による質的転換 経済団体の教育言説と現代の教養論	秦由美子	三六〇〇円
新時代を切り拓く大学評価——日本とイギリス	秦由美子編	五八〇〇円
韓国大学改革のダイナミズム——ワールドクラス〈WCU〉への挑戦	馬越徹	二七〇〇円
韓国の才能教育制度——その構造と機能	石川裕之	三八〇〇円
スタンフォード 21世紀を創る大学	ホーン川嶋瑤子	二五〇〇円
大学教育とジェンダー——ジェンダーはアメリカの大学をどう変革したか	ホーン川嶋瑤子	三六〇〇円
アメリカ大学管理運営職の養成	高野篤子	三二〇〇円
アメリカ連邦政府による大学生経済支援政策	犬塚典子	三八〇〇円

〒113-0023 東京都文京区向丘1-20-6 TEL 03-3818-5521 FAX03-3818-5514 振替 00110-6-37828
Email tk203444@fsinet.or.jp URL:http://www.toshindo-pub.com/

※定価：表示価格（本体）＋税

東信堂

宰相の羅針盤―総理がなすべき政策 (改訂版) 日本よ、浮上せよ！	村上誠一郎＋21世紀戦略研究室	一六〇〇円
福島原発の真実―このままでは永遠に収束しないまだ遅くない―原子炉を「冷温密封」する！	村上誠一郎＋原発対策国民会議	二〇〇〇円
3.11本当は何が起こったか:巨大津波と福島原発―科学の最前線を教材にした暁星国際学園［ヨハネ研究の森コース］の教育実践	丸山茂徳監修	一七一四円
2008年アメリカ大統領選挙―オバマの勝利は何を意味するのか	前嶋和弘編著	二〇〇〇円
オバマ政権はアメリカをどのように変えたのか―支持連合・政策成果・中間選挙	吉野孝前嶋和弘編著	二六〇〇円
オバマ政権と過渡期のアメリカ社会―選挙、政党、制度メディア、対外援助	吉野孝前嶋和弘編著	二四〇〇円
北極海のガバナンス	奥脇直也城山英明編著	三六〇〇円
政治学入門	内田満	一八〇〇円
政治の品位―日本政治の新しい夜明けはいつ来るか	内田満	二〇〇〇円
日本ガバナンス―「改革」と「先送り」の政治と経済	曽根泰教	二八〇〇円
「帝国」の国際政治学―冷戦後の国際システムとアメリカ	山本吉宣	四七〇〇円
国際開発協力の政治過程―国際規範の制度化とアメリカ対外援助政策の変容	小川裕子	四〇〇〇円
アメリカ介入政策と米州秩序―複雑システムとしての国際政治	草野大希	五四〇〇円
ドラッカーの警鐘を超えて	坂本和一	二五〇〇円
最高責任者の仕事の仕方―最高責任者論	樋尾起年	一八〇〇円
震災・避難所生活と地域防災力―北茨城市大津町の記録	松村直道編著	一〇〇〇円
〈シリーズ防災を考える・全6巻〉		
防災の社会学［第二版］―防災コミュニティの社会設計へ向けて	吉原直樹編	三八〇〇円
防災の心理学―ほんとうの安心とは何か	仁平義明編	三二〇〇円
防災の法と仕組み	生田長人編	三二〇〇円
防災教育の展開	今村文彦編	三二〇〇円
防災と都市・地域計画	増田聡編	続刊
防災の歴史と文化	平川新編	続刊

〒113-0023 東京都文京区向丘1-20-6
TEL 03-3818-5521 FAX 03-3818-5514 振替 00110-6-37828
Email tk203444@fsinet.or.jp URL:http://www.toshindo-pub.com/

※定価：表示価格（本体）＋税

東信堂

オックスフォードキリスト教美術・建築事典	P&L.マレー著 中森義宗監訳	三〇〇〇〇円
イタリア・ルネサンス事典	J.R.ヘイル編 中森義宗監訳	七八〇〇円
美術史の辞典	P.デューロ他 中森義宗・清水忠訳	三六〇〇円
書に想い 時代を讀む	河田悌一	一八〇〇円
日本人画工 牧野義雄—平治ロンドン日記	ますこ ひろしげ	五四〇〇円
〈芸術学叢書〉		
芸術理論の現在—モダニズムから	谷川渥編著	三八〇〇円
絵画論を超えて	尾崎信一郎	四六〇〇円
美を究め美に遊ぶ—芸術と社会のあわい	藤枝晃雄編著	三八〇〇円
バロックの魅力	江藤光紀／荻野厚志編著	二六〇〇円
新版 ジャクソン・ポロック	田中正之	二六〇〇円
美学と現代美術の距離	小穴晶子編	二八〇〇円
——アメリカにおけるその乖離と接近をめぐって ロジャー・フライの批評理論—知性と感受	藤枝晃雄	三八〇〇円
レオノール・フィニ—境界を侵犯する新しい種	金悠美	二八〇〇円
いま蘇るブリア＝サヴァランの美味学	尾形希和子	四二〇〇円
〈世界美術双書〉	川端晶子	三八〇〇円
バルビゾン派	井出洋一郎	二〇〇〇円
キリスト教シンボル図典	中森義宗	二三〇〇円
パルテノンとギリシア陶器	関 隆志	二三〇〇円
中国の版画—唐代から清代まで	小林宏光	二三〇〇円
中国の仏教美術—後漢代から元代まで	久野美樹	二三〇〇円
象徴主義—モダニズムへの警鐘	中村隆夫	二三〇〇円
セザンヌとその時代	浅野春男	二三〇〇円
日本の南画	武田光一	二三〇〇円
画家とふるさと	小林 忠	二三〇〇円
ドイツの国民記念碑—一八一三年	大原まゆみ	二三〇〇円
日本・アジア美術探索	永井信一	二三〇〇円
インド、チョーラ朝の美術	袋井由布子	二三〇〇円
古代ギリシアのブロンズ彫刻	羽田康一	二三〇〇円

〒113-0023　東京都文京区向丘1-20-6
TEL 03-3818-5521　FAX 03-3818-5514　振替 00110-6-37828
Email tk203444@fsinet.or.jp　URL:http://www.toshindo-pub.com/

※定価：表示価格（本体）＋税

東信堂

ハンス・ヨナス「回想記」	H・ヨナス／盛永・木下・馬渕・山本訳	四八〇〇円
責任という原理―科学技術文明のための倫理学の試み〔新装版〕	H・ヨナス／加藤尚武監訳	四八〇〇円
原子力と倫理―原子力時代の自己理解	山本・盛永リュト編	一八〇〇円
生命科学とバイオセキュリティ―デュアルユース・ジレンマとその対応	四ノ宮成祥	二四〇〇円
バイオエシックス入門〔第3版〕	今井道夫	二三八一円
死の質―エンド・オブ・ライフケア世界ランキング	河原直人編著	三三〇〇円
生命の神聖性説批判	H・クーゼ／飯田・小野谷・片桐・水野訳	四六〇〇円
概念と個別性―スピノザ哲学研究	石川・小野谷・片桐・飯田・水野訳	一二〇〇円
〈現われ〉とその秩序―メーヌ・ド・ビラン研究	朝倉友海	四六四〇円
省みることの哲学―ジャン・ナベール研究	村松正隆	三八〇〇円
ミシェル・フーコー―批判的実証主義と主体性の哲学	越門勝彦	三二〇〇円
カンデライオ（ジョルダーノ著作集　1巻）	手塚博	三二〇〇円
原因・原理・一者について（ジョルダーノ著作集　3巻）	加藤守通訳	三二〇〇円
傲れる野獣の追放（ブルーノ著作集　5巻）	加藤守通訳	四八〇〇円
英雄的狂気（ジョルダーノ著作集　7巻）	加藤守通訳	三二〇〇円
ロバのカバラ―ジョルダーノ・ブルーノにおける文学と哲学	加藤守通訳	三六〇〇円
〔哲学への誘い―新しい形を求めて　全5巻〕	N・オルディネ／加藤守通訳	三六〇〇円
哲学の立ち位置		
哲学の振る舞い		
社会の中の哲学		
世界経験の枠組み		
自己		各三八〇〇円
哲学史を読むⅠ・Ⅱ	浅田淳一郎編	三二〇〇円
言葉は社会を動かすか	松佐敷隆夫編	三二〇〇円
言葉の働く場所	伊橋克弘編	三一〇〇円
食を料理する―哲学的考察	松瀬也夫編	三一〇〇円
言葉の力　〈音の経験・言葉の力第Ⅰ部〉	高永木鋼編	二〇〇〇円
音の経験　〈音の経験・言葉の力第Ⅱ部〉	村永泉夫編	二五〇〇円
―言葉はどのようにして可能となるのか	鈴永澄夫	二八〇〇円
松永澄夫		

〒113-0023　東京都文京区向丘1-20-6
TEL 03-3818-5521　FAX03-3818-5514　振替 00110-6-37828
Email tk203444@fsinet.or.jp　URL:http://www.toshindo-pub.com/

※定価：表示価格（本体）＋税